基金项目

教育部人文社会科学研究2008年度青年项目《中国与南亚区域合作联盟关系研究》（项目编号：08JC810016，主持人：龙兴春）

四川省教育厅2014年人文社科重点科研项目《中印高等职业教育比较研究》（项目编号：14SA0198，主持人：王丽华）

教育部职业技术教育中心研究所2016年度职业教育重点研究课题《印度现代职业教育体系构建的关键策略及其启示》（项目编号：ZG201633，主持人：王丽华）

广安职业技术学院优质高职院校建设项目"国际交流与合作"。

中印高等职业教育

比较研究

ZHONG YIN GAO DENG ZHI YE JIAO YU BI JIAO YAN JIU

王丽华◎著

光明日报出版社

图书在版编目（CIP）数据

中印高等职业教育比较研究／王丽华著．－－北京：
光明日报出版社，2018.9
ISBN 978－7－5194－4670－3

Ⅰ.①中… Ⅱ.①王… Ⅲ.①高等职业教育—对比研
究—中国、印度 Ⅳ.①G718.5

中国版本图书馆 CIP 数据核字（2018）第 223880 号

中印高等职业教育比较研究
ZHONGYIN GAODENG ZHIYE JIAOYU BIJIAO YANJIU

著　　者：王丽华	
责任编辑：刘兴华	特约编辑：万　胜
责任校对：赵鸣鸣	封面设计：中联学林
责任印制：曹　净	

出版发行：光明日报出版社

地　　址：北京市西城区永安路 106 号，100050

电　　话：010－67078251（咨询），63131930（邮购）

传　　真：010－67078227，67078255

网　　址：http：//book. gmw. cn

E - mail：liuxinghua@ gmw. cn

法律顾问：北京德恒律师事务所龚柳方律师

印　　刷：三河市华东印刷有限公司

装　　订：三河市华东印刷有限公司

本书如有破损、缺页、装订错误，请与本社联系调换

开　　本：170mm×240mm

字　　数：214 千字　　　　　　　印　张：14.5

版　　次：2019 年 1 月第 1 版　　　印　次：2019 年 1 月第 1 次印刷

书　　号：ISBN 978－7－5194－4670－3

定　　价：58.00 元

前　言

　　著名比较教育学家萨德勒曾言，以正确的态度和严谨的学术观点研究外国教育制度，其真实的价值是为了更好地认识和研究我们自己的制度。中印两国是毗邻而居的新兴大国，在地缘政治格局背景下，中印比较研究已成为学术界和新闻界的热门议题，而"龙象之争"或"龙象共舞"的结局归根结底在于两国的人才培养。中印作为亚洲近邻、最大的发展中国家和正在重新崛起的世界性大国，在国情和文化上可比性强，两国职业教育存在诸多共同的问题，印度高职教育发展的经验和启示往往更契合我国的现实需求。在某种意义上，"'印度镜子'所反映的要比西方镜子更真实"。研究印度高等职业教育并将之与我国高职教育进行比较，反思我国高职教育的弱点和短板，从"印度镜子"中获得有益启示，有助于我们在不断地借鉴与学习中推进我国高职教育和现代职业教育体系建设，从而为我国经济社会发展提供技术技能人才支撑。遗憾的是，国内外对印度职业技术教育尤其是高等职业教育缺乏应有的关注。国内外有关印度高等职业教育的研究成果寥寥无几，对印度高等职业教育概念、体系、地位、内涵尚无明确的界定，中印高职教育比较研究几乎未有人涉足。迄今为止，系统研究印度高职教育及比较研究中印高职教育的著作还未诞生。本书所做的研究尝试旨在抛砖引玉，以期学界对中印高职教育比较研究投入更多关注，从中探究和总结对我国高职教育有益的学习借鉴经验。

作者在四川大学攻读了大国关系（南亚方向）研究的硕士学位，到职业院校工作后，一直思索如何将专业研究方向与职业教育相结合。作者对于印度和中印关系具有深深的执着情怀，在工作中随着对职业教育理解的深入，对高职教育渐生兴趣。于是，作者从2006年以来一直关注并从事印度职业教育研究，主持申报了若干有关印度职业教育的科研项目，撰写了数篇关于印度职业教育和高职教育的学术论文。本书即是这些科研项目成果和论文的集结、深化和拓展。本书为教育部人文社会科学研究2008年度青年项目《中国与南亚区域合作联盟关系研究》（项目编号：08JC810016，主持人：龙兴春）、四川省教育厅2014年人文社科重点科研项目《中印高等职业教育比较研究》（项目编号：14SA0198，主持人：王丽华）和教育部职业技术教育中心研究所2016年度职业教育重点研究课题《印度现代职业教育体系构建的关键策略及其启示》　（项目编号：ZG201633，主持人：王丽华）的核心成果之一，也是广安职业技术学院优质高职院校建设项目"国际交流与合作"的重要研究成果。

本书遵循的是"比较的起点：文献综述研究——比较的坐标：中印现代职教体系研究——比较的主体：中印高职教育比较研究——比较的落脚点：中印高职教育交流与合作机制研究"的逻辑思路。文献综述研究是本书研究的起点，关于印度职业教育研究文献综述分析，主要运用文献研究法，分析已有研究成果涉及的主要内容、基本特征、存在的问题，以确立本书研究的突破方向和主要内容。中印现代职教体系是中印高职教育比较研究的坐标体系，主要分析印度现代职教体系的构成类型及基本特征，为界定印度高职教育类型和中印高职教育对比分析奠定基础，挖掘印度现代职教体系构建的关键策略，为我国职教体系构建和高职教育体系完善提供启示，主要运用解构法、分类法、归纳法和借鉴法。中印高职教育比较是本书研究的主体和核心，主要运用概念界定法，借助联合国教科文组织《国际教育标准分类》的相关规定，从生源要求、培养目标、课程设置、学习年限、授予学位五方面对印度高等职业教育做明确界定，为比较中印高等职业教育提供前提，为中印高等职业教育的对口交流与合作扫除概念障碍；在概念界定的基础上，运用梳理归纳法，揭示印度职业教育、技术教育和高等教育体系中印度高等职业教育体系的组成、地位、内涵等要素；运用比较研究法和全面分析法，从两国高等职业教育的构成、地位、培养定位和培养规格、人才培养机制、师资队伍、国际化发展、发展战略及创新发展策略、管理体制、经费渠道、与职教体系和普通教育的相互沟通、对经济发展的促进作用、对社会稳定的聚合作用等方面进行对比研究，发掘印度高职教育的优势和成功经验；运用演绎法和借鉴法，从印度高职教育的经验与教训中总结对我国有益的启示，为我国高职教育的改革与发展提供可行的思路和模式。中印高职教育交流与合作及其机制研究是本书的落脚点和归宿，主要运用比较研究法、定量分析法和案例法，应用国际贸易理论和国际关系理论，从经济、国际关系、高职教育国际化等方面分析中印高等职业教育交流与合作的必要性，同时从两国经济与高职教育的互补性角度论证两国高职教育交流与合作的可行性；最后，主要运用归纳演绎法、数理分析法和理论分析法，力图构建"以政府为主导，各级各类高职院校为主体，各类企业、教育机构全面共同参与、方式多样化"的中印高职教育交流与合作长效机制，并探讨推动双方高职教育交流与合作的具体实现。

为全景展现印度职业教育的概貌，比较中印高职教育之异同，作者竭尽所能搜集素材和已有研究成果，运用多种研究方法，多维度多视角比较两国高职教育，从中发现可供我国学习借鉴的经验和做法，探寻对我国高职教育创新发展有益的启示。尽管如此，本书的内容可能只展现了印度高职教育的冰山一角，要揭开印度高职教育的神秘面纱，需要更多有识之士的后续研究。本人学识浅薄，加之材料收集的困难、已有研究成果匮乏、两国教育体制的巨大差异等，面对中印高职教育比较研究这样宏大而系统的课题，仍不免有难以驾驭之感，深恐未能触及比较研究之本质和精髓。因此，本书不免显得粗浅和片面，不足及不当之处仍在所难免，还期盼各位读者、专家、同行不吝指正，个人当不胜感激。

作者

2018 年 4 月 26 日

目 录
CONTENTS

导　论

一、选题的缘由与研究意义

（一）选题的缘由

我国高等职业教育经过最近 10 年的快速发展，已迈入从规模扩张的外延式发展向质量提升的内涵式发展转型升级的新阶段。教育部关于印发《高等职业教育创新发展行动计划（2015 - 2018 年）》的通知（教职成［2015］9号）和关于印发《高等职业院校内部质量保证体系诊断与改进指导方案（试行）》启动相关工作的通知（教职成司函［2015］168 号），标志着我国高等职业教育内涵式发展时代的来临。在此背景下，我国高职教育质量提升和国际化发展需要学习借鉴国际先进经验和模式，开展高职教育国际交流与合作，扩大我国职业教育的国际影响。

我国职业教育较多借鉴德国、美国、英国、澳大利亚、新加坡等发达国家的经验和模式，对印度的职业技术教育研究在广度和深度上都十分欠缺，对印度高职教育更缺乏应有的关注，这与中印大国关系的发展极不相称。中印两国是邻国，都是发展中大国，国情存有较大的相似性，印度现代职业技术教育体系构建的关键策略及高职教育的发展战略和路径，对我国构建现代职业教育体系、提升高职教育质量具有较大的借鉴意义，也有利于促进两国启动并开展高职教育的国际交流与合作。

我国学者对印度职业技术教育的研究取得了一些成果，如彭慧敏的《印

1

度职业教育现状及发展动因》［职业技术教育（理论版），2007］、冯若霓的《印度的职业技术教育》（比较教育研究，1980）、孙新泉的《印度职业教育》（中国职业技术教育，2006），为本课题研究提供了重要借鉴和参考。但是有关印度高等职业教育的研究成果寥寥无几，仅有赵学瑶《印度高等职业教育治理的经验与启示研究》（天津职业技术师范大学，硕士论文，2015）以及其他一些研究印度高等工程技术教育的论著。目前关于印度高职教育研究存在以下空白：（1）印度高等职业教育类型的界定。高等职业教育是中国特有的名词，比较的前提是对印度高等职业教育类型进行界定并梳理其构成体系。（2）中印高职教育的比较研究。中印高职教育具有各自的特色和优势，在比较的基础上方能提出可供我国高职教育学习借鉴的经验和模式。（3）开展中印高职教育国际合作与交流。基于比较优势，中印高职教育开展国际交流与合作具有极大的必要性和可行性，更有必要建立交流合作的长效机制。这些空白便是本课题要突破的关键点。

（二）研究的意义

在当前国家空前重视职业教育、着力深化高职教育内涵发展、着重推动高职教育创新发展和国际化发展的背景下，比较研究中印高等职业教育，旨在为我国高职教育内涵和创新发展提供可资借鉴的经验和启示，为政府及教育相关部门制定和完善高职教育制度政策提供决策依据，提升我国高职教育质量。具体而言，本研究的意义在于以下三个方面：

1. 奠定中印高职教育比较研究的理论前提，开启中印高等职业教育比较研究的先例

"高等职业教育"是具有中国特色的概念，国际并不通用。综观国内研究印度教育的文献，较少使用"高等职业教育"及其相近的概念，这种概念上的不对等甚至是缺失，致使国内对正在崛起的南亚大国印度的职业教育，尤其是高等职业教育的研究成果寥寥无几，直接阻碍了中印高等职业教育的交流与合作。本研究将借助联合国教科文组织《国际教育标准分类》的相关规定，对印度高等职业教育做明确界定，并借此梳理印度高职教育的构成体系，以方便后续研究者全面准确了解印度高职教育的整体框架，为中印高等职业

教育比较研究和对口交流合作奠定理论依据。中印是世界最大的两个发展中国家，同时也是两个教育大国，两国毗邻而居，在地缘政治格局背景下，中印比较研究已成为学术界和新闻界的热门议题，而"龙象之争"归根结底在于两国的人才培养。遗憾的是，国内外对印度职业技术教育尤其是高等职业教育缺乏应有的关注。

2. 提供我国高等职业教育可资借鉴的经验，助推我国高职教育可持续发展

中印作为亚洲近邻、最大的发展中国家和正在重新崛起的世界性大国，在国情和文化上可比性强，两国职业教育存在诸多共同的问题，印度高职教育发展的经验和启示往往更契合我国的现实需求。通过中印高职教育比较研究，可以深入挖掘印度高职教育在体系构建、校企合作、经费投入、创新发展、国际化发展、管理体制、师资培养、促进经济发展和社会公平等方面的先进经验，为我国优化高职教育发展环境、加强高职教育国际化发展、深化高职教育管理体制改革、构建高职教育纵横沟通立交桥、建设合理有序的高职教育生态格局、多渠道筹集高职教育经费、强化高职教育发展动力机制等提供有益的借鉴和启示，这将有助于我国高职教育的内涵建设和可持续发展，为我国产业转型升级提供人才支持。这对于中国国家发展战略和相关政策的制定，也将会有重要的意义。

3. 推动中印高职教育交流与合作，激发中印两国关系发展的巨大潜能

在当前两国对高职教育发展的战略需求速增的背景下和高职教育国际化发展的必然趋势下，开展中印高职教育比较研究，明晰两国高职教育的特色和优势，是促进两国高职教育交流与合作的前提条件和战略需要。中印同为经济发展速度最快的大国和人力资源需求大国，随着两国战略合作的深化，中印在教育领域的战略合作步伐也逐步加快，双方开展高等职业教育交流与合作具有天然的地缘优势和资源条件。本研究将分析两国高职教育交流与合作的必要性和可行性，探索交流与合作的长效机制，这有助于两国高职教育携手合作优势互补，实现双赢，推动我国高职教育的国际化发展。中印两国高职教育的交流与合作，不仅有益于推动两国教育服务贸易的扩展从而增强

两国经济关系，还将带来两国高职院校、行业、政府、个人的交流合作，进而增强两国人民的相互了解，不断增进两国政治文化互信，释放两国关系发展的巨大空间和潜能。

二、解决的核心问题

（一）印度"高等职业教育"类型的界定及其构成体系

国内对正在崛起的南亚大国印度的职业教育，尤其是高等职业教育的研究成果寥寥无几，重要原因在于目前国内外对印度高等职业教育概念、地位、内涵尚无明确的界定。这种概念上的模糊甚至是缺失，不仅阻碍了中印高等职业教育的交流与合作，更为严重的是，将不同层次和类型的职业教育放在同一语境中进行"关公战秦琼"式的讨论。印度的高职教育并不像我国建立了独立完整的高职教育体系，而是大多零散依附于技术教育和普通高等教育。本研究将对印度是否存在与我国高等职业教育相对应的教育层次和类型进行分析，为印度"高等职业教育"正名，并从办学主体的角度梳理印度高等职业教育办学类型及构成体系，填补概念上的空白，为中印高职教育比较研究及国际交流与合作奠定理论依据。

（二）中印高职教育的比较分析及对我国高职教育改革发展的启示和经验

中印高职由于经济、政治、文化等方面的差异，两国高职教育在诸多领域各具特色和优势，对两国高职教育多角度的比较研究，将有助于我国全方位深入了解印度高职教育，探寻其中有益于我国高职教育改革发展的启示和经验，以期开展两国高职教育的交流与合作。这是本研究的核心内容。

（三）分析中印高职教育交流与合作的必要性和可行性并建立长效交流与合作机制

中印乃毗邻而居的亚洲大国，同为正在重新崛起的新兴发展中大国和金砖国家组织成员，两国关系近年来获得迅猛发展，国际贸易总额猛增并具有巨大发展潜力。但两国教育服务贸易严重滞后于两国关系发展进程，迫切需要开展两国高职教育交流与合作，并探索建立交流合作的长效机制，以促进两国高职教育的共赢发展，开展两国教育服务贸易的作合作。

三、特色及创新点

（一）首次对我国的印度职业技术教育研究文献进行了综述

作者在研究过程中，收集整理了大量有关印度职业技术教育的研究文献，包括期刊论文、学位论文、著作、报道、年度报告等，目前国内没有任何学者对相关文献进行过综述分析，使得前人研究重复、深度难以拓展，也使后人很难在短期内了解已有研究概况并寻得新的研究方向以实现突破。为借鉴前人研究成果并探寻本研究突破点，本书在这方面做了首次尝试，对我国已有印度职业技术教育的研究文献进行了综述性分析，归纳了已有文献研究的主要内容、存在的缺陷、未来研究方向，对我国继续深化和拓展对印度职教的研究具有启示意义。

（二）对印度职业技术教育体系构成成分进行了全面的梳理

中印教育体制和职教体系存在较大差异，我国已有文献对印度职业技术教育体系构成成分的梳理不完整，观点之间存在矛盾，致使我国对印度职教体系的了解非常模糊且混乱。本研究综合一些学者的观点，借鉴联合国教科文组织的大职业教育理念，在分析印度现有最新教育资料的基础上，将劳动体验教育、高级中等教育职业化、职业培训、技术教育（包含综合技术学校教育和工程技术教育）、普通高等教育中的学士学位职业教育等，尤其将劳动体验教育、工程技术教育和学士学位职业教育纳入印度现代职业技术教育体系，使印度的职业教育体系具备了初等、中等和高等职业教育不同阶段的分类，实现了这一体系的前后延展和对印度现代职业技术教育体系整体框架的描述，厘清了印度各教育阶段和学历的不同层次。本研究对印度职教体系构成成分进行了全面介绍与分析，从构成成分之间的关系角度，解析了印度现代职业技术教育完整的系统性、沟通的封闭性、体系的非独立性、发展的不平衡性等内部特征，立体展示了印度职业技术教育的全景视图，同时，将印度教育各构成成分与中国职教成分相对应，使我国读者更易于理解印度的职业技术教育，这些都有助于后续研究者全面准确了解印度职教体系的整体框架，为中印职业技术教育的比较研究、交流与合作提供有益的参考。

（三）为我国现代职教体系构建提供了复合式经验

本研究分析了印度现代职教体系构建的关键策略，揭示了印度在构建现代职业教育体系进程中，实施劳动体验教育、构建纵横贯通的职业教育体系、建立校企之间的天然联系与开启市场导向职教改革、借助国际化平台等重要举措，有助于我国从改善职业教育发展环境、构建职业教育纵横沟通路径、发挥市场主体行为作用、推动职业教育国际化发展等维度，审视、建设与完善我国现代职业教育体系。本研究选择印度职教作为我国学习借鉴的对象，能够为我国职教体系构建提供其他发达国家所不具有的经验；本研究梳理的印度职教体系构建的诸多策略，是已有研究未能关注到的；全方位透析印度现代职教体系构建的成功策略，突破已有研究的局限性和经验的单一性，多角度为我国现代职教体系的构建提供由点及面的复合式经验。

（四）首次对印度"高等职业教育"类型进行了界定并廓清了其构成体系

本研究主要借助联合国教科文组织《国际教育标准分类》的相关规定，从生源要求、培养目标、课程设置、学习年限、授予学位五方面对印度高等职业教育做明确界定，从概念上界定了与我国高职教育相对应的印度职业教育层次和类型，并藉此梳理了印度高职教育的构成体系，展现了印度高职教育的全貌，有助于后续研究者全面准确了解印度高职教育的整体框架，为中印高等职业教育比较研究和对口交流与合作清除了概念障碍，确立中印高职教育比较研究的坐标，弥补了高职教育领域的理论缺陷，具有重要的理论意义。

（五）多角度对比分析了中印高等职业教育

本研究从宏观层面对两国高等职业教育的构成、地位、培养定位和培养规格、人才培养机制、师资队伍、对经济发展的促进作用、国际化发展、对社会稳定的聚合作用、发展战略及创新发展策略、管理体制、经费渠道、与职教体系和普通教育的相互沟通等存在显著差异的方面进行比较分析，并提出了可供我国高等职业教育借鉴的经验和启示。为我国高等职业教育的发展提供一个重要的参照和借鉴对象，有助于促进我国高职教育的国际化发展。

（六）为中印两国高职教育交流与合作提供了可行的路径

本课题从教育国际化与教育国际交流与合作的概念切入，引入高职教育国际化的概念，提炼出高职教育国际交流与合作的内涵及其实现形式；根据《服务贸易总协定的规定》，服务贸易有四种提供方式，即跨境交付（Cross - border Supply）、境外消费（Consumption Abroad）、商业存在（Commercial Presence）和自然人流动（Presence of Natural Persons），本课题按此分类标准从服务贸易的这一侧面分析中印高职教育交流与合作的现状，从而窥视中印两国高职教育整个交流与合作存在的问题与局限；从经济、国际关系、高职教育国际化等方面分析中印高等职业教育交流与合作的必要性，同时论证两国高职教育交流与合作的可行性；本课题构建了"以政府为主导，各级各类高职院校为主体，各类企业、教育机构全面共同参与，方式多样化"的中印高职教育交流与合作长效机制，将为中印两国高职教育交流与合作提供可行的路径，从而开创发展中国家高等职业教育合作共享的一个先例。

四、研究思路和研究方法

本研究所遵循的是"比较的起点：文献综述研究——比较的坐标：中印现代职教体系研究——比较的主体：中印高职教育比较研究——比较的落脚点：中印高职教育交流与合作机制研究"的逻辑思路，整个研究具体的技术路线参见图1。

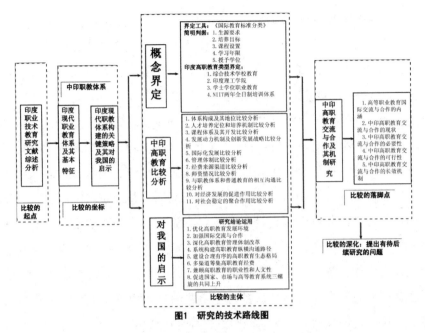

图1　研究的技术路线图

1. 文献综述研究。这是本课题研究的起点。关于印度职业教育研究文献综述分析，主要运用文献研究法，分析已有研究成果涉及的主要内容、基本特征、存在的问题，以确立本课题研究的突破方向和主要内容。

2. 中印现代职教体系研究。中印现代职教体系是中印高职教育比较研究的坐标体系。该部分主要运用解构法、分类法和归纳法，分析印度现代职教体系的构成类型及基本特征，为界定印度高职教育类型和中印高职教育对比分析奠定基础；主要运用归纳法和借鉴法，挖掘印度现代职教体系构建的关键策略，为我国职教体系的构建和高职教育体系的完善提供启示。

3. 中印高职教育比较研究。这是本课题研究的主体和核心。（1）印度"高等职业教育"类型的界定：主要运用概念界定法，借助联合国教科文组织《国际教育标准分类》的相关规定，从生源要求、培养目标、课程设置、学习年限、授予学位五方面提出界定"高等职业教育"简要依据；在概念界定的基础上，运用梳理归纳法，对综合技术学校教育、印度理工学院、NIIT 两年全日制培训体系、学士学位职业教育等印度高等职业教育典型成分做明确界定，从印度职业教育、技术教育和高等教育体系中廓清印度高等职业教育体系的组成、地位、内涵等要素，为比较中印高等职业教育提供前提，为中印高等职业教育的对口交流与合作扫除概念障碍。（2）中印高职教育比较研究：主要运用比较研究法和全面分析法，从两国高等职业教育的构成、地位、培养定位和培养规格、人才培养机制、师资队伍、国际化发展、发展战略及创新发展策略、管理体制、经费渠道、与职教体系和普通教育的相互沟通、对经济发展的促进作用、对社会稳定的聚合作用等方面进行对比研究，发掘印度高职教育的优势和成功经验。（3）对我国高职教育的启示：主要运用演绎归纳法和借鉴法，从印度高职教育的经验与教训中揭示对我国的启示，为我国高职教育的改革与发展提供可行的思路和模式。

4. 中印高职教育教育交流与合作及其机构研究。这是本课题的落脚点和最终归属。（1）高等职业教育国际交流与合作的内涵：主要运用概念引申法，解析高职教育国际交流与合作的概念、主要要素、环节和途径。（2）中印高职教育交流与合作的现状：主要运用分类法和定量分析法，从教育服务贸易的四种提供方式，即跨境交付、境外消费、商业存在和自然人流动分析两国高职教育交流与合作的现状。（3）中印高职教育交流与合作的必要性和可行性：主要运用比较研究法、定量分析法和案例法，运用国际贸易理论和国际关系理论，从经济、国际关系、高职教育国际化等方面分析中印高等职业教育交流与合作的必要性，同时从两国经济与高职教育的互补性角度论证两国高职教育交流与合作的可行性。（4）中印高职教育交流与合作的长效机制：主要运用归纳演绎法、定量分析法和理论分析法，力图构建"以政府为主导，各级各类高职院校为主体，各类企业、教育机构全面共同参与，方式多样化"的中印高职教育交流与合作长效机制，并探讨推动双方高职教育交流与合作的具体实现。

第一部分

比较的起点：印度职业技术教育研究文献综述

摘　要： 印度职业技术教育是我国比较教育研究的重要对象之一，也是我国职业技术教育可资学习借鉴的重要参照。国外研究印度职业技术教育的文献十分稀少，研究内容极为单一且滞后。自20世纪80年代以来，我国对印度职业技术教育的研究主要集中在构成成分、历史发展进程、师资、管理体制、特点、问题、个别类型等方面。总体上，我国的印度职业技术教育研究文献少而单一、时间久远、研究范围狭窄、研究层次浅显，存在较多缺陷和空白，亟待拓展研究范围，深化研究层次。

关键词： 印度；职业技术教育；综述

一、国外研究文献综述

国外对印度职业教育的研究主要有国际组织（世界银行和联合国教科文组织）、美国和印度本土三支团队。主要研究内容涉及印度职业教育的地位、挑战和选择（Pradeep Kotamraju，2014），印度职业教育培训体系（Mishar. Arun K，2008）、印度高等教育职业化趋势（Sanat Kaul，2006）。这些成果为本研究提供了了解印度职业教育和高职教育的基础性材料和不一样的视角，但是，国外研究着眼于印度中等职业教育基本情况的居多，而且由于国际上不使用"高职教育"这一概念，因此，国外对中印高职教育的比较研究也未启动。

二、国内研究文献综述

改革开放以来，随着我国职业教育国际化视野的拓宽、中印重新崛起和两国关系的持续升温，我国对印度职业技术教育的研究逐步从无到有，从少到多，研究成果形式也逐渐呈现多样化趋势，研究人员也从外交人员向教育界学者、专家和教师扩展，研究内容、方法、视角、思路也不断创新，深化了我国对印度职业技术教育的了解，为中印两国职业技术教育的交流与合作提供了动力，为我国职业技术教育提供了新的学习借鉴对象。为能更好地利用已有的研究成果，推动我国印度职业技术教育研究进一步深化和细化，有必要对我国学者有关印度职业技术教育的研究文献进行分析，梳理已有研究文献聚焦的主要领域，分析其特点和缺失，揭示应当努力方向。

（一）主要内容

通过中国知网 CNKI 检索和著者的精心筛选，1900—2017 年间我国研究印度职业技术教育的相关文献共有 49 篇，其中期刊论文 40 篇，硕博学位论文 5 篇，报纸报道 3 篇，会议论文 1 篇。另外还有著作 1 本①。通过文献资料的检索和综述分析，国内有关的学术成果主要集中在印度职业技术教育概况、印度高等职业教育及其治理和质量改进、印度工程技术教育等三个领域，主要研究内容涉及以下十个方面：

1. 印度职业技术教育体系的构成

大多数文献都认为，印度基本形成了一个比较完备的、多层次的职业技术教育体系，具有多层次、多渠道、多类别的特色。对于印度职业技术教育体系的构成，不同学者在不同时期、从不同的角度出发，有不同的观点，主要有以下五种构成观：

（1）狭义和广义构成观

狭义的观点认为印度职业技术教育专指印度中等教育职业化，广义的构

---

① 国家劳动总局培训局编. 日本、印度、苏联、西德、美国的职业技术教育概况［M］. 北京：劳动出版社，1981：62－85.

成观十分宽泛，将正规和非正规的、从基础教育后到第三级教育的所有层次的教育和技能发展都纳入印度职业技术教育体系。①

（2）学历层次构成观

这种观点认为印度的职业技术教育有中等层次和高层次之分，前者主要包括职业学校（Vocational School）（主要实施中等教育职业化）、综合技术学校（Polytechnics）、工业培训学校（Industrial Training Institute）、正规教育系统以外的职业培训学校实施的职业教育，后者指大学层次的技术院校实施的高等职业教育和综合技术学校最后一年的技术员证书课程教育。② 还有学者认为印度大学前的职业技术教育包括普通教育的职业化、技工培训和技术员教育，大学后的职业技术教育主要指工程技术教育。

（3）办学主体构成观

这种观点认为印度职业技术教育根据办学主体主要分为两大部分：学校职业技术教育，企业与社会的职业技术培训。学校职业技术教育包括普通教育中的中等教育职业化（主要实施机构为职业学校）、工业培训学校和综合技术学校实施的专门的职业技术教育、工学院和技术学院以及部分综合技术学校实施的中等后技术教育（属于印度的高层次职业技术教育）。企业职业培训主要是学徒培训和高级工培训，社会职业技术培训特别是指残疾人、妇女的职业培训。可见，这种观点同时掺杂了学历层次构成观。

（4）类型构成观

这种观点认为，印度职业技术教育系统由职业教育、职业培训和技术教育三个不同部分组成。③ 职业教育专指中等教育职业化，职业培训指技术工人培训、学徒培训和高级工培训，技术教育包括综合技术学校实施的技术员教育和高等工程技术教育机构实施的工程师教育。同时这种观点认为："在印

---

① 彭慧敏. 印度职业教育现状及发展动因［J］. 职业技术教育（理论版），2007，28（4）：89 – 91.
② 冯若霓. 印度的职业技术教育［J］. 比较教育研究，1980（4）：41 – 42.
③ 曲书杰，孙慧佳. 印度职业教育的发展困境及其出路［J］. 河北大学学报（哲学社会科学版），2011，36（2）：54 – 58.

度，职业学校和工业培训学校属于职业教育，综合技术学校属于技术教育。"①

（5）管理部门构成观

彭慧敏从管理部门角度出发，认为印度职业教育与培训计划主要有以下几类：教育部门负责的职业教育和培训计划包括技术、工业、工艺学校，高级中等职业教育，技术员教育；劳动部门管辖的培训计划包括工匠培训计划、学徒培训计划、高级工培训和专门为妇女、残疾人等弱势群体而设的职业培训计划；此外，卫生和辅助医务部门、农业部门、商业和贸易部门等也有多种多样的培训计划。②

（6）加入特殊成分的构成观

如果说前几种构成观都比较全面而略显中规中矩的话，那么有些学者在印度职教体系中加入了一些新的成分，骆小彬特别提到了印度职业教育中的学士学位职业教育这一特殊的成分。③ 学士学位职业教育是印度高等教育发展的新趋势之一。李建忠对学士学位职业教育首次做了较为详细的介绍。④ 还有学者将闻名世界的印度工程技术教育归于职教体系的，这是一大突破，使关于印度职教体系的认识更加完备和立体化。

综合上述各种观点，印度现代职业教育体系至少包括高级中等职业教育、综合技术学校教育、技术工人培训、学徒培训、高级工培训和其他名目繁多的各类中等职业技术学校教育（如中等医科学校、兽医学校、商业学校、家政学校、矿业学校和农业学校等）、高层次职业技术教育（主要是理工学院和技术学院）、学士学位职业教育（高等教育职业化）等。需要指出的是，上述各种关于印度职业教育的分类和认识，都对印度职业教育的不同门类做了详

---

① 樊惠英. 印度职业技术教育发展的回顾 [A]. 纪念《教育史研究》创刊二十周年论文集（20）——外国教师教育史、职业与成人教育史研究 [C]. 2009. 1848—1852.

② 彭慧敏. 印度职业教育现状及发展动因 [J]. 职业技术教育（理论版），2007，28（4）：89 – 91.

③ 骆小彬. 印度职业教育的特点、问题及发展方向 [J]. 世界职业技术教育，2007，（2）：16 – 18.

④ 李建忠. 印度试水职业学士学位 [N]. 中国教育报，2014 – 07 – 09（9）.

略不同的介绍，主要包括各类层次、门类的职业教育实施机构、学制或培训周期、入学文化基础、人才培养目标、课程设置、教学模式等。

随着对印度职业技术教育了解和研究的深入，我国对印度职业技术教育体系构成的认识也渐趋全面，越来越接近印度职业技术教育的本来面貌。但最大的缺陷在于，由于我国职业技术教育的概念未能与国际接轨（主要指联合国教科文组织的大职业教育观），加上研究目的的不同、研究资料的不全和时间的滞后，我国对印度职业技术教育体系构成成分的认识差异性较大，至今没有相对权威和统一的认识，有的学者只局限于研究印度的职业教育（即中等教育职业化）或者技术教育，有的学者只涉及印度中等层次的职业技术教育，对印度高等职业教育较少涉及。

2. 印度职业技术教育发展的历史

国内学界对印度职业技术教育发展历史的研究文献比较少，而且时间比较久远。大多学者将印度职业技术教育发展的历程分为独立前和独立后两个时期，只是截止的时间不同，有的止于 20 世纪 90 年代，有的止于 21 世纪最初 10 年。学者们主要对印度职业技术教育的大致发展进程中的重要时间节点和事件进行了梳理，从中可以洞悉印度职业技术教育发展的艰难历程：自殖民地时期的 1854 年的《伍德教育急件》至 1944 年的《战后印度教育发展计划》，独立前的印度职业教育并没有大的发展；独立之初，印度开办了大量的中间学院和综合技术学校；1966 年印度教育委员会第一次明确提出职业教育的概念和"中等教育职业化"（在高中阶段实行学术教育和职业教育分流）这一具有深远影响的主张，但这一主张在此后很长时期内并没有落实；1977年印度政府决定在高中阶段实行普通教育和职业教育的分流，从而使印度的职业技术教育在普通中学里取得了合法地位；1986 年制定的《国家教育政策》提出了中等教育职业化的具体指标：到 1990 年全国要有 10% 的高中生修习职业课程，到 1995 年要有 25% 的高中生修习职业课程。① 由此可见印度政府推动中等教育职业化的强烈意愿，但却收效甚微。

———————

① 付瑛，周谊. 印度的职业教育［J］. 重庆职业技术学院学报，2004，13（2）：36 - 37.

刘筱博士沿着近代以前印度教育的宗教性到近代殖民地时期印度教育的世俗性的轨迹，厘清印度工程技术教育从隐性到显性的发展历程，并将其划分为萌芽时期（殖民地时期）、初步发展时期（独立后至20世纪80年代末）、完善时期（20世纪80年代末以来）三个阶段①，从中也可以隐约窥探到印度职业技术教育的发展脉络。

3. 印度职业技术教育师资

职教师资的研究主要涉及师资要求、师资培养机构、师资资格认定机构等。印度职业技术教育教师资格由全印技术教育委员会（All India Council for Technical Education，AICTE）规定：在工学院任教的教师需获得硕士学位，在综合技术学校任教的教师应获得工程学证书或初级学位。② 普通高中职业教师以从各部门和各行业聘请的半日制兼职教师为主，他们一般须经3—6月的教师能力训练，也要经过全印技术教育委员会的培训和认可。印度职业技术教育的师资培养机构主要有三类：一是技术师范学院，负责为综合技术学校培养专业课教师；二是中心培训学院，主要为工业培训学校培养师资，三是教师培训和研究中心。③

4. 印度职业技术教育管理体制

印度职业技术教育管理体制呈现分权化和条块分割特征。印度是联邦制国家，其教育行政管理采用中央和各邦共同管理、地方分权的两极管理体制，中央政府负责职业技术教育的方向性引领，而职业技术教育的具体实施由各邦来执行。根据已有文献的研究，印度职业培训和职业技术教育分属不同的管理体制。职业培训在中央一级由劳动部管理，具体由就业与培训局负责领导，劳动部下设的非政府机构"全国职业培训委员会"负有指导职业培训教学工作的职责，各邦或各地区则分别由职业培训指导委员会或从属教育系统的技术教育局管理，各有关部门和公私机构都参与这项工作。职业技术教育

① 刘筱. 印度工程技术教育发展研究［D］. 重庆：西南大学，2012.
② 曲书杰，孙慧佳. 印度职业教育的发展困境及其出路［J］. 河北大学学报（哲学社会科学版），2011，36（2）：54－58.
③ 付瑛，周谊. 印度的职业教育［J］. 重庆职业技术学院学报，2004，13（2）：36－37.

在中央一级由人力资源开发部领导，该部下设的中等教育司对中等职业化教育负有指导职责，该司设有职业教育处。人力资源开发部下属的半官方机构"全国教育研究与培训委员会"及该委员会设立的中央职业教育研究所为中等职业教育的实施提供教学指导和学术支持。① 人力资源开发部下设的技术教育司是全国技术教育管理部门，另一个半官方机构"全印技术教育委员会"负责全国职业技术教育的规划、指导和协调工作。各邦政府教育部门管理本邦职业技术教育，各邦也设有半官方机构负责职业技术教育的业务工作。② 印度还成立了全印职业教育指导委员会和学徒培训指导委员会，负责统筹规划和制定普通教育与职业教育培训相衔接的有关政策。③

5. 印度职业技术教育的特点

骆小彬认为印度职业教育具有办学的复杂性、专门的妇女培训机构、注重能力的培养、重视创业教育等特点。④ 李福秀认为印度职业技术教育具有普通教育与职业教育相结合、把职业技术教育作为终生教育的一部分、根据经济发展需求和就业形势制定职业技术教育政策等特征。⑤ 这些归纳从不同侧面反映了印度职教的状况，但研究印度职教特点的文献还极度缺乏，且已有研究文献提炼的特点并未完全洞察印度职教的本质和内涵，更难以反映现今印度职教的最新进展。

6. 印度职业技术教育存在的问题及其原因和解决途径

大多文献都针对印度中等职业教育存在的问题展开了研究，认为发展缓慢是其主要问题：4.5% 左右的高中学生修习职业课程，离印度政府设定的"到 1995 年有 25% 的高中生修习职业课程"的目标较远。曲书杰和孙慧佳认

---

① 曲书杰，孙慧佳. 印度职业教育的发展困境及其出路 [J]. 河北大学学报（哲学社会科学版），2011, 36（2）：54 – 58.
② 曲书杰，孙慧佳. 印度职业教育的发展困境及其出路 [J]. 河北大学学报（哲学社会科学版），2011, 36（2）：54 – 58.
③ 孙新泉. 印度职业教育 [J]. 中国职业技术教育，2006（2）：59 – 61.
④ 骆小彬. 印度职业教育的特点、问题及发展方向 [J]. 世界职业技术教育，2007，（2）：16 – 18.
⑤ 李福秀. 印度的职业教育和师资培训 [J]. 东南亚南亚信息，1999（1）：14.

为造成印度职业教育发展不尽人意的原因是多方面的，除了发展中国家面临的共同问题外，根本原因在于印度政府政策的错误定位：职业教育被设计成与学术教育完全平行的缺乏纵向和横向沟通的终结性阶段。① 要使印度职业教育走出困境，必须发展专门的职业教育，彻底改变职业教育附属于学术教育的地位；同时，将基于生产劳动的教育融入从幼儿园到高中的核心课程中，使学生从中获得职业知识、职业意识和职业技能，这对于职业教育的长久发展至关重要。将基于生产劳动的教育全程贯穿于普通教育之中，树立尊重劳动的职业意识，是印度职业教育为我国职教发展带来的重要经验教训。

付瑛、周谊认为，印度职业教育发展缓慢的原因在于：职业技术教育对就业贡献不大；印度社会存在的轻体力劳动、重脑力劳动的消极观点及职业课程的终结性等，导致学生缺乏修习职业课程的兴趣；职业技术教育缺乏经费和师资。② 彭慧敏认为，终结性、财政问题和师资问题是制约印度职业教育发展的主要因素。③ 曲恒昌认为，印度职业技术教育进展缓慢，是与这一教育体系自身存在的种种问题密切相关的：学生入学年龄偏大；职业技术教育严重脱离社会生产实际；农村与城市职业技术教育严重失衡；资金、师资短缺，普通教育与职业技术教育严重脱节。④ 上述学者对印度职业技术教育深陷困境及其原因的解析，为我国职业教育带来诸多经验教训：正确认识职业教育的社会经济功能，确定职业技术教育应有的地位；清除传统观念的消极影响，为职业技术教育的发展创造良好的社会环境；正确认识教育机会平等的原则，协调发展普通教育与职业技术教育；从实际出发激发职业技术教育的生命力；政府应为职业技术教育创造市场需求和利益，助推职业技术教育发展的源动力，并建立灵活多样的投入机制。

----

① 曲书杰，孙慧佳. 印度职业教育的发展困境及其出路［J］. 河北大学学报（哲学社会科学版），2011，36（2）：54 – 58.

② 付瑛，周谊. 印度的职业教育［J］. 重庆职业技术学院学报，2004，13（2）：36 – 37.

③ 彭慧敏. 印度职业教育现状及发展动因［J］. 职业技术教育（理论版），2007，28（4）：89 – 91.

④ 曲恒昌. 印度职业技术教育的发展及其经验教训［J］. 外国教育动态，1989（4）：8 – 12.

7. 印度职业教育体系建构的历程与策略研究

王为民对印度职业教育体系建构的历程与策略进行了唯一的研究，主要介绍了印度职业教育体系历经了确立时期、发展时期、逐步完善时期三个建构历程，论述了印度职业教育体系的建构策略：构建纵横贯通的职业教育体系框架、设计国际水准的资格证书管理制度、重视特殊群体的职业教育制度建设、发挥校外培训机构市场化运作优势。① 这些策略对于我国现代职教体系的构建具有较大的借鉴意义或启示。

8. 印度工程技术教育和 IT 职业教育研究

印度职业技术教育的成功典型主要有两类：印度工程技术教育及其代表印度理工学院和 IT 职业教育。对于前者，比较系统深入的研究当属刘筱博士的学位论文《印度工程技术教育发展研究》。该文分析了印度工程技术教育发展的历史脉络和现状，介绍了层级分明的四类院校——印度理工学院、国立技术学院、邦立工程技术院校和私立工程技术院校，总结了印度工程技术教育国家性、教育机构的多样性、管理结构的分权性、人才培养体系的独特性四大特征，剖析了印度工程技术教育的失衡性发展、工程技术教育系统师资整体性紧缺、管理体制缺乏灵活性、工程技术教育领域失业与人才外流严重等四大问题。作者还运用国家、市场、高教系统学术三角模型，深入研究了印度工程技术教育发展中各影响因素的强弱及程度，提出印度工程技术教育发展对我国高等教育改革的启示。② 其他相关研究重点探究印度理工学院的成功之道，涉及校企合作、课程开发等诸多方面。

IT 职业教育尤以孙新泉的研究较为基础全面，内容主要涵盖四方面：第一，印度 IT 职业教育的投入体制和机制：国家、企业并举的公办资本、民间资本、外资等多元投入机制。第二，印度 IT 人才培养主体大致有 3 种：一是依靠高等院校（如印度理工学院、5 所信息科技学院、6 所著名的印度信息科技学院），上述院校均属公办学校；二是 IT 职业教育培训（如 NIIT 和印度最

---

① 王为民. 印度职业教育体系建构的历程与策略 [J]. 中国职业技术教育，2013（36）：50 - 53.

② 刘筱. 印度工程技术教育发展研究 [D]. 重庆：西南大学，2012.

大私人电脑培训机构 APTECH），皆为民办或私营机构；三是软件企业自身建立的培训机构。第三，印度 IT 职业教育培训成效卓著的原因：一是行业引导保障了学校与软件行业的密切沟通，从而确立了更适合行业需要的技术培训目标；二是教师丰富的实践经历；三是人才培养紧跟最新、最尖端的技术发展；四是实施以就业为导向的项目化教学。① 这些经验无疑都揭示了校企合作是职业教育发展的必由之路这一真谛。第四，印度 IT 人才培训的新颖理念：市场驱动、教学标准化、重视课程开发、实施全面质量管理、使用先进教学手段、行业企业参与、支持职业教育的法律规定和机制。此外，李洛和吴绍根对印度 NIIT 两年制高职软件人才培养模式进行了独特视角的分析。②

9. 印度高等职业教育研究

印度虽不使用"高等职业教育"这一概念，但存在着与我国高职教育相对应的教育类型。笔者在《印度"高等职业教育"类型的界定》一文中曾做过突破性的尝试。该文借助联合国教科文组织"国际教育标准分类"的相关规定，从教育对象、培养目标、课程设置、学习年限、授予学历等方面对印度"高等职业教育"做出明确界定，认为综合技术学校培养 13 年级以上高级技术员的体制、NIIT 两年全日制培训体系、以印度理工学院为代表的工程技术教育与我国的高等职业教育具有相似的对应性③，为中印高等职业教育比较研究、对口交流与合作扫除了概念障碍。继而，笔者在《中印高等职业教育交流与合作的必要性和可行性》一文中，从中印经济发展和产业结构优化升级、两国经贸合作的深入推进以及两国经济发展模式和高职教育具有互补性的特色和优势等方面进行论证，认为："建立两国高等职业教育交流与合作，不仅十分必要，而且具有极大的现实可行性。"④

---

① 孙新泉. 印度职业教育 [J]. 中国职业技术教育，2006（2）：59 – 61.

② 李洛，吴绍根. 基于印度 NIIT 培养模式的两年制高职软件人才培养思路 [J]. 高教探索，2004（2）：56 – 28.

③ 王丽华. 印度"高等职业教育"类型的界定 [J]. 职业技术教育，2010，31（7）：87 – 92.

④ 王丽华. 中印高等职业教育交流与合作的必要性和可行性 [J]. 中国职业技术教育，2011（27）：86 – 90.

印度高职教育创新发展的重要举措，是在普通高校中设置职业学士学位。胡启明对印度职业学士学位设立的背景和历程、主要内容（涉及主要目标、授予层级、专业细分、课程体系、学分计算、检查、评估及财政支持）做了全面的介绍，并对职业学士学位进行了评述。① 李建忠也对印度职业学士学位做了简略的介绍和分析。

胡启明对印度高等职业教育的重要构成类型社区学院进行了介绍和述评。印度在 2012 年发布了大学拨款委员会（University Grants Commission，UGC）指导下的社区学院纲要，也称之为《印度高校社区学院计划（2012 - 2017年)》。胡启明主要介绍了印度社区学院设置的背景（印度经济结构不平衡带来经济增速放缓及就业压力增大、印度制造业振兴对高技术技能人才的需求、开发印度庞大的人口红利）、印度社区学院计划的主要内容（社区学院设立的资格条件、社区学院的治理模式、社区学院的主要目标、社区学院的课程设计、基础设施和师资、招生录取、学分计算和证书获取、财政资助、评估），对印度社区学院计划进行了评价，认为该计划满足了当前印度经济发展的要求、完善了印度高等教育体系、深化了技能教育、强化了市场主体地位、构建了普通教育和职业教育的立交桥。②

陈翠荣和张一诺从职业教育质量改进计划（Ⅱ）的主要内容着眼，对印度推进高等职业教育发展的主要措施及启示进行了分析。分析内容主要涉及：①职业教育质量改进计划Ⅱ的目标；②计划的主要内容：加强高端人才教育（实施研究生培养项目）；通过多种形式的校企合作培养适应社会需求的前沿技术人才；严格筛选优势院校，使其带动其他院校发展；各级管理机构分工明确，形成多方参与的教育质量保障体系；重视过程监测管理，确保教育质量改进过程与计划一致；③对提高我国高等职业教育质量的启示：加大高等职业教育研究生培养力度，进一步完善我国职业教育发展体系；鼓励优势院校积极发挥带头作用，促进职业院校共同提高；建立多方参与的质量保障机

① 胡启明. 印度职业学士学位设置述评［J］. 学位与研究生教育，2014（12）：64 - 67.
② 胡启明. 印度社区学院计划述评［J］. 职业技术教育，2016，37（10）：74 - 79.

制，增强院校自身及社会力量的办学积极性；强化过程监督管理，进一步完善高等职业教育评估体系。①

赵学瑶的硕士论文对印度高等职业教育治理的经验与启示进行了较为深入的研究。该文系统介绍了印度高等职业教育治理的历史沿革，分析了各个阶段的治理特点，总结了治理的成功经验：探索举办特色学院，提升服务产业升级能力；发挥政府主导作用，引入社会力量办学；研发国际水准的国家职业标准，构建职教质量管理体系；加快推进法律体系建设，优化高等职业教育的政策环境。并结合我国高等职业教育治理的发展实际，提出了对我国高等职业教育治理的若干思考：第一，高等职业教育治理必须在充分认知我国高等职业教育发展现状的基础上，着眼于解决自身发展中所面临的发展瓶颈问题，这是治理的基础和出发点。第二，"综合治理"是我国高等职业教育治理的应有之义。第三，"优化可持续"是实施我国高等职业教育治理的发展目标。第四，我国高等职业教育的治理范式必须实现从"规制型"向"市场型"，再从"市场型"向"服务型"的转变。②

10. 印度"国家职业教育资格框架"研究

"国家职业教育资格框架"是印度职业教育发展史上具有重要里程碑意义的事件，因此有关研究文献有 5 篇之多，且学术水平也较高。研究内容主要集中在八个方面：①印度国家职业教育资格框架出台的动因（或背景）和开发过程（或发展）；②资格框架的基点和思路；③资格框架的结构要素（资格等级数目、等级标准、资格类型、学习量）、学习路径、等级描述及其特点（层次性、嵌套性、等值性）；④资格框架的主要（或基本）内容：设定技能层级、制定"国家职业标准"、实施"先前学习认定"、设计"多样化路径"、制定"学分框架"、实行学分累积与转换制度、建立产教融合体系、广泛推进行业参与（或加强与产业界的合作）、开发以能力导向的课程方案、重视职业

---

① 陈翠荣，张一诺. 印度推进高等职业教育发展的主要措施及启示——基于"职业教育质量改进计划（II）"的分析 [J]. 高等工程教育研究，2016 (6)：169 – 174.
② 赵学瑶. 印度高等职业教育治理的经验与启示研究 [D]. 天津：天津职业技术师范大学，2015.

教育教师能力建设、学员理论知识的学习和技能训练分别由学校与认可的技能知识机构承担；⑤资格框架的设计理念：终身学习理念、职教高移理念、职普平等理念、产教共管理念；⑥资格框架实施情况或推进实施；⑦对资格框架的评析：通过"层次衔接"与"桥梁课程"，完善职业教育体系；研制国际水准的"国家职业标准"，加强职教质量管理；⑧对我国的启示：实施先前学习认定，促进终身职业教育；发展高职本科教育，完善职业教育层级；研发双向桥梁课程，实现职普教育融通；创新产教合作机制，提升职教管理质量；致力实现普通教育和职业教育之间的横向转换，打通普职之间的通道；提倡行业参与，以公私合作（PPP）模式推动职业教育发展；开发面向个体，以能力为导向的职业课程模块；尝试在普通高等教育中开设附加的职业课程。①②③④⑤ 对印度"国家职业教育资格框架"的研究充分彰显了印度职业教育的最新发展趋势及其对我国职业教育的重要启示，也进一步证明印度职业教育是我国职业教育发展的重要学习和参照对象。

（二）主要问题

1. 研究文献少且单一

相较于美国、德国、英国、澳大利亚等发达国家的职业技术教育和印度的普通高等教育，我国学界对印度职业技术教育研究的文献数量显得尤为稀少，且大多以论文形式呈现，著作类文献凤毛麟角。

---

① 李建忠. 印度国家职业教育资格框架的特征及实施［J］. 职教论坛，2014（31）：85 – 90.
② 马君. 印度现代职业教育体系的构建——基于资格等值的印度国家职业教育资格框架的文本分析［J］. 河北师范大学学报（教育科学版），2014，16（4）：73 – 78.
③ 王为民. 印度"国家职业教育资格框架"设计理念探析［J］. 外国教育研究，2014，41（2）：20 – 28.
④ 胡启明. 印度"国家职业教育资格框架"发展实施及启示［J］. 职业技术教育，2014，35（25）：90 – 93.
⑤ 王为民. 印度2012年"国家职业教育资格框架"述评［J］. 比较教育研究，2014（6）：104 – 110.

2. 时间久远缺乏现代性

已有的研究文献虽对印度职教进行了一些基础性的研究和探索，但大多文献始于 20 世纪 80 年代，止步于 21 世纪前 5 年，近 10 年以来的成果不多，对印度职教最新发展没有及时跟进，致使研究成果滞后于印度职业技术教育发展的实际，缺乏现代性、可参照性和可借鉴性。

3. 概述性研究多系统深入研究少

已有研究文献要么局限于印度的职业教育（中等教育职业化）和职业培训，要么锁定印度的工程技术教育，鲜有将印度职业技术教育作为独立而完整的体系进行研究，大多研究是介绍性、概述性的泛泛而谈，深度解析和系统探讨的文献则少之又少，呈现碎片化的状态。

4. 印度高职教育及其国际比较研究几乎空白

我国学界在高职教育的比较研究中，多以欧美发达国家为比较研究对象，对印度普通高等教育和工程技术教育也有较多研究，唯独对印度高等职业教育及其国际比较研究鲜有涉足，与我国高职教育的对比研究几乎是空白。笔者在这方面的尝试只能触及冰山一角，研究结论也还显肤浅且幼稚，亟待对两国高职教育展开更宽视野和更深层面的比较研究，为我国高职教育提供更有益的建设性经验和高效的发展举措。

5. 纵横双向研究坐标体系模糊

宏观层面，已有研究文献尚未将印度职业技术教育放在印度国家发展的历史背景中进行纵向梳理，也未能将印度职业技术教育与印度经济、社会、政治、文化等领域进行横向考量分析。微观层面，对于印度职业技术教育在整个印度教育体系中的定位认识依然模糊。

（三）掘进方向

中印同为正在崛起的世界性大国，近年来两国关系持续升温，彼此在对方战略版图中地位不断攀升，我国印度职教研究文献的极度匮乏及其存在的诸多问题，与中印两国大国地位和大国关系极不相称。这种尴尬境地亟待改变。国家层面，应从大国关系的战略高度推动两国职业技术教育的交流与合作，凸显印度职业教育在我国职业教育比较研究和国际化进程中的应有地位，激发我国各界对印度职业技术教育研究的活力。教育管理部门和教育机构层面，可以成立专门的印度职业技术教育研究机构，加大针对印度职业技术教育的科研立项和研究成果的推广与应用，创建专题网站搭建印度职业技术教育研究的资源平台。学者和教育者层面，应以脚踏实地、敢为人先的态度，潜心于印度职业技术教育的研究，首要的任务是翻译和推广印度国内及国际学者关于印度职业技术教育的研究资料和成果，可编撰印度职业技术教育研究论文集和出版相关专著，为后来者创造条件积累资源，其次聚焦于印度职业技术教育的政策理论、发展历史、最新趋势、中印对比等薄弱领域的研究，最后需要拓展研究的宽度和深度。

三、本研究的突破方向

国内外同类研究资料稀缺，为本研究提供了基础和逻辑起点，尤其是关于印度职业教育体系构成成分的分析，为本研究界定印度高职教育类型和开展中印高职比较研究提供了重要依据。但是，目前，国内的研究主要聚焦于印度中等职业教育体系基本情况和特点的概述性介绍，且时间久远；有学者对印度的工程技术教育做了比较深入全面的研究，但都没有与我国的高等职业教育衔接和比较。国内对正在崛起的新兴大国印度高等职业教育的研究成果寥寥无几，国内外对印度高等职业教育概念、体系、地位、内涵尚无明确的界定，中印高职教育比较研究几乎无人涉足。

虽然印度并未使用"高等职业教育"的名称，也未构建起独立的高职教育体系，但是印度教育体系中存在与我国"高等职业教育"对应的教育类型，通过概念界定和体系梳理，完全可以扫除中印高职教育比较研究的概念障碍。在高职教育国际化发展的背景下，随着两国经济转型升级对高素质高技能人才的渴求、两国经贸往来的速增及两国教育双边交流与合作的发展，两国高职教育比较研究必将成为比较教育研究领域的热点，中印高职教育交流与合作也有望成为两国关系的重要内容。

本研究将全面分析中印现代职教体系，探究两国高职教育比较的坐标，对印度高等职业教育类型进行界定，并对印度高等职业教育体系进行梳理归类，在此基础上多视角对比分析中印高等职业教育，为我国高等职业教育发展提供可资借鉴的经验教训，为实现两国高等职业教育体制的沟通衔接，推动学历、学位、学分和职业资格证书互认制度，创设两国高职教育交流与合作的长效机制提供有益的思考建议。

第二部分

比较的坐标：中印现代职教体系研究

第一章　印度现代职业技术教育体系及其特征

摘　要： 印度现代职业技术教育体系由劳动体验教育、职业教育、职业培训、技术教育、学士学位职业教育等构成，具有初等、中等、高等职业技术教育的完整阶段。每一个组成部分都具有各自的丰富内容，共同形成了印度特有的现代职业技术教育生态，也使这一体系透射出完整性、封闭性、附属性、不平衡性等特征。

关键词： 职业教育；职业培训；技术教育；学士学位职业教育；特征

对于印度职业技术教育体系的构成，不同学者在不同时期、从不同角度出发，有不同的观点。但已有构成观过于狭隘或笼统，也略显滞后，已难以真实反映印度现代职业技术教育的最新发展。1966 年，印度在全国推行统一的"10＋2＋3"学制，即 10 年的普通教育（8 年初等教育和 2 年初级中等教育）、2 年的高级中等教育（这一阶段开始实行职业教育与普通教育分流）和 3 年本科阶段的高等教育。在印度，职业教育从广义上来说分为正规和非正规教育，包括从基础教育后到第三级教育的所有层次的教育和技能发展。① 除了大学前的职业技术教育（pre – university technical and vocational education）即普通教育的职业化、技工培训和技术员教育，印度还有大学后的职业技术教育即工程技术教育（engineering and technological education）②。1999 年，联合国教科文组织首次使用了"技术和职业教育与培训"（Technical and Vocational Education and Training）的概念，即包括职业教育、技术教育与职业培训在内的大职业教育观③。综合一些学者的已有观点，借鉴联合国教科文组织的大职业教育观，本章在分析印度现有最新的教育资料的基础上，认为印度现代职业技术教育体系由劳动体验教育、职业教育、职业培训、技术教育、学士学位职业教育五大部分构成，且具有初等、中等和高等三级职业技术教育层次。本章还将对各构成部分加以介绍和分析，归纳印度现代职业技术教育体系的特征，勾勒印度职业技术教育的全貌，为中印职业技术教育的比较研究、交流合作提供准确坐标。

一、印度现代职业技术教育体系的构成

（一）劳动体验教育（Labour Experiences Education）

劳动体验教育指整个 10 年（8 +2）基础教育期间开设的为将来职业技术和理论发展做准备的劳动体验课程④。8 +2 普通教育阶段的职业技术和理论知识仅是不同层次的学历教育的补充。为缓解普通教育与职业技术教育比例结构失调日渐加剧的困境，印度教育委员会于 1966 年提出了普通教育职业化、在高中阶段实行学术教育和职业教育分流等建议，并特别提出在基础教

---

① 彭慧敏. 印度职业教育现状及发展动因 [J]. 职业技术教育（理论版），2007，28（4）：89 – 91.

② The United Nations Educational, Scientific and Cultural Organization. Policy, Planning and Administration of Technical and Vocational Education in India, ED – 85/WS/18 [R]. Madras: the Technical Teachers' Training Institute, 1983.

③ 黄尧，刘京辉. 国际职业教育发展趋势：第二届国际技术与职业教育大会综述 [J]. 中国职业技术教育，1999，（7）：13 – 16.

④ 王丽华. 印度"高等职业教育"类型的界定 [J]. 职业技术教育，2010，31（7）：87 – 92.

育阶段开设"劳动体验"课的建议。教育委员会的建议引起了印度教育的激烈变革，同年，印度在全国推行统一的"10＋2＋3"三层正规教育学制。前10年基础教育阶段为所有学生提供无差别的普通教育，同时把生产劳动知识和劳动观念融入基础教育的全部课程中，以图实现普通教育和职业教育的有效结合。这主要通过劳动体验（实习）课程来实施。劳动体验（实习）包括各种符合学生兴趣、能力和需要的活动，以及随教育的各个阶段而不断升级的技能和知识①。劳动体验教育不仅使学生获得职业技能和知识，更重要的意义在于培育学生最初的职业意识、职业精神和对技能的尊重，也可为后续的更高层级的专门职业技术教育奠定以劳动为中心的教育理念。由此，印度最初级的职业教育蕴含在基础教育阶段的劳动体验教育之中，可以视为初等职业教育，仅是学历教育的补充。这种形式的职业教育应值得我国借鉴，因为我国青少年极度缺乏由基础教育阶段培养而来的宝贵的职业意识和劳动精神，致使职业技术教育悬于真空之中，沦为学生和家长的末流选择。

（二）职业教育（Vocational Education）

印度的职业教育一般指狭义的职业教育，即特指高中阶段即11和12年级实施的与学历教育系统分流的职业课程教育，又称为中等教育或高级中等教育职业化②，是印度的中等职业教育阶段。

1977年印度政府在高中阶段实行学术教育和职业教育分流，并启动了高级中等教育职业化规划，鼓励各邦政府在＋2阶段实施职业教育。1988年2月中央启动了中等教育职业化规划，为各邦和中央直辖区在高中阶段引入职业教育课程提供资金支持。高中阶段与学历教育系统分流的职业教育以就业为方向，为职业技术教育学生初步就业做准备。然而，他们若选择追求高等职业教育，可与来自学历教育系统的学生竞争进入相应的职业课程。他们也有资格进入与职业阶段时期所学课程相关的普通本科课程。这为职业技术教

---

① 樊惠英. 印度职业技术教育发展的回顾 [A]. 纪念《教育史研究》创刊二十周年论文集（20）——外国教师教育史、职业与成人教育史研究 [C]. 2009. 1848—1852.

② 曲书杰，孙慧佳. 印度职业教育的发展困境及其出路 [J]. 河北大学学报（哲学社会科学版），2011，36（2）：54—58.

育不同层次间的流动沟通创造了机会。

实施高级中等教育职业化的主要机构是职业学校（Vocational School），类似于我国的职业高中。因投资不足，这类学校一般存在于11—12年级的普通高级中学或同等程度的学校中。职业学校自20世纪70年代末起步，80年代末有了较大发展，主要培养技能型的技术工人和操作工，学制2年，招收完成10年级普通教育学业的学生。毕业生若选择追求高等职业教育，可进修综合技术学校的高级文凭课程，或与来自学历教育系统的学生竞争进入技术学院的本科课程。这为职业技术教育不同层次间的流动沟通提供了机会。

中等教育职业化的专业，主要有工程技术、农业、商业、家政、医护、纺织等，近年来，家电维修、信息处理、计算机应用、汽车维修、餐饮服务等专业发展较快。课程体系结构方面，各邦大体采用1977年全国高级中学检查委员会提议的课程框架，即语言类课程15%、与职业有关的普通基础课15%、职业教育选修课和实践70%①。职业实践分别在校内和当地企业现场实施，至少要占总学时数的50%。

印度的教育行政管理采用中央和各邦共同管理、地方分权的两极管理体制。国家层面，职业教育的主管部门为人力资源开发部（MHRD），其下属的全印技术教育委员会负责在国家层面制定职业教育的规划、引导和协调。职业教育的具体实施由各邦的教育部或职业教育董事会来执行。

中等教育职业化是印度教育改革的重大举措，印度政府也一直致力于职业教育的发展，但它的实施一直不尽人意，进展缓慢，在整个中等教育发展中，职业教育所占的比例也较低，20世纪90年代至今，高中生修习职业课程的比例基本上在4.5%左右徘徊，与国家政策所定25%的新目标相距甚远。

（三）职业培训（Vocational Training）

职业培训是指由普通学校系统之外的各种机构根据一定的准入条件对受

---

① 曲书杰，孙慧佳. 印度职业教育的发展困境及其出路［J］. 河北大学学报（哲学社会科学版），2011，36（2）：54 – 58.

训者提供时限不等的职业课程①。依据印度宪法规定，职业培训是中央政府和邦政府的共同责任。开发培训项目、评估政策、设置培训标准、进行考试、授予资格等活动由中央政府进行，而培训项目的实施则绝大部分由邦政府完成。在印度，职业培训与技术教育、职业教育有很大区别，它不属于普通学校教育范畴，在中央层面由劳动部管辖。与职业教育相比，职业培训在对学生进行职业技能的指导训练上，更注重培养学生的实际动手操作能力②。印度劳动部管辖的培训计划主要包括技术工人培训、学徒培训、高级职业培训和妇女、残疾人职业培训。

1. 技术工人培训（Craftsman Training）

20 世纪 50 年代，印度确立了技术工人培训计划（CTS）。技工培训是与普通高中教育平行的职业培训系统，主要由工业培训学校（Industrial Training Institute，ITIs）进行，它类似于我国技校，主要培养熟练工人和手艺工人，招收 10 年级（通过高中入学考试的学生）以上的学生，学制通常为 1 年半至 2 年，为准备在工业企业当工人或技工的学生提供各种"职业技能"或专业技术。ITIs 以工业技艺类专业为主，满足工业企业需求。其课程体系凸显技能培训的地位，技能操作占总学时的 50% 以上，理论课 40% 左右，绘图课、车间计算与科学课程 10% 左右。通过全国职业行业委员会考试合格的学生可获"全国行业证书"，在此基础上还可获"全国艺徒培训证书"。技工培训也具有一定的向上晋升机会，追求高等教育或高级培训的学生可接受综合技术学校的高级技工课程或技术员课程③。工业培训学校既有公立又有私立，隶属于全国职业培训委员会，由劳动部统一领导，劳动部在国家层面上规范工业培训学校的活动，落实职业培训政策。印度政府向工业培训学校投入了大量经费以促进技能开发。

① 曲书杰，孙慧佳. 印度职业教育的发展困境及其出路［J］. 河北大学学报（哲学社会科学版），2011，36（2）：54 – 58.
② 刘欣. 印度职业技术教育和培训政策研究［D］. 上海：上海师范大学，2013.
③ 王丽华. 印度"高等职业教育"类型的界定［J］. 职业技术教育，2010，31（7）：87 – 92.

2. 学徒培训（Apprenticeship Training）

印度学徒培训制度根据1961年制定的《学徒法》建立。该法规定在140个专业中由大中型企业按技术工人的一定比例代培学徒，如，每10名机械技术工带1名学徒；每2名模具工带1名学徒；每2名餐馆服务业职工带1名学徒。由此，学徒培训成为印度企业的法律义务，无力承担者，必须交纳培训费以作为其他企业代培的补偿。企业雇主须制定学徒培训计划，内容包括基本技能训练、实地见习与现场训练等①。学徒培训计划由劳动部下属的"中央学徒委员会"全面负责实施，在邦一级由学徒培训局或邦学徒委员会实施。

根据1973年修正的学徒法，学徒培训的对象主要有四类：工程技术院校毕业的工程师、综合技术学校毕业的技术员（必须具备毕业文凭）、工业培训学校毕业生、中等职业教育毕业生。学徒期是就业前的必经阶段，因专业要求和学徒文化基础而异，短则半年，长则4年，3年居多。期满考核合格者由中央学徒委员会颁发全国通用的合格证书，无合格证书者企业不得录用②。

3. 高级职业培训

20世纪60年代，印度政府为了适应高技术发展对专业人员的需求而建立了高级职业培训计划。60年代末，印度在马德拉斯创设了高级职业培训学校作为样板，以后又在孟买、加尔各答、坎普尔等地建立类似学校。其后，高级职业培训计划在各邦进一步扩展，现全国约有100多个高级职业培训机构，但主要在部分工业培训学校和工业培训中心（Industrial Training Centres, ITCs）讲授有关专业的高等科技知识。高级职业培训的任务是培养技术员和高级技工，主要专业是高等和尖端技术，如过程控制测试装置、计量和检验、工具设计和热处理等。③

4. 妇女、残疾人职业培训

印度设有国家级、地区级和邦一级的妇女专门培训学校，培训妇女从事

---

① 孙新泉. 印度职业教育［J］. 中国职业技术教育，2006（2）：59－61.
② 樊惠英. 印度职业技术教育发展的回顾［A］. 纪念《教育史研究》创刊二十周年论文集（20）——外国教师教育史、职业与成人教育史研究［C］. 2009. 1848—1852.
③ 孙新泉. 印度职业教育［J］. 中国职业技术教育，2006（2）：59－61.

服装缝纫、刺绣、针织和秘书等多种职业的技能技巧，增强妇女就业能力。残疾人员和智力迟钝者的职业能力培训，主要由政府机构、私人慈善团体和企业实施。印度劳动部创办了若干伤残康复职业中心，负责测定聋哑盲人和畸形残疾人的适应能力和剩余能力，并提供矫正训练，帮助他们获得职业劳动能力或自助能力。① 高级职业培训和妇女、残疾人职业培训目前只做了非常简略的概述性介绍，亟待更深入的研究。

除劳动部管辖的职业培训计划外，医卫部门、农业部门、商业和贸易以及林业、手工业、农村工业、音乐、商业艺术等部门也有多种多样的培训计划，但其质量参差不齐且大多是终结性的培训，学员没有机会进入高等教育体系。

（四）技术教育（Technical Education）

根据 1987 年全印技术教育委员会法案规定，所谓"技术教育"是指工程技术、建筑、城镇规划、管理、制药、农业、应用艺术和手工艺等领域以及由中央政府同全印技术教育委员会共同讨论决定，并由官方公报正式声明的其他领域的教育、研究和培训项目②。印度技术教育包括综合技术学校教育和工程技术教育，主要培养技术员和工程师，学历层次有中专、专科、本科、硕士和博士。

1. 综合技术学校教育

综合技术学校（Polytechnics），也称为多科技术学校或技术员学校，是印度中等层次的技术教育机构，类似我国的中专学校，主要培养技术员，由人力资源开发部统一领导。技术员是指技术和相关理论知识介于技术工人与工程师（技师）之间，进行车间和现场操作的专业技能人才③，是技术工人和工程师之间的桥梁。技术员在工程技术项目的实际操作中发挥着关键作用，

---

① 樊惠英. 印度职业技术教育发展的回顾［A］. 纪念《教育史研究》创刊二十周年论文集（20）——外国教师教育史、职业与成人教育史研究［C］. 2009. 1848—1852.

② 刘欣. 印度职业技术教育和培训政策研究［D］. 上海：上海师范大学，2013：8.

③ 王丽华. 印度"高等职业教育"类型的界定［J］. 职业技术教育，2010，31（7）：87 –92.

因为他们在识图、成本核算和计费、监督、计量、监测和维护方面具备特殊技能。

进入综合技术学校的最低门槛是必须完成 10 年级或 11 年级学业，学制 2—4 年，以 3 年最常见。综合技术学校主要提供土木工程、机械工程、电机工程和电气工程等传统领域的技术员证书课程①，近 20 年里，许多综合技术学校开始提供电子、计算机科学、医学实验室技术、医学工程、建筑助理等新兴领域的专业课程，部分学校的如皮革技术、制糖技术、印刷技术等课程，服装、美容、纺织设计技术等专业课程也专向女性提供。在课程结构和学时分配上，专业课程占总学时的一半，语言课程 5%，基础课程 10%，应用课程 10%，专门技能 15%，人文与管理课程 10%②。值得关注的是，部分综合技术学校在 3 年技术员教育后再提供一年半到两年的高级文凭教育（中等后技术教育），培养高级技术员，与我国高职教育相当。

综合技术学校合格的毕业生获得"技术员"证，可聘任到企业从事企业技术指导、初级技师以及进入技术师资培训机构（TTTIs）从事教育培训工作，也可参加印度工程师协会举办的职业考试，获取与大学第一学位具有同等效力的工程技术资格证，还可寻求以全日制或半日制学生身份进入印度理工学院和其他高等理工学院深造。

多年来，综合技术学校的证书课程逐渐丧失其技术成分，沦落为学位教育的稀释版，聘用其毕业生的企业不得不重新对他们进行基本技能的培训。综合技术学校教育在发展中面临的主要问题是：在新兴领域的课程缺乏实用性；基础设施不足、设备陈旧过时；难以吸引优秀教师资源；财政经费不足；地方政府缺乏对教职员工进行培训和再培训的机制；本身缺乏灵活性和独立

---

① 王丽华. 印度"高等职业教育"类型的界定［J］. 职业技术教育，2010，31（7）：87 －92.
② 樊惠英. 印度职业技术教育发展的回顾［A］. 纪念《教育史研究》创刊二十周年论文集（20）——外国教师教育史、职业与成人教育史研究［C］. 2009：1851（1848— 1852）.

性；企业参与不足；对技术教育领域的研究与开发不足；课程陈旧等①。

2. 工程技术教育（Engineering or Technological Education）

工程技术教育在印度职业技术教育体系中处于较高层次，属于高等教育范畴，是印度教育中成效最显著、颇具盛名的领域，更是具有世界一流水平的专业教育。在印度，四年的工程技术教育属于专业高等教育范畴，与三年的普通本科教育处于同等地位。②

工程技术教育主要培养工程师，招收以完成高中阶段学历教育的学生或综合技术学校的毕业生为主，也招收在高中修完职业教育课程的学生，毕业生获工程学学士学位。这些毕业生可进入工业企业当工程师、技师和科研人员，或者在综合技术学校当老师。如果他们愿意，可进攻读 2 年研究生课程获取硕士学位。如对研究有兴趣，可在大学或类似的高等学校工作，最低要求是 3 年内撰写一篇博士论文。当然，具有研究才能的人，不需要获得博士学位，就可以进入工业企业研发部门。工程技术教育主要设置计算机工程、建筑工程、土木工程、生化工程、机械工程、电气工程、冶金与材料工程、制药工程等专业。③ 在国家层面，由人力资源开发部下属的印度技术教育委员会负责协调技术教育发展并制定发展规划。

工程技术教育系统从管理层次上大致可分为三类：中央政府资助机构，邦政府或公共资助机构、自助机构。截至 2012 年，印度有 78 所中央资助的工程技术教育机构（参见表1）。从层级上看，工程技术教育院校首先包括国家重点院校的印度理工学院（IITs）和国立技术学院（NITs）及印度科学学院（IISc）等，这类院校毕业生数占总量的 3%，其次是邦立的工程技术类大学或学院，毕业生数占 21%，最后是私立工程技术类大学及学院，毕业生数占 76%。

---

① Pradeep Kotamraju, The Indian Vocational Education and Training（VET）System：Status, Challenges and Options ［J］. Community College Journal of Research and Practice, 2014, Vol. 38（8），pp. 740 – 747.

② 刘筱. 印度工程技术教育发展研究 ［D］. 重庆：西南大学, 2012：7.

③ 刘筱. 印度工程技术教育发展研究 ［D］. 重庆：西南大学, 2012：7.

表1 印度中央资助的工程技术教育机构①

英文名称	中文名称	机构数量
Indian Institutes of Technology（IITs）	印度理工学院（IITs）	16
Indian Institutes of Management（IIMs）	印度管理学院（IIMs）	7
Indian Institute of Science（IISc.）	印度科学学院（IISc）	3
Indian Institutes of Science Education & Research（IISERs））	印度科学教育与研究学院（IISERs）	5
National Institutes of Technology（NITs）	国立技术学院（NITs）	30
Indian Institutes of Information Technology（IITs）	印度信息技术学院（IITs）	4
National Institutes of Technical Teachers Training & Research（NITTTRs）	国家技术师资培训与研究学院（NITTTRs）	4
School of Planning & Architecture（SPAs）	规划与建筑学院（SPAs）	3
Indian School of Mines（ISM）	印度矿业学院（ISM）	1
North – East Regional Institute of Science & Technology（NERIST）	东北地方科技学院（NERIST）	1
National Institute of Industrial Engineering（NITIE）	国家工业工程学院（NITIE）	1
National Institute of Foundry & Forge Technology（NIFFT）	国家铸造技术学院（NIFFT）	1
Sant Longowal Institute of Engineering &Technology（SLIET）	圣·隆戈瓦尔工程技术学院（SLIET）	1
Central Institute of Technology（CIT）	中央理工学院（CIT）	1
Total	共计	78

---

① 此表根据印度2009－2010年度人力资源开发部的年度报告和刘筱的博士学位论文"印度工程技术教育发展研究"整理而成。资料来源：Ministry of Human Resource Development Government of India. Annual Report 2009－10［R］. New Delhi：Dolphin Printo Graphics，2010：150；刘筱. 印度工程技术教育发展研究［D］. 重庆：西南大学，2012.

印度理工学院（IITs）是印度工程技术教育的第一梯队，代表主流和正统。IITs 成立于印度独立初期，至 20 世纪 80 年代成立了 7 所，2008 年新建了 9 所。1956 年的印度理工学院法案赋予 IITs 国家重点学院地位，享有大学自治权力和多元充足的经费。IITs 提供学士、硕士和博士课程，在基础性和应用性研究领域也功勋卓著。IITs 以严苛的入学考试、卓越的人才培养模式、极高的淘汰率、国际化办学而著称。①

国立技术学院（NITs）是印度工程技术教育的第二梯队。2002 年开始陆续升格和新成立了 30 所 NITs。2007 年通过的国立技术学院法案赋予 NITs 与 IITs 相同的国家重点院校的重要地位、学术自治权和独立学位颁发权，只是从中央政府获得的拨款经费少于 IITs②。NITs 侧重进行本科教育。难度仅次于 IITs 的入学考试（全印工程学入学考试，AIEEE）、相当有特色的人才培养体系、严格的教师聘用及与工业界的紧密合作是 NITs 成功的重要因素。

邦立工程技术学院是印度工程技术教育的第三梯队。邦立学院办学经费由所在邦负责划拨，由于较少或没有办学自主权和独立学位授予权，一般附属于本邦有名望的大学。其设置的专业通常集中在计算机科学与工程、机械工程、土木工程等专业。邦立学院发展水平参差不齐，著名的浦那工程学院、维尔梅塔吉加拜理工学院、孟加拉工程学院等，堪与 NITs 相媲美，但绝大多数院校教学与科研实力薄弱，与私立院校相差无几。

私立工程技术院校是第四梯队，在 20 世纪 80 年代后异军突起并迅速占据了主体地位。该梯队可分为受助私立工程技术学院、自筹经费工程技术学院、自筹经费准大学和私立工程技术大学四类。目前印度约有 1100 所私立工程技术学院，90% 以上都是附属学院，拥有极少办学自治权③。印度排名前五十的院校中极少有私立院校，但也有如麦力普技术学院和伯拉科技学院等较为优异的院校；另一部分以非正规私立教育机构为主，出类拔萃者当属闻名于世的国际教育机构印度国家信息技术学院（NIIT）。这类教育机构绝大多数

① 刘筱. 印度工程技术教育发展研究 [D]. 重庆：西南大学，2012：40.
② 刘筱. 印度工程技术教育发展研究 [D]. 重庆：西南大学，2012：46.
③ 刘筱. 印度工程技术教育发展研究 [D]. 重庆：西南大学，2012：51.

教学质量无法保证，办学中存在着诸多问题。

（五）社区学院（Community Colleges，CC）

2008 年金融危机之后，印度第三产业过度发展、制造业严重落后的不均衡造成经济增长放缓、就业压力增大、财政赤字居高不下、通货膨胀严重等负面作用，严重阻碍了印度各方面的发展。为此，印度政府提出"印度制造"计划以促使经济协调发展和就业率提高。制造业的发展必然需要大量技术产业工人。但印度面临人力资源供需不均衡的困境，印度大多数高校与工厂、企业联系并不紧密，培养的人才难以满足生产需求；印度传统的高等教育系统在课程时间、教学周期、学习场所以及课程选择方面又非常严格；市场上一些可以获得的技能导向课程对于雇主而言，可靠性和可接受性相对较低；现今印度庞大而年轻的劳动年龄人口①需要开发转化为人口红利。因此，印度迫切需要构建一个更为灵活、高效的教育系统。该教育系统对个体而言进入门槛便利、费用低廉；对社会而言意味着高质量以及紧扣经济社会发展。② 因此，为缓解经济转型对人口素质提高的巨大压力和适应人力资源结构变化趋势，印度政府必须及时调整和变革教育体系。在此背景下，印度在 2012 年发布了大学拨款委员会（University Grants Commission，UGC）指导下的社区学院纲要，也称之为《印度高校社区学院计划（2012 - 2017 年)》（简称"印度社区学院计划"）。该计划对印度社区学院设置的目标、资格条件、课程、基础设施、师资、管理等都做出了相应的规定。

印度社区学院的主要目标。一是扩大民众与高等教育的接触面，使印度高等教育更贴近社区和学员；弥补高等教育体系技能教育偏弱的短板，使相关技能教育融入到高等教育系统中。二是构建就业和学习之间多层双向通道，为来自学校系统或劳动力市场的不同年龄段的学员提供自由选择接受高等教育和进入劳动力市场的机会和权利，使学员既能接受高等教育和必要的通识教育，又能获得就业必需的技能教育、技能认证和传统技能升级，为普通教

---

① 现在印度有超过 50% 的人口是在 30 岁以下，是个公认的年轻国家。据估计，到 2025 年印度将占世界总劳动力的 25%。

② 胡启明. 印度社区学院计划述评［J］. 职业技术教育，2016，37（10）：74 - 79.

育和职业教育证书持有者提供桥梁课程，以便他们获得相应的国家职业教育资格框架（National Vocational Education Qualification Framework，NVEQF）证书。三是强化终身学习观念，通过开设通用兴趣课程为社区个体发展提供基于社区的终身学习机会，为他们创造未来进入更高级教育的机会。①

印度社区学院设立的资格条件。印度社区学院由现有的、经大学拨款委员会依据有关条款认定的和获得政府一般发展资助（General Development Assistance）的学院或大学主办。地理位置上与当地产业界更为紧密的大学或学院，以及在课程设计、评估和治理方面具有优势的自治学院（Autonomous College）将获得主办社区学院的优先权。社区学院是作为大学的一个附属而独立的机构或者作为一个完全自治机构而设立，因此，社区学院是独立的实体，不是大学的一部分。

印度社区学院的治理模式。社区学院的治理机构主要是理事会和学务委员会（The Board of Studies，Bo S）。理事会成员由主办大学代表、相关行业代表、联合或专业协会代表、当地政府机构代表、邦政府和大学拨款委员会候选人等组成，理事会主席由主办大学（学院）管理委员会主席和合作行业代表联合担任，理事会书记由主办大学（学院）负责人担任。理事会至少每三个月定期或不定期对社区学院的各项业务进行审查。学务委员会由大学或其附属学院的代表、行业伙伴以及联合或专业协会代表组成。学务委员会主席由社区学院负责人和当地行业伙伴负责人联合担任。学务委员会依据行业需求决定社区学院开展哪些项目，并与行业伙伴协商开发模块化课程。

印度社区学院的课程设计。（1）课程设计的总体原则：社区学院课程设计必须依照印度国家职业教育资格框架的标准建设，以使学员获得全国通用的技能、证书。（2）课程设计的监管：社区学院在学务委员会（Board of Studies）和管理委员会（Board of Management）的全程监管下与本地行业伙伴协商进行课程开发，纠正按照普通高校原有课程设计加以实施的惯性。社区

① University Grants Commission. UGC Guidelines for Community Colleges［EB/OL］. http://www. ugc. ac. in/pdfnews/5091249 _ Community – College – Revised – Guidelines – FINAL. pdf.

学院将致力于按照 NVEQF/NSQF（国家技能资格框架，National Skills Qualifi-cation Framework）来调整课程结构和课程设计，依照各部门技能委员会（Sector Skill Councils）开发的国家职业标准（National Occupational Standards）进行课程内容调整，使学员在就业方面有高度的适用性，促使人才在全国和全球范围内流动。（3）课程设计的实操要领。社区学院依据地方行业不同时期的需求来提供知识＋技能混合课程，这些课程的职业内容部分要符合 NVEQF/NSQF 的要求，通识教育的内容部分要符合大学的相应规范。课程的技能部分以就业为导向，开设一些在当地就业市场有重大需求的项目和课程。课程的职业技能实践教育以面对面教授的模式开展，也可以依据某些行业或者技能的特性以混合或远程的模式开展。课程的通识教育部分只要能够保证质量，可以采取任何模式进行。社区学院被授权有资格开展先前学习认定（RPL），便于学员先前技能、资格或学分的认定并与 NVEQF/NSQF 某一层级证书对接。社区学院的课程内容与 NVEQF/NSQF 相应的层级要求相对应，便于学员获取证书。社区学院提供基于学分的单元课程，其中，为了能够给学生提供多口径的进口和出口，允许分阶段进行学分积累，便于学生在任何证书层级学习之后进入就业市场，也有利于学员工作后再次进入更高等级证书体系或更高级教育系统进行充电学习。NVEQF/NSQF 还提供了证书层级上移的框架和条件。更为重要的是，社区学院给学员提供了从职业教育进入普通教育的机会，只要能够满足进入条件，职业教育系统可以和普通教育系统融通。（4）课程内容更新。课程内容更新不仅要与行业发展、就业需求紧密关联，还要紧跟国家职业标准（National Occupation Standards，NOS）的要求和变化，关注国家技能发展集团（National Skill Development Corporation，NSDC）发布的技能鸿沟分析报告。行业协会、部门技能委员会、相关政府机构在课程设计过程中都起到了相应的杠杆作用。社区学院要将这些课程设置要求和程序内化，形成一个持续和动态的系统。（5）课程开展的终身化、技术化。社区学院还将提供各种短期证书培训项目，从而满足社区学员终身学习的需要。社区学院还要运用适当的技术来提高授课效率。

印度社区学院的基础设施和师资。社区学院可以利用现有主办学院（大学）的教学场所运营，也可以利用经过许可的企业场所传授知识技能。每个社区学院都需要足够的实验室、车间进行面对面的技能传授以及实践操作。这些实验室和车间场地可以是社区学院所有，也鼓励与经过认证的合作行业伙伴合办。社区学院的师资包括永久教员、来自行业或开放市场的客座以及兼职老师。永久、兼职、客座师资的混合比例由主办机构在管理委员会的许可之下自行决定，还要依据当地需求和师资的可获取性来安排。实验人员由管理委员会按需求安排。作为客座教师或兼职教员，必须具备充足的行业知识，最少需要具有2—3年的相关行业经验。教师的知识和技能持续更新，主要是通过与大学、技术教育机构和行业的合作进行适当的培训和拓展来达成。社区学院还设立了兼职协调员负责对全部课程进行协调，以及与行业和其他利益相关者进行联系。

　　印度社区学院的招生录取。进入社区学院最低标准是通过12年级学习，或得到大学认证具有等同于12年级的水平。而且，对于通过了NVEQF/NSQF层级三和层级四的学生，可以注册进入社区学院，这保证了职业教育的纵向流动。社区学院优先录取本地社区的学员，还要依照现有的国家和邦政策，预留指标给表列种性、表列部落、"其他弱势阶层"和残障人士。社区学院在录取上没有年龄限制。招生按照课程周期滚动进行，这有利于学员进入社区学院以及学成输出到劳动力市场，招生工作全年进行而不是一年一次。再次申请进入社区学院的申请人比首次申请者具有优先入学权。为激励学生参加社区学院课程，对于出勤率高的学生每月奖励1000卢比。

　　印度社区学院的学分计算和证书获取。一个学分等同于14~15节60分钟的理论课或车间实训、实验室操作；对于实习工作，一个学时只相当于车间实训或理论课的50%权重；基于电子内容或其他方式的自主学习，学分权重只相当于理论课或车间实训的50%，甚至更少。[①]技能学分以及通识教育学分达到一定要求后获取相应的证书、高级证书、文凭、高级文凭四个层级

---

　　①　University Grants Commission. UGC Guidelines for Community Colleges［EB/OL］. http：//www. ugc. ac. in/pdfnews/5091249 _ Community – College – Revised – Guidelines – FI-NAL. pdf.

的 NVEQF/NSQF 证书，见表 2。证书根据相关机构规定的学分总数颁发，而不是依据花费在课程上的时间周期发放。证书上要明确标注所获学分、课程时间（以小时计）、所选课程以及相应的达到的 NVEQF/NSQF 层级。当修完 120 个学分，获得高级文凭，就有资格进入 NVEQF 的第七层级（三年），从而获得职业学士学位（B. Voc. Degree）。①

表 2　社区学院技能学分、通识教育学分与 NVEQF/NSQF 证书层级对应表

NVEQF 层级	技能学分	通识教育学分	正常学习周期	出口点/授予
6	72	48	4 学期	高级文凭
5	36	24	2 学期	文凭
	18	12	1 学期	高级证书
	9	6	3 个月	证书

入学：10 + 2 阶段后或 NVEQF 框架下完成相应的职业技能教育学习内容获得相当于 10 + 2 阶段的证书

资料来源：University Grants Commission. UGC Guidelines for Community Colleges http：//www. ugc. ac. in/pdfnews/5091249 _ Community – College – Revised – Guidelines – FINAL. pdf.

印度社区学院的财政资助。每个社区学院每年的财政资助金额上限是 1000 万卢比。在主管当局批准之后，资助资金由大学拨款委员会发放给主办大学的负责人。主管当局批准的资助金额分为三期发放给社区学院，第一期发放 50%，第二期发放 40%，第三期发放 10%。② 社区学院也可以联合行业伙伴共建实验室、车间，从而采取不同模式，如公私合作模式（Public – Private – Partnership）建设基础设施。

---

① University Grants Commission. UGC Guidelines for B. Voc［EB/OL］.（2014 – 07 – 01）. http：//www. ugc. ac. in/page/XII – Plan – Guidelines. aspx.

② University Grants Commission. UGC Guidelines for Community Colleges［EB/OL］. http：//www. ugc. ac. in/pdfnews/5091249 _ Community – College – Revised – Guidelines – FINAL. pdf.

印度社区学院的评估。社区学院需要开发适当的机制对学员学习知识和技能的过程和结果进行评估。行业伙伴和部门技能委员会也要参与评估体系。要加强对实践和动手技能的评估，该评估在整个评估体系中占主导地位。社区学院应该采纳和整合各部门技能委员会（Sector Skill Councils，SSCs）的指南和建议，从而评估和革新职业教育内容，使教学内容符合职业标准和岗位需要。每个社区学院要按照时间序列设立活动计划表，社区学院负责人要对每个时间段所取得的标志性成绩负责，社区学院管理委员会（Board of Management，Bo M）会定期评估社区学院的活动进展，周期为至少三个月一次。评估报告要递交给大学拨款委员会。评估的重点内容包括：社区学院接收和利用基金；学生录取、注册、入学、退学、认证、课程等；学生就业的组织、起薪及岗位情况；行业参与度情况，客座讲师邀请、实习和职业培训情况；实验室和车间设施；社区学院开办课程是否与当地社区需求一致等。

印度社区学院计划呼应了当前印度经济发展的要求，有助于缓解技术工人匮乏的矛盾，助推"印度制造"计划的实施；完善了印度高等教育体系，提升了印度职业教育层次，其所具有的服务社区、普通教育和职业教育相结合的办学职能，提供的灵活开放、学费低廉、易于获取、终身化的融职业技能发展和通识教育于一体的教育模式，为学员创造了直接进入就业部门或者更高层级教育机构的机会，在社区与就业市场两者之间搭建了互联互通的桥梁，为印度构建了一条完整的高等职业教育生态链，深化了技能教育。印度社区学院非常注重技能教育的培养，为整个高等教育体系注入了更多的技能要素，培养企业急需的具备就业能力和实践能力的人才；强化了市场主体地位，行业企业要素的引入，不仅弥补高等教育技能传授方面的空缺，而且缓解了当前印度捉襟见肘的公共资助困境；构建了普通教育和职业教育的立交桥，实行"先前学习认定"，教育层次与 NVEQF/NSQF 层级相对应和融通，实现普通教育和职业教育的横纵连接，在升学与就业的双向通道上起到了很好的桥梁作用。①

---

① 胡启明. 印度社区学院计划述评［J］. 职业技术教育，2016，37（10）：74-79.

（六）学士学位职业教育（Bachelor of Vocational Education）

普通高等教育职业化是当前印度教育发展趋势之一，学士学位职业教育是这一背景下的重大改革尝试，属于高等职业教育范畴。印度大学拨款委员会（UGC）于1994年实施了学士学位职业教育计划，确定了209所大学机构启动学士学位职业教育课程，尝试整合大学和职业教育。这些机构提供1至3门职业课程①。在最近的改革中，职业课程已在更大的范围内引入普通高等院校，将近1500所学院已被授权实施职业教育，允许1/3的课程为职业课程②。为缓解印度经济发展滋生的人力资源供需矛盾，培养既具有良好素养和综合能力、又经过良好技能训练的高层次应用型人才，印度UGC于2014年再次出台重磅举措，推出高校职业学士学位（Bachelor of Vocation，B. Voc.）纲要，提出在普通高等教育中设置培养本科以上层次技术专家（technologists）的职业学士学位，并与国家技能资格框架对接，按学年设置资格证书等级③。职业学士学位由普通高校按照职业学士学位申请方案向大学拨款委员会提交项目投标书获批后方可实施。大学拨款委员会给高校每个三年期的职业学士学位项目拨款1850万卢比。完成"10＋2"阶段教育或相当于该水平的任何正式或者非正式教育的学生都具备攻读职业学士学位的资格。职业学士学位包括以下主要内容：

多层级证书体系并与国家技能资格框架对接。职业学士学位有明确的人才培养分级标准，学制三年，分别对应一个或者多个职业领域的文凭、高级文凭、职业学士学位三个层级的证书体系，三者都是在高校主持下授予，每学年学生的能力要达到国家技能资格框架的相应层级（见表3）。为表明证书具体的专业方向或技能，每一个证书名称后都用括号加以注释，如职业学士学位（零售管

---

① 骆小彬. 印度职业教育的特点、问题及发展方向［J］. 世界职业技术教育，2007，（2）：16－18.

② Sanat Kaul, Higher Education in India: Seizing the Opportunity, Working Paper No. 179［R］. New Delhi: India Council For Research On International Economic Relations, May 2006: 24.

③ 李建忠. 印度试水职业学士学位［N］. 中国教育报，2014－07－09（9）.

理与信息技术)、高级文凭(健康护理)、文凭(温室技术)等。①

表3　印度职业学士学位证书层级及与国家技能资格框架对应的能力要求

授予证书	学制	相应的国家技能资格框架层级	总体要求	专业知识	专业技能	核心技能	职责
文凭	1年	5级	要求具有较好的培训技能,在熟悉的环境下能够做出清晰的流程选择	在一个工作或研究领域具有对事实、原理、程序和总体概念的知识	一系列的认知和实践技能,能够通过选择和应用基本方法、工具材料和信息完成任务,解决问题	数学技能、社会、政治理解力以及一些收集、组织信息交流的技能	对自身工作和学习负责,对他人工作和学习部分负责
高级文凭	2年	6级	要求具有广泛的专业技术技能、清晰的知识,能够在大范围内参与标准和非标准实践	在一个工作或学习领域内,有广泛的事实和理论知识	一系列的认知和实践技能,要求能够解决某工作或学习领域的具体问题	良好的数学计算能力,社会、政治理解力,良好的数据收集、组织信息和逻辑交流能力	对自己学习、工作负责,对他人学习、工作负责
职业学士学位	3年	7级	需要掌握大范围的专业化理论和实践技能,能参与各种常规和非常规环境下的工作	在一个宽泛的环境下,在某个工作和学习领域具有广泛的事实、理论知识	大范围的认知和实践技能,要求能够解决某工作或学习领域的具体问题	良好的逻辑和数学技能,对社会、政治和自然环境有良好的理解力,能够很好地收集组织信息,交流、展示技能	对小组的结果和发展负全责

资料来源:University Grants Commission. UGC guidelines for B. Voc. [EB/OL] . http://www. ugc. ac. in/page/XII – Plan – Guidelines. aspx.

---

① University Grants Commission. UGC guidelines for B. Voc. [EB/OL] . [2014 – 07 – 01] . http://www. ugc. ac. in/page/XII – Plan – Guidelines. aspx.

专业细分与专业设置。大学拨款委员会细化了按部门划分不同专业的具体细则，具体部门和专业划分见表4。职业学士学位专业设置要符合专业细分细则，并符合"国家职业标准"条款要求。

表4 印度职业学士学位专业细分

部门	专业
1. 汽车	1. 发动机检测
	2. 汽车测试
	3. 汽车质量
	4. 汽车电器与电子
	5. 农用设备和机械
2. 娱乐	1. 舞台工艺
	2. 当代西方舞蹈
	3. 戏剧研习
	4. 表演
3. 信息技术	1. 软件开发
4. 电信	1. 移动通信
5. 销售	1. 零售
6. 农业	1. 农业机械与动力工程
	2. 温室技术
	3. 可再生能源
	4. 食品加工工程
	5. 水土保护
7. 建筑	1. 建筑技术
8. 应用艺术	1. 服装工艺
	2. 室内设计
	3. 珠宝设计
9. 旅游	1. 旅游服务业
10. 印刷和出版	1. 印刷技术

资料来源：同表3。

兼顾通识教育与技能培训的课程体系。印度职业学士学位每一年的专业课程内容包括通识教育和技能发展两部分，通识教育课程内容不超过全部课时的40%，技能发展部分学分占全部学分数的60%以上；要求大学与企业合作开发课程。通识教育内容要求按照普通高校现行标准和程序设置和评估，要注重语言和交流技能的培养，旨在实现学生的全面发展。通识教育内容可以任何模式开展，但必须保证教学质量。技能培训主要包括：①技能培训内容应该与行业要求紧密相关，其核心是要使学生具备适当的知识、实践和态度，每一学年课程设计都要为学生工作做好技能准备。②课程必须融入部门行业中具体职业角色所要求的国家职业标准（NOSs），最终能够使学生达到NOSs所要求的职业知识、职业技能和职业责任。③技能培训内容主要针对一个或者两个专业化领域的工作角色进行总体设计，高校要与行业专家协同构建课程体系。④课程设计要充分考虑实践活动和工作训练，培养学生的项目工作综合能力。⑤实践部分技能培训应以面授方式或行业认为可行的混合课程或远程课程模式进行，在高校校内或合作企业开展。大学需具备必要的实训设施和条件，保证学生能够接受实际操作技能训练。⑥技能培训内容的评估必须聚焦于技能要求的实践论证。

推行以学习结果为导向的学分制，教学突出实践导向。印度职业学士学位要求每年修满36个技能学分、24个通识学分，一个学分相当于15个60分钟的课堂理论学习、专题讨论会、实验、远程学习。实习工作的有效学习时间按相当于课堂、专题讨论会的50%来计算，因此实习工作要获得一个学分需要30个学时。基于电子内容或其他方式的自学，其有效学习时间按课堂学习、专题讨论学习的50%甚至更少来计算，因此自学要获得一个学分至少需要30个学时的学习时间。① 大学需建立以学分为基础的职业学士学位课程考试评价制度。

职业学士学位为学生提供灵活的预设的多路径进口和出口，向学生提供充足的与职业相关的知识和技能以及适当的通识教育内容，以便学生能够在

---

① 胡启明．印度职业学士学位设置述评［J］．学位与研究生教育，2014（12）：64－67.

每个出口点为工作做好准备；职业学士学位与国家技能资格框架对接，学生可获取文凭、高级文凭、职业学士学位多层级证书；通过实施职业学士学位项目，印度在高等教育本科层次实现了与职业教育的整合并促使国家技能资格框架一体化，提高毕业生的就业能力和满足行业需求，使毕业生不仅能够满足本地和印度国家的需求，而且也能够成为全球具有竞争力的劳动力的一部分；职业学士学位的设置打破了印度中等职业教育的终结性，破解其断头式教育困境，成为职业高中毕业生提供向上晋升的通道，实现了印度职业教育层级的高移，对于印度职业技术教育体系的垂直流动具有重要意义。因此，实施职业学士学位项目是印度职业教育发展史上具有里程碑意义的重大事件。

二、印度现代职业技术教育体系的基本特征

（一）体系的完整性

印度建立了较为完整的职业技术教育体系，其组成包括基础教育中的劳动体验教育、高级中等教育职业化、职业培训、技术教育、社区学院、普通高等教育中的学士学位职业教育等，印度的职业教育体系因此具备了初等、中等和高等职业教育的完整阶段，具有从中专、专科到本科甚至硕士、博士的完整学历层次。通过设置社区学院和职业学士学位，印度职业教育实现了纵向层级的延展或高移化，这是值得我国学习借鉴的经验。

（二）体系的封闭性

虽然构成印度职业技术教育体系的成分完整而多样，构成成分之间也存在一定的流动通道，但这种通道是不连贯的，也是非常狭窄的。就中等教育职业化而言，印度有些学者认为中等教育职业化不能实现预期目标的根本原因，在于职业教育被设计成与学术教育完全平行的缺乏纵向和横向沟通的终结性阶段，它处于真空之中，缺乏从一至十年级坚实的以劳动为中心的教育基础，而且即使在理论层面上其内部也缺乏相互的关联。[①] 职业技术教育与普

---

① 王丽华. 印度"高等职业教育"类型的界定 [J]. 职业技术教育，2010，31（7）：87
  －92.

通教育之间的沟通也非常态化。其成分之间的隔绝和封闭，不能为学生职业技术的晋升提供有效而多样化的选择。因此，2012 年之前，"单层次"与"终结性"是印度职业教育体系起始阶段的明显特征。2012 年 9 月颁布和实施的印度"国家职业教育资格框架"（NVEQF），整体构建了印度职业教育纵横贯通的框架体系，有学者认为这"标志着印度现代职业教育体系已渐趋完善"。但在印度这样一个教育人口庞大、职业教育发展薄弱的国家，实施国家职业教育资格框架，具有极大的挑战性，且现代职教体系的构建也绝不是NVEQF 所能完全实现的，需要采取综合措施方能整体解决。

（三）体系的附属性

无论是劳动体验教育、中等教育职业化，还是职业学士学位，都附着于普通教育体系之中，缺乏独立自主性。印度人力资源开发部的年度报告中，也没有职业教育的独立内容阐述，可见，印度并未从大职业教育观念出发，将职业教育、职业培训和技术教育作为独立的职业教育体系来进行系统的整体性设计和规划，而是分散零落各自为政，这导致印度职业技术教育体系各内部成分之间隔绝和沟通的不畅通，也是职业技术教育整体效率低下的重要原因。事实证明，独立专门的职业教育的成效远胜于附属性的职业教育。附属于普通教育的性质也致使印度职业教育的社会认可度低，其影响力和吸引力也大打折扣。

（四）发展的不平衡性

印度职业教育体系中，颇具影响力、效果较显著的当属技术教育，尤其是以印度理工学院为代表的工程技术教育享有世界盛名，这也是值得我国深入研究和学习借鉴的。而其他阶段的职业技术教育却是相对逊色的，印度当前工业化对中低技能人才的需求远超对高层次的工程师的需求，导致人才需求和就业人群之间的结构性错位和大量高层次人才失业和流失。这种不平衡性与印度政府重视和投入的偏好有极大关系，也与印度重高等教育和学术教育而轻职业教育的传统观念相关。职业技术教育作为支撑国家经济发展的体系，不能只追求某一层次或某一领域的一枝独秀，而应考量职业教育体系的整体效应及其对经济社会的整体贡献度。从这一点评判，印度的职业技术教育很难说是成功的。

第二章 印度现代职业教育体系构建的关键策略及其启示

第一节 供给侧改革视域下中印现代职教体系构建动因的比较分析

摘　要：中国和印度几乎同时提出构建现代职教体系的战略任务，供给侧结构性改革为洞悉两国现代职教体系构建的动因提供了新的视角。扩大供给规模是中印现代职教体系构建的首要动因，改善供给结构是中印现代职教体系构建的深层动因，提升供给质量是中印现代职教体系构建的终极动因。两国职业教育在供给规模、供给结构和供给质量上的差异影响各自现代职教体系构建的侧重点。

关键词：供给侧改革；中印；现代职教体系；供给规模；供给结构；供给质量

作为正在重新崛起的新兴发展中大国和亚洲近邻的中印，"龙象之争"已成为国际政治比较研究领域的热门议题。而在教育方面，中印两国近年来将构建现代职教体系作为重大战略方向，再次引发我国及国际社会的极大关注。两国为何几乎是同时提出了构建现代职教体系的战略任务呢？供给侧结构性改革可为追溯和比较两国现代职教体系构建的背后动因提供新的视角，从中凸显两国构建现代职教体系的重要性和必要性，为新时期两国职教体系的构建注入和凝聚强劲的动力源泉，同时可增强两国职业教育的彼此关切，推动彼此的交流与合作。

一、供给侧改革与现代职教体系的内涵特征

"供给侧结构性改革"是习近平主席于 2015 年 11 月 10 日在中央财经领导小组会议上首次提出的，2015 年 12 月中央经济工作会议明确提出要积极推

进供给侧改革。① 随即"供给侧结构性改革"进入中国高层执政话语体系，成为理解中国经济未来发展的一把钥匙。如果用一个公式来描述"供给侧改革"，那就是"供给侧 + 结构性 + 改革"，其含义是：用改革的办法推进结构调整，减少无效和低端供给，扩大有效和中高端供给，增强供给结构对需求变化的适应性和灵活性，提高全要素生产率，使供给体系更好适应需求结构变化。②

随着经济全球化和信息技术的发展以及世界新一轮工业革命的兴起，职业教育越来越成为国家竞争力的重要支撑。③ 全球新的工业革命和产业转型升级，迫切需要现代职业教育培养大量高素质劳动者和高端技术技能人才，以促进先进技术的转移扩散、积累创新和转化应用，促进技术进步和生产方式变革以及社会公共服务发展。因此，构建现代职业教育体系，培养支撑经济转型升级和产业结构调整的劳动者和技术技能人才，成为中印两国的重大发展战略。印度人力资源开发部于2012年9月正式发布"国家职业教育资格框架"（NVEQF）来实施其大规模的劳动力技能开发战略计划，每年至少要使500万学生拿到职业教育资格证书，到2020年力争培训5亿熟练技术人才，为建设强大印度提供人力资源支撑。④ 同时，印度试图通过NVEQF打通职业教育内部及其与普通教育、就业市场之间的通道，强力推进现代职业教育体系建设，构建终身学习体系，引领世界职业教育发展前沿。我国《国务院关于加快发展现代职业教育的决定》（国发〔2014〕19号）也提出了"构建中国特色现代职业教育体系"的宏伟战略目标："到2020年，形成适应发展需求、产教深度融合、中高职衔接、职业教育与普通教育相互沟通，体现终身教育理念，具有中国特色、世界水平的现代职业教育体系。"

由上可见，中印要构建的现代职教体系具有如下基本内涵特征：第一，

---

① 陶济. 供给侧结构性改革的辩证法［N］. 浙江日报，2016 - 5 - 10（10）.

② 韩乔. 八句话，读懂中国"供给侧结构性改革"［EB/OL］. http：//news. xinhuanet. com/2016 - 03/05/c_ 1118243689. htm，2016 - 03 - 05.

③ 吴晓川. 建立和完善中国特色现代职业教育体系需要解决的六个主要问题［J］. 中国职业技术教育，2017（15）：5 - 13.

④ 李震英. 印度发布国家职教资格框架［N］. 中国教育报，2012 - 02 - 21（04）.

适应发展需求。这是对现代职业教育体系的外在要求，即通过构建科学合理的教育结构和提升教育质量，使职业教育既要适应国家发展大局，满足经济社会对劳动者和技术技能人才数量、结构和质量的需求，为产业转型升级和社会发展提供不竭的人才资源，又要满足潜在受教育者在教育形式、教育层次、教育内容等方面的多样化和个性化需求，满足人力资本职业技能素养持续提升的要求，为人的全面发展和持续发展提供充足的机会。第二，产教深度融合。这是国际职业教育发展的主流理念和成功经验，是现代职业教育的宏观发展战略方向，是提高职业教育质量的根本路径，需要职业教育系统与生产系统在人才培养、技术开发、成果转化中全面深度融合。第三，体系自身内在的衔接性①及体系与外部的互通性。即构建纵横沟通的职教体系，包括职业教育内部纵向层次的完善、衔接和贯通，职业教育与普通教育横向互通，搭建满足受教育者可持续职业发展需求的"立交桥"。第四，体现终身教育理念。现代职业教育需要适应人的终身学习和发展的要求，面向人人，面向社会，着力于职业教育的早期介入，着力于全面职业素养的形成，着力于创造人的多样性发展机会。② 为此，需要促进职业教育与其他教育相互沟通、协调发展，开展职业启蒙教育、职前准备教育、在岗进修和培训、转岗换岗教育培训等多阶段教育，保证人人具有接受终身教育的机会和权力，满足潜在受教育者连续性和个性化学习需求，实现受教育者在"教育—就业—继续教育"之间自由进出和转换，使职业教育具备更高的灵活性和适应性。第五，具有本国特色。任何国家的职业教育都是植根于本国的传统，顺应本国经济社会发展和潜在受教育者的现实需求，中国的现代职业教育体系必定走"中国道路"、探索"中国模式"、蕴含"中国元素"、构建"中国话语体系"等，印度的现代职业教育体系亦如此。第六，具有世界水平。即在立足于本国特色的基点上，现代职业教育必须实现国际化发展，开展国际交流与合作，吸收世界职业教育的主流理念，学习借鉴国际先进经验和措施，融入世界职业教

---

① 王杭. 基于毕生发展观的现代职业教育体系终身发展维度［J］. 职业技术教育，2017，38（10）：13 - 18.

② 吴向鹏. 加快建设现代职业教育体系［N］. 宁波日报，2014 - 06 - 03（A07）.

育发展主流，从而引领世界职业教育发展，满足经济全球化和一体化背景对国际化人才的需求。从上述六个方面观之，中印现代职教体系的构建，更多的是从"供给侧"一端发力。因此，现代职教体系的构建与"供给侧改革"之间具有价值取向的一致性，二者不谋而合。

将"供给侧结构性改革"引入职业教育领域，那么职业教育供给侧结构性改革的基本要义即是从需求侧和职业教育本身存在的问题出发，推进职业教育结构调整，实现要素配置的合理化，扩大职业教育的有效供给，满足经济转型发展在规模、结构和质量等方面提出的需求，增强职业教育供给结构对需求变化的适应性和灵活性，实现职业教育的可持续发展。①

二、供给侧改革视域下中印构建现代职教体系的动因分析

如果将整个职业教育体系视为一个教育产品供给系统，那么劳动力市场和用人单位以及潜在受教育者即是职业教育的需求侧。在中印两国经济转型升级过程中，职业教育需求侧出现了新变化和新要求，导致职业教育供需两侧在规模、结构和质量三方面不适应、不均衡，而供给侧是当前两国职业教育供需失衡矛盾的主要方面，因而要把改善供给侧作为主攻方向。消除供需之间的失衡，恢复供需新的平衡，着力改善职业教育供给侧，这正是推促中印两国现代职教体系构建的动因源泉。

（一）扩大职业教育供给规模，是中印构建现代职教体系的首要动因

作为世界上增长最快的主要经济体之一，中国经济快速发展和产业转型升级释放出对高素质熟练劳动者和技术技能人才的巨大需求。改革开放 30 多年来，中国经济持续高速增长，目前虽进入新常态，但 7.5% 左右的增长率依然位居世界前列。"十二五"时期，我国经济发展步入以调结构、转方式为主线的中高速增长时期，由全球产业价值链低端向价值链中高端升级。新兴产业的不断涌现、传统产业的改造、制造业的升级、第三产业特别是现代服务

---

① 陕西教育频道. 职业教育：供给侧结构性改革［EB/OL］. http：//mt. sohu. com/20160414/n444151404. shtml，2016 – 04 – 14.

业的蓬勃发展，对高素质劳动者和技能人才的需求日益迫切和强劲。然而，高素质劳动者和技能人才的缺口将是中国经济转型升级的一大隐忧。中国虽为世界第一人口大国，但人口红利正在逐渐消失。国家统计局公布的数据显示，2012 年我国 15～59 岁劳动年龄人口在相当长时期里首次出现了绝对下降，比上年减少 345 万人，而且降幅还在进一步扩大。我国劳动年龄人口近 5年累计减少的数量约为 2000 万，到 2030 年将会出现大幅下降的过程，平均以每年 760 万人的速度减少，到 2050 年劳动年龄人口会由 2030 年 8.3 亿降到7 亿左右。[①] 当前劳动力总量供给下降已是中国经济增速放缓的三大原因之一。为有效应对劳动力短缺的难题，我国产业发展亟待从劳动密集型向知识技术密集型转型升级，这对劳动者素质和技能要求将趋高。据《中国人口和就业统计年鉴》数据显示，2012 年我国制造业就业人员中，具有专科、本科、研究生学历的分别是 8.6%、3.8% 和 0.4%，大部分受教育程度是初中和高中。[②] 这表明，我国以受教育程度来衡量的高素质劳动力依然难以满足产业发展需求。1993 – 2011 年的 19 年间，中国 GDP 长期保持两位数左右的增长，此期间按技能人才获资格证书人数计算的中国 GDP 增长的技能人才就业弹性平均值为 0.015，远小于日本相同的人均 GDP 增长区间 1961～1976 年的0.181，表明中国在过去几十年的高速经济发展中存在着巨大的技能人才供给缺口。[③] 更严峻的是，到 2020 年，由于人口结构和行业的变化，我国受过大学教育的劳动力要比届时的需求少 800 万人，对受过职业培训者的供需差距则更大，预计将会出现 1600 万的缺口。[④] 中国职业教育不仅要填补过去几十年的技能人才缺口，更要应对产业结构调整带来的对技能人才的井喷式增量

---

① 郭晋晖. 我国劳动力 5 年减少 2000 万，2050 年或降到 7 亿左右 [EB/OL]. 第一财经日报，http://finance.qq.com/a/20161121/002697.htm，2016 – 11 – 21.

② 窦争妍. 中国制造业转型升级背景下的人力资本积累研究 [D]. 上海：上海社会科学院，2016：82.mA

③ 张学英. 经济增长中技能人才的发展轨迹研究——基于日本和中国的比较 [J]. 职业技术教育，2013（31）：11 – 16.

④ Li – Kai Chen. 中国需要把握高技能人才需求 [J]. 企业改革与管理，2013（8）：39 – 39.

需求，这无疑是一项异常艰巨的任务。因此，我国需要覆盖面更广和更大规模的现代职业教育，在更大程度上提升全民素质和技能水平。为此，《国务院关于加快发展现代职业教育的决定》（国发［2014］19号）提出："到2020年，中等职业教育在校生达到2350万人，专科层次职业教育在校生达到1480万人，接受本科层次职业教育的学生达到一定规模。从业人员继续教育达到3.5亿人次。"在劳动力供给开始趋紧的背景下，建立体现终身学习理念、保证人人具有接受终身教育的机会和权力的现代职业教育体系，扩大职业教育的有效供给规模，使国家的人口素质和技能水平逐步提升，才能把中国的人口状况引入到由数量型转变为质量型的发展轨道，从而为经济的转型升级提供更强劲的助力。

印度经济强劲的增长势头和制造业振兴计划同样需要大量的高素质劳动者和技能人才。近20年来，印度经济保持了快速发展势头，从而成为潜力巨大的新兴经济体的典型和金砖国家组织的重要成员。1997－2012年间，印度GDP平均增长率由5.7%增至8%，在"十二五"规划期间（2012－2017）继续保持平均7%~8%的实际GDP增长率。2014年为挽救印度经济增速跌至10年来低谷的颓势，印度总理莫迪上任不久顺势推出了"印度制造"国家发展计划，旨在推动印度传统手工业转型，使印度成为全球设计和制造中心，将印度打造成新的"世界工厂"。该计划推出的一系列改革措施和承诺大大增强了印度对外资的吸引力，使得印度在2015年迅速拔得头筹，荣登全球"绿地项目资本投资"排行榜首，首次超过中国成为全球资本投资头号目的地，其经济增速也同时首次超越中国。[①] 2016年印度经济100多年来首次超过英国，按GDP衡量已经成为世界第六大经济体，这一里程碑是印度经济快速增长的象征。印度2017年度GDP将增长7.1%，创三年以来最小增幅，但仍足以保住全球经济增长最快国家地位。印度经济强劲发展势头和巨大增长空间，尤其是制造业的振兴，对熟练工人和技能人才的需求无疑是巨大的。与巨大

---

① 岳朝敏．"印度制造"能否拥抱"一带一路"［EB/OL］．中印对话，www. chinaindiadialogue. com，2017－05－09.

需求相悖的是，印度却存在着劳动力素质低下、技能人才严重短缺和技能供给能力严重不足的问题。联合国经济和社会事务部2017年6月22日公布报告指出，目前拥有13亿居民的全球第二大人口国印度，到2024年将超越中国的14亿人口。① 印度工商业联合会（FICCI）的高等教育委员会主席莫汉达斯·派2013年称："到2030年，印度的经济总额将从当前的2万亿美元增长到10万亿美元，18至23岁年龄段的人口数量将超过1.3亿，成为全球第一。"② 作为世界上最年轻的人口大国，目前印度仅有5.3%的人口年龄超过65岁，63%的人口年龄处于15～65岁之间，未来30年印度人口抚养比率将持续走低，印度丰富而年轻的人口资源蕴藏着巨大人口红利。③ 印度突出的人口优势只有转化为人才资源优势，方能贡献于经济增长，然而印度教育普及水平低和劳动者受教育程度低，阻碍了劳动者素质和技能的提高。据统计，印度现存劳动力中约有67%的人或为文盲或只接受过初级水平的教育，在15－29岁年龄组中，仅有2%的劳动力接受过正规职业教育与培训（该比例大多数工业化国家为60%～80%），每年新增劳动力1280万人，而现有的技能开发能力仅为310万人，缺口达970万人。④《印度时报》报道，根据新近发布的多维贫困指数（MPI），印度有大约55%的人口是穷人。⑤ 这些贫困人口中低学历和无技能劳动力占了绝大多数。伴随印度日渐凸显的"人口红利"而来的是高素质技能人才的短缺、适龄青少年人口的教育与技能培训、低学历和无技能人口的就业与减贫等棘手和充满危机的问题。2009年印度发布的《国家技能开发政策》提出，到2022年培养5亿高素质技能劳动者的目标，

① 联合国报告：印度人口7年后将超中国［EB/OL］. http：//finance. qq. com/a/20170623/026668. htm? pgv_ ref = aio2015&ptlang = 2052，2017－06－23.

② 邓莉编译. 印度有望到2030年成为全球最大人才供应国［J］. 世界教育信息，2014（2）：73－74.

③ 王为民. 印度"国家职业教育资格框架"设计理念探析［J］. 外国教育研究，2014，41（02）：120－128.

④ Planning Commission（Government of India）. Twelfth Five Year Plan（2012－2017）Faster, More Inclusive and Sustainable Growth Volume I［R］. 2013：8.

⑤ 印度最新人口数据或超过12亿超过半数是穷人［EB/OL］. http：//news. 163. com/11/0211/06/6SJGG9QM0001121M. html，2011－02－11/2016－09－15.

以适应经济社会发展的需要。然而，印度中等职业教育经历了艰难曲折的发展历程之后，其占比过低的教育结构失衡局面并没有改变。印度 1995 – 1996 年的评估调查表明，印度职业教育在校生 100 万人左右，中职生所占比例为 4.8%。① 2009 年印度中职生所占比例仅为 2%，同其他国家相比，印度中等职业发展严重滞后，欧盟国家中职生比例平均为 52.4%，经济合作与发展组织（OECD）国家为 45.9%。② 在其高等教育体系中培养技术人才的专业教育仍处于非主体地位，目前普通高等教育在校生仍占 80% 左右。③ 由此可见，发展相对迟缓、缺乏吸引力、技能开发能力不足、供给规模无法满足产业发展诉求是印度职业教育面临的最为紧迫的问题。

中印经济要保持高速增长，提升国家核心竞争力，必须构建现代职业教育体系，大力发展职业教育促进教育普及水平，增加和拓宽受教育机会和渠道，提高全民受教育程度以及从业者素质和技能，实现年轻人"既获得工作又能为国家贡献生产力"的愿望与权利。面临经济高速增长和产业转型升级带来的高素质劳动者和技能人才供给的巨大缺口，扩大职业教育供给规模，是中印两国未来打好经济转型攻坚战的关键之一，业已成为两国国家发展的战略选择，也是两国构建现代职教体系的首要动因。

（二）改善职业教育供给结构，是中印构建现代职教体系的深层动因

首先，劳动力供需结构错位已成为阻挡中印两国经济持续增长的最大障碍。作为世界上最大的发展中国家，中国正面临着人口快速老龄化、经济增速放缓、"供需错位"以及制造业处于全球价值链低端的挑战。这些挑战为中国劳动力市场带来困境：一方面，劳动力总量不断下降，成本不断上升；另一方面，劳动力市场供求不匹配的矛盾日益突出，结构性失业问题严重。《中国劳动力市场技能缺口研究》报告指出：目前我国技能劳动者数量占全国就

---

① Ministry of Human Resource Development. Revised Centrally Sponsored Scheme of Vocational-isation of Higher Secondary Education ［R］. 2012.

② OECD. Education at a Glance 2011 ［R］. Paris, 2011：305.

③ 刘筱. 印度工程技术教育发展研究 ［D］. 重庆：西南大学，2012：55.

业人员总量的 19% 左右，高技能人才仅占 5%。① 中国正从处于全球产业链低端的"中国制造"向"中国智造""中国创造"的高附加值产品生产过渡，尤其是从低附加值的出口加工业向高附加值的现代服务业转变，激发服务业和知识密集型制造业呈现迅猛的人才需求势头，对高技能人才的需求不断上升。② 然而，2012 年发布的《全国职工教育培训统计报告》显示，4634.28 万名职工中，高级技师占 0.76%，技师占 2.34%，高级工占 7.34%，89.56% 均为中级工和初级工。③ 一方面，受教育程度低、培训机会缺乏等问题，使得青年农民工、大学毕业生和中老年劳动力等低技能和无技能劳动力无法适应产业升级和企业发展的需要而成为我国的高风险失业人群，企业急需的高级工数量缺口巨大（与国际劳工组织调查显示的发达国家高级技工 35% 的比例相差甚远）；另一方面，大学生学历和能力的"剪刀差"使得其自身技能和素质与产业结构演化升级要求不相匹配，带来结构性失业风险。结构性失业与高风险失业人群，反映了我国整体劳动力供需结构错位的困境。总之，中国劳动力供给存在显著的人才层次矛盾，低学历未技能智能化、高学历却无法满足企业实际应用需要。与中国相比，印度劳动力和技能人才供给整体呈现"哑铃型"结构，即若用受教育水平表示劳动力技能水平，印度劳动力人口中文盲占比和高等教育水平劳动力占比高，初中等教育水平劳动力占比低。印度劳动力人口文盲率远高于中国，印度普通工人的文盲率竟高达 54.3%，农业人口的文盲率也高达 51.4%；印度拥有初中等教育水平的劳动力人口比重为 15.3%，远低于中国的 44.1%。然而，印度拥有本科文化程度的劳动力高达 4.3%，而中国仅为 2.1%；印度拥有研究生以上文化程度的劳动力高达 1.4%，中国仅为 0.2%。总之，印度劳动力的文盲率和高学历人口所占的比例均高于中国，说明印度劳动力技能分布呈现"两头大中间小"

---

① 邱晨辉，王月. 中国劳动力市场技能缺口研究 [N]. 中国青年报，2016 - 11 - 8 (11).

② Li - Kai Chen. 中国需要把握高技能人才需求 [J]. 企业改革与管理，2013 (8)：39 - 39.

③ 吴向鹏. 加快建设现代职业教育体系 [N]. 宁波日报，2014 - 06 - 03 (A07).

的分散状态，与中国劳动力技能分布的锥形状态形成鲜明对比。① 同时，总体上印度女性的文盲率也远远高于中国，其女性就业率低于男性；印度农民群体在其劳动力中占比大，其中一半以上的劳动力就业主要集中于农业部门，这也是印度劳动力供给结构突出的矛盾之一。因此，印度当前劳动力和技能人才供给结构整体上很难适应经济社会发展对中高端技术技能人才、高素质劳动者的需求，也无法适应庞大农村剩余劳动力转移的新趋势。综上所述，中印两国都需要构建现代职业教育体系，改善职业教育供需结构性失衡状况，加大中高端技术技能人才供给规模；促进正规教育和非正规教育协调发展②，学校职业教育和职业培训相辅相承各得其所，为各类人群尤其是两国的高风险失业群体提供就业、转业、转岗培训及技术技能提升的机会；推进普通教育和职业教育相互融通；引入多元办学主体，创新职业教育办学类型和模式，加强市场导向改革，缩小与市场人才需求的差距。

其次，两国职业教育供给的技能人才类型与产业结构错位。中国由制造业大国向制造业强国迈进、大力发展现代服务业、强力推进农业产业化和机械化、继续推进制造业的现代化智能化等产业结构转型升级，意味着未来中国对技能人才类型的需求主要表现为对熟练工人、现代制造业技能人才、现代服务业技能人才、现代农业技术工人和现代农林牧渔种（植）养（殖）加（工）技能人才的井喷式需求。③ 然而，一方面，现代农林业和现代服务业是我国职业教育的薄弱领域，另一方面，我国职业教育体系难以适应新兴产业发展对节能环保产业人才、生物产业人才、高端装备设计制作产业人才及新型信息技术产业人才的需求。④ 这造成我国人力资本结构性过剩和短缺共存的基本特点。过剩主要集中在传统和低端产业中的低素质劳动力就业岗位，短

---

① 李可爱. 劳动技能分布对国家比较优势的影响［D］. 天津：南开大学，2013：43–45.

② 徐晔. 供给侧改革视角下构建我国现代职业教育体系的若干思考［J］. 中国职业技术教育，2017（6）：52–54.

③ 张学英. 经济增长中技能人才的发展轨迹研究——基于日本和中国的比较［J］. 职业技术教育，2013（31）：11–16.

④ 朱丽华. 适应新兴产业发展的职业教育体系的构建［J］. 职业与教育，2015，（3）：10.

缺主要集中于高端制造业和新兴产业中的技能型人力资本就业岗位。因此，我国现代职教体系要扭转"供给的技术技能型人才不符合产业发展需求，新兴产业急需的技能人才供给不了"的被动局面，必须增强对国家重大发展战略和产业结构的适应性，调整优化专业组群布局，集聚校企资源，推动现有专业改造，孵化新专业，提升专业组群和产业组群的匹配度，培养适切产业需求的高端应用型技术技能人才。与中国的"率先工业化"发展模式不同，印度采取绕过工业化发展阶段、直接进入以服务业为主导的"跨工业化"经济增长模式。① 印度经济结构也由此整体呈现"哑铃型"，一头是传统的农业经济，一头是以高新技术产业为代表的现代经济，而本该在二者中间充当过渡和衔接角色的工业和制造业却持续低速发展。② 跳过充分工业化直接进入信息化，使印度经济暴露出越来越多的弱点和问题。以知识密集为特征的服务业因门槛高、就业吸纳能力差，仅造福印度精英阶层而无法惠及印度普罗大众，导致大量低教育程度、低素质、低技能的农村剩余劳动力无法转移而致贫，印度就业率反而随服务业的高速增长而呈下降趋势。发达国家的发展经验也表明没有制造业的发展来容纳大规模就业，任何一个人口大国都不可能实现经济的腾飞。③ 印度应将工业化的必经阶段加以弥补，填充"哑铃型"经济结构造成的"产业断层"。因此，印度 2005 年发布了《制造业国家战略》白皮书，莫迪政府高调提出"印度制造"计划，希望改造升级印度传统手工业使其焕发生机。不容置疑的是印度正力图以振兴制造业为基石，带动印度经济腾飞，制造业将成为拉动印度经济增长的强大新引擎。同时，莫迪政府也致力于大规模的基础设施建设和吸引外资投入印度制造业和生物医药等高新产业。因此，主打信息化技术技能人才培养的印度职业教育必须对接印度经济结构的调整，培养适应现代制造业和服务业及高新技术产业等需求的多

---

① 黄永春等. "跨工业化"经济增长模式分析——来自印度经济增长模式的启示 [J]. 中国人口·资源与环境, 2012, 22 (11)：137 – 143.

② 广发证券. 中外钢铁工业发展比较之三, 印度篇：资源禀赋优异，发展潜力大，但难现中国爆发式增长 [EB/OL]. http://www.docin.com, 2012 – 09 – 28.

③ 黄永春等. "跨工业化"经济增长模式分析——来自印度经济增长模式的启示 [J]. 中国人口·资源与环境, 2012, 22 (11)：137 – 143.

元化新型技术技能人才。而印度中等职业教育薄弱、高等职业教育比重低、软件和工程类专业独优的失衡局面导致无法为印度产业转型升级提供对口的技术技能人才，印度学生在专业选择上偏爱工程、数学和计算机科学、企业管理三大领域，也折射出印度未来新产业领域技能人才供给的结构性隐忧。

再次，中印职业教育无法适应产业转型升级对技能人才需求层级逐渐高移的趋势。改革开放以来，我国企业技术能力经历了简单仿制生产、创造性模仿、自主创新3个阶段的演化和积累，当前已进入了自主创新阶段。产品技术升级和科技含量的增加，势必引发技能型人才需求层级逐渐高移之势，在中高职层次之上还必然应有本科层次乃至于硕博层次。根据麦肯锡的相关报告，到2020年，中国用人单位将需要1.42亿受过高等教育的高技能人才，如果就业者的技能不能进一步得以提升，届时中国将存在2400万的人才供应缺口，反之，如果这一缺口得到成功填补，那么中国的GDP可望实现2500亿美元的增长。① 为此，我国一方面必须加大应用型本科院校的转型和发展，设立技术技能人才硕士甚至博士学位，另一方面亟待打通职业教育内部纵向层次晋升通道，改变职业教育的断头性，实现职业教育层级的完善和高移，为受教育者提供技能积累和提升的机会。印度摒弃传统的工业化道路，采取了"重点发展服务业，利用金融市场，刺激国际资本进入本国资本市场、刺激消费刺激制造业、刺激基础设施建设经济全面发展"的"逆向发展模式"，借助率先服务化的新兴技术成果反向刺激工业化的发展与跨越，将在一个更高的层次和技术平台上改造传统工业和制造业，以缩短传统工业化的时间从而获得更加长足的发展。② 印度工业化的高起点意味着技术技能人才需求的高层级。印度工程技术教育虽然为印度以信息技术为主体的现代服务业培养了大量高层次人才，但印度以信息化推动传统工业和制造业的现代化智能化转型以及农业现代化机械化，需要大量新型高层次技能人才。印度不仅要构建现

---

① Li - Kai Chen. 中国需要把握高技能人才需求 [J]. 企业改革与管理，2013（8）：39 - 39.

② 黄永春等."跨工业化"经济增长模式分析——来自印度经济增长模式的启示 [J]. 中国人口·资源与环境，2012，22（11）：137 - 143.

代制造业和农业为支撑的职业教育培养体系，还需要打通职业教育已有各层次的通道，实现职业教育层级的高移和贯通。

综上所述，中印产业结构的转型升级需要大量中高技术技能人才，技能人才需求的层级也逐渐高移，新兴产业衍生出对新技能人才的迫切需求，这些必然倒逼两国职业教育根植产业发展需求，建立专业动态调节机制，建立中高职贯通机制，改变职业教育断头性实现教育层级的高移，推动职普多层次双向互通，以优化职业教育供给结构，这正是两国现代职教体系构建的深层动因。

（三）提升职业教育供给质量，是中印构建现代职教体系的终极动因

除了供给规模和供给结构之外，职业教育供给的有效性还取决于供给质量。从从业者的胜任度而言，职业教育供给质量需要考量学生的职业能力和职业素养两个维度。职业能力可分为专业能力、方法能力和社会能力。其中，专业能力是指从事某一职业活动所必需的技能和相关的知识，是基本的生存本领；而方法能力和社会能力构成职业核心能力，它是人们的职业生涯中除岗位专业能力之外的基本能力，适用于各种职业，是伴随终身的可持续发展的能力，它对人的发展起着关键作用，又称为"关键能力"。① 相较于专业能力，职业核心能力显得更为重要。关于职业素养，目前国内外研究较多的是核心素养和职业核心素养。综合国内外相关论述，核心素养即指职业院校学生在职业教育过程中逐步形成的能促进自我发展、融入社会及胜任工作的必备品格与关键能力，包括知识、技能、态度及价值观的集合，具有可迁移性和多功能性特征。② 职业核心素养指职业院校毕业生在其职业生涯中从事任何行业、任何职业或工作岗位都不可缺少的，除岗位专业知识、技能和能力素养以外最基本、最关键的职业意识、职业精神、态度（职业人格）和职业能

---

① 丘东晓，刘楚佳. 职业核心能力的内涵分析及培养［J］. 教育导刊，2011（5）：70 - 72.
② 王艳辉. 高职学生核心素养框架建构及培养路径［J］. 职业技术教育，2017，38（19）：35 - 40.

力等基本职业素养集合，也可称为"职业关键素养"或"职业通用素养"。①
当前经济社会发展的知识集成化、生产自动化智能化、管理复杂化等趋向性
特征对技能人才理论知识、专业技术技能水平和核心素养要求越来越高，一
线工作人员不仅要实现技术技能的高移化和复合化，还必然具有较高的核心
素养，具备较高的转岗适应能力和可持续职业发展能力。

产业转型升级对技能人才的专业能力要求越来越高。未来 5–10 年，是
全球新一轮科技革命和产业变革从蓄势待发到群体迸发的关键时期，信息技
术革命进程持续加速度演进，工业化与信息化融合更快速、更彻底，新技术、
新产品、新业态、新模式层出不穷，从而促进传统产业转型升级，加快经济
发展方式转变与经济结构调整。在中印经济发展方式转变和产业转型升级的
背景下，两国高新技术产业和高附加值产品增加成为必然趋势。这一变化不
仅要求技能人才具有首岗胜任力，还要能够适应职业转换、岗位技能提升的
持续要求。一方面传统产业的转型和升级要求职业人才的专业知识和技能不
断更新和升级，另一方面，新技术、新产业、新业态加快成长，高技术产业、
现代服务业等新兴产业集群，运用云计算、物联网、大数据、人工智能和移
动互联网等现代信息技术推动生产、管理和营销模式变革，重塑产业链、供
应链、价值链，都需要技能人才具备并不断更新相应专业知识和技能。甚而，
技术升级革新提高了对从事抽象思维、创造性劳动和做出决策的人的需求，
市场对劳动力的需求转向更为高端、熟练的劳动力。可见，"云物大智"时
代，生产方式、产业结构在发生剧变，"制造"变"智造"，人才结构随之而
变，由生产型向服务型、技能型向技术型、标准型向创新型、单一型向复合
型汇聚。然而，中印两国职业教育由于课程设置、实训条件、师资水平、校
企合作等方面的制约，培养的技能人才的专业能力总体与岗位要求仍然存在
较大差距。2014 年 2 月，印度发布报告称，数项调查显示，印度人才存在巨
大的技能差距，大学培养的人才与就业市场的需求不匹配：印度国家软件和

① 方健华. 中职学生职业核心素养评价及其标准体系建构研究［D］. 南京：南京师范大
学，2014：25.

服务公司协会称，印度每年有约 300 万大学生毕业，其中只有 10% 至 15% 的毕业生具备达到行业标准的就业能力；2013 年印度劳工部发布的《青年就业与失业状况（2012 – 2013）》显示，印度仍有三分之一 29 岁以下的大学毕业生失业。① 在我国，情况同样不容乐观，这表现在用人单位对毕业生的期望与其实际表现之间的落差。2013 年，接受调查的企业中有 1/3 称很难找到高技能人才，61% 的企业将此归因于应届毕业生缺乏基本的就业训练。② 2014 年《Kellyservice 全球雇员指数报告》显示，目前 92% 中国企业核心竞争力受到劳动力队伍数量和能力短缺的影响，其中，劳动力质量问题尤为突出。③ 我国职业教育基于工作岗位的培养系统仅止步于适应经济发展，缺乏引领经济发展和技术进步的气魄和眼界，加之产教融合不够深入且层次有待提升，培养的技能人才跟不上岗位变动、产业升级、技术提升的需求和产业结构调整升级对于个体能力的持续要求。④ 印度精英职业教育之外的更大比重的大众化职业教育同样缺乏引领产业发展的前瞻性，甚至满足基本教学和技能训练的办学条件都严重不达标，致使职业院校毕业生技能水平整体低下。两国现代职教体系所强调的产教融合、适应需求、终身化、纵横贯通等理念，很大程度正是基于有效持续提升技能人才专业能力这一考量。

科技进步和两国产业转型升级对技能人才的职业核心能力和核心素养要求越来越高。知识技术的快速更新、生产自动化智能化、产业结构的转型升级和人才流动的加快引发职业岗位的快速变迁。快速发展的人工智能和自动化技术，使得机器和软件可以替代人类进行的常规 IT 辅助性工作和重复性后台任务，而这些正是过去跨国公司鉴于用工成本优势而外包给印度的工作。

---

① 邓莉. 印度报告：大学毕业生就业技能无法满足市场需求［J］. 世界教育信息，2014（5）：74 – 74.

② Li – Kai Chen. 中国需要把握高技能人才需求［J］. 企业改革与管理，2013（8）：39 – 39.

③ 郭晋晖. 我国劳动力 5 年减少 2000 万，2050 年或降到 7 亿左右［EB/OL］. 第一财经日报，http://finance.qq.com/a/20161121/002697.htm，2016 – 11 – 21.

④ 徐晔. 供给侧改革视角下构建我国现代职业教育体系的若干思考［J］. 中国职业技术教育，2017（6）：52 – 54.

随着机器变得越来越胜任重复性、循规蹈矩、低技能要求的工作，当前从事这些工作的大量印度IT从业者将可能面临巨大的挑战，尤其是面临失业的危机。鉴于印度经济过度依赖IT行业的特殊情况，自动化和智能化对印度的冲击可能更为严重。受自动化威胁的工作高度集中在低薪、低技能和教育水平较低的劳动人群和可预测的、易于编程解决的任务，劳动密集型职业容易被自动化新技术所取代，甚至一些工作岗位将消亡。据麦可思研究院提供的中国数据：全国2006届高职高专毕业生，毕业3年内平均工作单位数为2.2个；全国2011届高职高专毕业生，毕业3年内平均工作单位数为2.5个。[1] 岗位的快速变迁、岗位的重新选择和适应要求职业人才应有跨界的能力，有再学习、再选择职业、不断适应新环境的能力，即多岗迁移能力和可持续职业发展能力。同时，"工业4.0"指向的智能化，尤其是生产和管理方式的变革，工人将向机器人难以完成且不可替代的更具挑战性的规划者、决策者角色转变，必须具有驾驭复杂系统、做出正确决定以及协调各方的能力。一线劳动者在智能化工作环境下，不仅在专业技术知识和基本岗位能力方面需要通过复合达到精深的程度，而且还要掌握可迁移的软技能和更高阶的职业素养。[2] 再者，要实现"中国制造"向"优质制造""精品制造"和"中国创造"转变，实现价值链与产业链的升级，我国必须积极发展结构优化、技术先进、清洁安全、附加值高、吸纳就业能力强的现代产业体系;[3] 印度要改变"哑铃型"的产业结构，推动"印度制造"计划的实施，必须运用现代信息技术改造升级传统工业和农业，发展高新技术产业。中印这些新兴产业领域都需要职业核心能力较强并具有工匠精神和核心素养的高端技术技能人才。此外，社会的信息化、科学化趋势和经济全球化、愈益激烈的国际竞争要求技能人才具有更高的现代化素养、国际化素养、政治素养、创新素养和终身化学习

---

[1] 吕一枚. "工业4.0"将牵引职业教育实现三个转移 [J]. 职教论坛，2016 (16)：67 -70.

[2] 李伟，石伟平. 智能制造视域下技术技能人才的培养标准与路径新探 [J]. 职业技术教育，2017，38 (19)：19-23.

[3] 吴晓川. 建立和完善中国特色现代职业教育体系需要解决的六个主要问题 [J]. 中国职业技术教育，2017 (15)：5-13.

能力。而目前我国职业教育体系更注重基于工作过程的专业教育，忽视通识教育和职业核心素养的培养，大多职业院校片面地强调专业技能的训练，大幅缩减通用技能课、公共基础课和文化素养课的学时，这跟产业发展要求、用人单位需求和职业教育的培养目标是背道而驰的。忽视学生职业核心能力和职业素养导致职业人才可持续发展能力孱弱的弊端已逐显端倪，引发了有关各方对职业教育的诟病和反思。印度职业教育对于职业核心能力和职业素养的重视存在两极分化的现象，以印度理工学院为代表的精英职业教育充分重视学生职业素养的培育，而大量邦立和私立工程技术教育机构以及中等职业教育机构却并未将职业素养的培养纳入培养计划。因此，为适应产业和社会发展对技能人才职业核心能力和职业素养要求趋高的诉求，中印职业教育必须由终结教育发展为终身教育，职业教育的目标由单纯针对职业岗位扩展到着眼于人的整个职业生涯和个人的可持续发展，职业能力的理念由技能本位向素养本位转变，由单一的满足上岗要求向适应和引领经济社会发展转变，由狭隘的职业岗位向职业群体、职业生涯转变，着眼于职业适应能力的提高和职业核心能力和职业素养的养成[①]，以适应科技进步、产业发展、民生改善和人的发展对职业教育提出的必然要求和更高要求，提升职业教育供给质量，这正是中印现代职教体系构建的终极动因。

三、中印构建现代职教体系动因的共性与差异

在全球新一轮科技革命，尤其是信息技术革命加速演进和产业变革全面进发的背景下，中印两国经济高速增长、引领新一轮技术革命、产业结构转型升级、追求经济效益的"四重奏变"已经导致职业教育供需矛盾凸显，对职业教育供给规模、供给结构和供给质量的变革形成倒逼之势，促使两国将构建现代职业教育体系作为国家战略加以深度实施。另一方面，这也充分显示了中印职业教育面临着巨大的发展机遇和挑战，两国完全有必要在职教领域加强对彼此的关切，开展有效的职教合作和交流，推动两国现代职教体系

---

① 吴向鹏. 加快建设现代职业教育体系［N］. 宁波日报，2014-06-03（A07）.

的完善和共赢发展。

两国职教体系在供给侧面临的困境具有共通性，但也具有轻重缓急之别。在供给规模维度，我国基础教育的普及和高等教育的大众化，尤其是大力发展职业教育，使得我国高素质劳动力和技能人才的规模缺口不及印度严峻，但我国正处于劳动力供给总量缩减的背景下，需要通过职业教育的大规模发展和终身化，提升劳动力受教育程度及其技能和素养，促使劳动力由数量型转为质量型；印度庞大的劳动年龄人口规模和持续走低的人口抚养比率使印度坐拥巨大的人口红利，但印度基础教育普及水平低、职业教育占比小等原因，导致印度劳动力开发不足，高素质劳动者和技能人才的短缺程度远甚于中国，这是印度经济未来发展面临的巨大挑战。在供给结构维度，两国都存在职业教育供需结构错位的困境，但两国发展模式、产业结构和职业教育体系的差异导致两国技能人才供需矛盾突出点的差异，我国紧缺高端装备制造业、现代农业和现代服务业技能人才，尤其是现代信息技术武装的复合型技能人才是我国职业教育亟待培养的重要方向，而相较于信息产业人力资源的充盈，印度制造业领域的技能人才稀缺程度显得尤为突出，现代农业人才也十分紧缺；印度技能人才两极分化严重，一极是工程技术教育等专业教育造就的高端人才，另一极是低教育程度低技能劳动力的大量存在，而产业发展需求量大的中高端技能人才匮乏，而我国紧缺的高端技能智能化人才和新兴产业急需的技能人才是我国职业教育亟待努力的方向。在供给质量维度，我国职业教育历经规模扩展、内涵深化、境界提升之后，供给质量总体优于印度，但技能水平和专业知识等专业能力与产业需求还有较大差距，职业核心能力和职业素养还未得到足够的重视；以蜚声世界的印度理工学院为代表的信息技术和工程技术领域的职业教育根植产业发展的人才培养模式，为印度现代服务业的繁荣兴盛培养了大量专业技能和职业素养都较高的人才，这是值得我国借鉴的领域，但印度大众化职业教育的整体供给质量则需要大幅提升。

职教供需矛盾的差异化决定两国构建现代职教体系着力点的不同。我国需要挖掘职业教育的潜力，创新职业教育形式，扩大受教育者范围，尤其为青年农民工、大学毕业生和中老年劳动力三大群体提供教育培训机会，着力解决存量技能人才的技能转型、存量失业人口的技能培训、新增劳动力的技能培养等三大问题①，提高劳动力素养和技能总体水平以弥补劳动力总量缩减所带来的人才缺口，从而扩大供给规模；完善职业教育层级及纵横沟通机制，着力构建现代农业、高端制造业、现代服务业的人才培养体系，加大高层次技能人才的培养力度，在适应的基础上还要预判和引领产业发展趋势，提前为新兴产业储备技能人才，以期优化供给结构；深化产教融合，提高技能人才专业能力的适应性，同时超越对接职业岗位的局限，克服片面强调职业技能而忽略职业核心能力和核心素养的窠臼，着眼于技能人才的职业生涯发展，提高技能人才的可持续发展能力，提升职业教育的供给质量。就印度而言，首要的是需要大力发展职业教育，缓解职普失衡局面，将庞大的人口优势转化为人力资源，扩大高素质劳动力和技能人才的供给规模，促进普通民众就业以助其摆脱贫困；加大中高端技能人才的培养力度，大力发展现代农业和现代制造业类职业教育，缓解印度现代农业人才和制造业人才匮乏的局面，为印度农业现代化和制造业振兴计划提供人才支撑，实现职业教育供给结构与产业结构的适切性；全面推行"国家职业教育资格框架"（NVEQF）和职业教育终身化，重点推动大众化职业教育的人才培养体系改革创新，以提高技能人才的总体供给质量。

总之，职业教育供需之间的不平衡是永恒的，平衡是短暂的，新的平衡一旦被打破，职业教育作为供给侧一端，需要做出新的改革和回应，这是推动职业教育不断改革、不断向前、不断提升的无情鞭子，也是现代职业教育体系改革发展的不竭动力源泉。中印现代职教体系的构建都面临来自供给规模、供给结构和供给质量的压力和动力，两国应加强职业教育的交流合作、学习借鉴，取对方之长补己之短，方能促进各自职业体系的完善和发展。

---

① 张学英. 经济增长中技能人才的发展轨迹研究——基于日本和中国的比较［J］. 职业技术教育，2013（31）：11 - 16.

第二节　我国职教体系存在的主要问题及原因

摘　要： 在国际国内经济格局变化凸显职业教育重要性、职业教育国际化发展成为必然趋势、从业者职业生涯出现新挑战等背景下，我国提出构建现代职教体系的战略目标。职业教育社会认可度低、职业教育体系内部纵横沟通不畅、产教融合和校企合作层次和水平低、职业教育国际化办学水平低等主要问题阻碍着我国现代职教体系的构建。导致这些问题的主要原因在于职业教育发展的社会环境恶劣、职业教育发展的市场机制羸弱、职业教育管理体制条块分割、职业教育制度不健全、国际化意识薄弱和国际化办学有效模式缺乏等。

关键词： 职业教育体系；产教融合；国际化；社会环境；市场机制；管理体制；职业教育制度

经过几十年的改革和发展，在借鉴世界发达国家经验的基础上，我国职业教育立足本国实际，走出了一条中国特色的发展之路，职业教育办学规模持续扩大，逐步形成了初、中、高三个层次共存、学校职业教育和职业培训并举的具有中国特色的职教体系。[①] 但我国职业教育发展仍面临亟须破解的瓶颈与问题，如社会认可度不高；职教体系不尽完善，办学体制机制不畅，管理体制依然不顺，职业教育管理部门之间统筹和协调乏力；[②] 职业教育内部纵向层次断裂，中高职不衔接、职普不融通；产教融合、校企合作层次和水平低；国际化办学水平低等。这一方面制约着职业教育本身的可持续发展，同时也致使职业教育难以有力支撑产业转型升级和全面建成小康社会的需求。因此，我国亟待构建现代职教体系，学习借鉴国际先进理念和经验，以整体解决影响职业教育发展的深层次问题。

---

① 闫智勇. 现代职业教育体系建设目标研究 [D] . 天津：天津大学教育学院，2013：70.
② 闫智勇. 现代职业教育体系建设目标研究 [D] . 天津：天津大学教育学院，2013：72.

一、我国构建现代职业教育体系的背景

（一）国内外局势演变凸显了职业教育的重要性

就国际环境来看，国际局势波诡云谲，国际冲突持续不断，安全形势错综复杂，外交领域针锋相对，金融市场动荡不堪，领土争端此起彼伏，我国面临的国际环境更趋复杂和严峻；金融危机之后欧美国家从"去工业化"回归"再工业化"，并重新认识实体经济和职业教育间天生的纽带关系①，职业教育承载着世界经济复苏的重任，而产业转型升级成为当前世界经济的主流趋势，对职业教育及技术技能人才提出了新的更高要求。就国内形势来看，我国政治、社会、经济、法制和教育等各项事业的改革和建设加速推进。"十八大"以来，我国大刀阔斧推进政治体制改革，反腐倡廉的斗争日益白热化。社会改革领域，统筹城乡综合改革和城镇化持续推进，从农村向城市转移的劳动力需要接受新的技能培训。经济方面，中国经济发展增速趋缓已成定局，需要积极调整产业结构、加快技术升级，实现创新、协调、绿色、开放、共享发展。法制建设方面，法制冲突和分割依然存在，法制的体系化建设成为必然趋势，经济秩序和市场规则亟待规范，职业伦理和职业道德亟须重构。②"再工业化"的国际趋势和国内改革向纵深推进都要求职业教育发展方式由规模和外延战略向质量和内涵战略转移，对职业教育的供给规模、供给结构和供给质量都提出了新的需求。因此，我国职业教育必须建立能够适应国际合作和国内改革需求的人才培养体系，培养能够应对新的国际和国内政治经济发展形势的高素质、高技术、高技能专业人才。③ 职业教育在这样的形势下显得前所未有的重要。

（二）职业教育国际化发展成为必然趋势

经济全球化潮流催生了政治、文化的全球化，也使教育国际化成为不以人们意志为转移的客观趋势。在世界经济全球化的推动下，在国际教育贸易

---

① 闫智勇. 现代职业教育体系建设目标研究［D］. 天津：天津大学教育学院，2013：77.
② 闫智勇. 现代职业教育体系建设目标研究［D］. 天津：天津大学教育学院，2013：77.
③ 闫智勇. 现代职业教育体系建设目标研究［D］. 天津：天津大学教育学院，2013：77.

市场开放的前提下，各国在人才培养目标的确定、教育内容的选择以及教育手段和方法等方面不仅要满足来自本国、本土化的要求，而且要适应国际间产业分工、贸易互补等经济文化交流与合作的新形势，必然引发教育资源在国际间进行配置，教育要素在国际间加速流动，教育国际交流与合作日益频繁。教育国际化的核心或者本质，就是在经济全球化、贸易自由化的大背景下，各国通过跨文化的教育交流与合作，培养具有国际竞争力的高素质人才。随着我国全面深入地融入国际社会，国际化已成为职业教育重要发展趋势之一而备受关注。而在国际化背景下，培养具有国际意识、国际交往能力、国际竞争力的技术技能人才，是教育国际化的核心所在。职业教育必须主动适应经济全球化发展需要，积极应对新挑战，拓宽技术技能人才的国际视野提升其国际交往能力，并利用国际优质教育资源实现自身更快更好发展。我国发展进入新时代，作为职教大国，我国职业教育不应只是被动适应国际化趋势，而是要立于世界教育的中心，引领世界职业教育潮流，我国对世界职业教育发展规则将具有更大的发言权和话语权，我国要为世界职业教育发展提供中国方案、贡献中国智慧，我国职业教育标准将成为世界职业教育标准，中国版职业教育教材将走向世界，我国职业院校将成为世界各国人们最向往的留学目的地之一。

（三）从业者职业生涯出现了新变化

随着经济社会的日益发展，市场经济不断完善，自由竞争不断加剧，从业者的职业发展和需求发生新的变化。过去的"铁饭碗"一去不返，从业者在其职业生涯中可能需要从事多种职业，其职业核心能力和多岗迁移能力显得至关重要。因此职教学生可能面临多次就业、升学、自主创业、转岗换业等抉择，会在其专业发展过程中经历"学校系统培养期、职前经验获得期、新手职业适应期、成手专业发展期和专家专业稳定期"等阶段，① 甚至会由于职业高原期、职业倦怠期和职务晋升等原因调整工作岗位。因此，当今职

---

① 杨超. 高职教育实践课教师专业发展阶段探析——基于发展任务与关注内容的视角［J］. 教育理论与实践，2012，（30）：23－25.

业院校学生的学习需求和职业期待开始分化和升级，其专业发展需求开始出现多元化的态势。这就要求现代职业教育层次高移，并构建纵向层次衔接、横向职普双向互通的框架体系，以满足学生多样化、个性化、终身化学习的需求；职业教育管理体制必须由供给导向的行政型管理体制向需求导向的服务型管理体制转变，按照学生发展的需要提供教育服务。①

为顺应国内外局势的新发展，应对我国产业升级对技术技能人才提出的新挑战，更好地服务从业者职业生涯发展，在全球化潮流中利用国际教育资源乘势而上，我国将构建现代职教体系作为职业教育改革发展的战略选择。早在 2002 年，我国教育部在《国务院关于大力推进职业教育改革与发展的决定》（国发〔2002〕16 号）文件中明确提出了"现代职业教育体系"的要求，并从理论研究、政策制定和实践探索等三个层面采取了相应的对策和行动。②《现代职业教育体系建设规划（2012—2020 年)》提出建设"中国特色、世界水平的现代职业教育体系"的战略目标。我国现代职教体系建设成为我国职业教育改革发展的重大举措而备受职教有关方的高度重视。可见，我国现代职业教育体系建设是转变职业教育发展方式、提高职业教育人才培养质量和增强职业教育社会服务能力的理性抉择。

二、我国职业教育体系存在的主要问题

（一）职业教育社会认可度低

近 10 年来，我国职业教育有了突飞猛进的发展，但由于职业教育起步较晚，政府对职业教育的投入比例明显低于普通教育，职业教育发展先天营养不良；职业教育自身发展后劲不足，内部体制机制不畅，导致培养出来的技术技能人才质量和规格未能得到社会和企业认可；职业教育的科研能力和社会服务能力令人失望；最致命的是职业教育体系对经济社会发展的人才需求反应迟钝，导致技能人才供给与经济社会对劳动力的需求出现结构性错位，

---

① 闫智勇. 现代职业教育体系建设目标研究［D］. 天津：天津大学教育学院，2013：77.
② 闫智勇. 现代职业教育体系建设目标研究［D］. 天津：天津大学教育学院，2013：5.

劳动力的技能水平与企业岗位需求脱钩，对产业结构调整和经济增长方式转变的适应能力不强。当前社会各界对职业教育战略地位认识不够充分，轻视职业教育的思想观念仍普遍存在，重学历学位、轻实际能力的现象相当严重，技术技能人才没有得到应有的地位和尊重，崇尚劳动创造、崇尚技术技能没有成为社会主流文化。① 因此整个社会对职业教育认可度不高，职业教育显得"低人一等"。

（二）职业教育体系内部纵横沟通不畅

我国职业教育体系内部纵向层次断裂。首先，中等职业教育和高等职业教育纵向割裂。这主要表现为中高职管理体制不顺畅、衔接模式不灵活、专业设置不统一、课程开发不科学、技能训练和技能等级衔接不畅通。目前职业教育没有形成统一的管理体系，中高职教育分属不同部门管理，政出多门，职责交叉，缺乏统一调度，造成中高职教育在培养目标、学制管理、专业设置、课程要求等方面衔接不通。我国大部分地区中高职衔接形式化，缺乏内涵，管理不规范，学制不统一，不同类型的中职生获取同一学历时间存在差异；在专业分类、专业名称、专业标准、专业要求等方面缺乏统一性和标准性；课程设置不科学，资源分散、重复建设问题普遍存在。在专业技能方面，缺乏统一的职业教育资格和技能框架，中高职技能等级和技能训练难以有效衔接，部分重点中职学校在设备、师资、训练方法、实训管理等方面甚至比高职院校更好，造成了中高职技能训练课"倒挂"的现象。因此，从实际情况看，中高职教育各自为政，高等职业教育并没有把中等职业教育当成发展的基础，不能影响和引领中等职业教育的发展，而中等职业教育更多是以就业为目的，重视专业、实践和操作，忽视基础、理论和理解，也造成中职生很难适应高职阶段的理论学习和高层次的技术要求。② 其次，我国职业教育缺乏向上晋升的层次和通道。目前，我国未设置本科及以上层次的高职教育，

---

① 教育部职业技术教育中心研究所. 中国职业教育 2030 研究报告——发展目标、主要问题、重点任务及推进策略［J］. 中国职业技术教育，2016（25）：11-23.

② 余美杰. 我国中等和高等职业教育衔接的历史、现状及趋势［D］. 福州：福建师范大学，2012：26.

职业教育成为断头教育，受教育者缺乏纵向晋升的通道和机会。中高职不衔接、职普不融通，职业启蒙教育、职业准备教育、职业继续教育不贯通等，导致职业教育体系不能很好地满足学习者升学、就业、转岗换业等多种发展需求，使职业教育学习者的职业生涯发展出现非连续性。

职业教育与普通教育横向割裂。职普割裂首先表现为职业教育与普通高等教育发展失衡。受传统教育观、人才观的影响，职业教育生源差，从教育对社会的影响力来说，职业教育目前弱于普通教育。其次，普通教育对职业教育沟通失衡。主要表现为职业教育受普通教育中的学科课程思想影响深远，课程设置学科色彩浓厚，课程内容强调学科本位，教学过程与实践严重脱离，培养目标不符合职业发展规划。① 而职业教育无论是在教育理念、人才输送等方面向普通教育的渗透困难重重。因此职普教育在人才培养和交流等方面，无法实现双方的资源共享，合作通道被阻断。最后，职普相互之间缺乏双向沟通机制。最关键的是未建立双向互动的桥梁，双方课程学分也不能进行转化与互认，缺乏统一的质量标准和质量评价机构和手段。

（三）产教融合、校企合作层次和水平低

校企合作表层化和碎片化已经成为我国职业教育进一步改革发展和教育质量提高的瓶颈。目前职业教育在校企合作方面存在政府、行业、企业、院校等四大层面的问题。在政府层面，政府对如何发挥主导作用的形式和路径缺少探索，导致校企合作多方参与沟通不足、经费投入和保障机制不完善，校企合作的管理体制、相关法律和政策制度不健全。在行业层面，我国行业自身独立发展的水平有限，缺乏指导职业教育发展的能力，而且行业指导职业教育的权限不明确，支持和鼓励行业组织参与职业教育与培训的政策尚不健全。企业层面，企业缺乏战略发展理念，参与校企合作动力不足，社会责任意识不够，合作关系大多靠感情维系，在具体专业建设、课程开发以及实习实训管理等诸多环节中企业大多处于被动状态，校企合作流于表面形式。

---

① 任平，代晓容. 我国现代职业教育体系研究——基于中高职衔接、普职沟通的视角 [J]. 职教论坛，2014（03）：10－14.

院校层面，职业院校缺乏现代学校制度和管理理念，校企合作体制机制不健全，资源整合和动员能力较弱，在专业水平和技术技能方面服务企业的能力不足，难以吸引企业参与；人才培养模式创新不足，未能确立校企双方共同尊重的教育规范和标准，难以适应产业需求。①

（四）职业教育国际化办学水平低

由于起步较晚，我国职业教育的国际化办学水平低，尚处于国际化发展的初始阶段。虽然多数高职院校制定了国际化发展规划，形成了初步的国际化办学理念，但对国际化教育内涵认识肤浅，一些高职院校对国际化办学的内涵和发展的认识，仅停留在学校有多少名外籍教师，办了几个中外合作办学项目，送出去多少名教师出国学习等等。② 在引进发达国家职业教育的专业标准，如国际职业资格证书、职业标准和评价标准，国际化工艺流程、技术和产品标准融入教学内容等方面浅尝辄止。部分高职院校在师资交流、专业建设、课程学分互换、学生联合培养等方面进行了合作。但有的高职院校盲目追求显性国际化成效，不考虑自身的办学目标和运行能力，不仔细核查外方的资质和办学能力，与多所国外学校或教育机构签订的合作协议，大多数是流于形式，有名无实，最终成为一纸空文。③ 而且，我国职业教育国际化更多地在于学习借鉴别国经验、引进世界优质教育资源，主动"走出去"的意识和实践探索缺乏。

三、我国职业教育体系现存问题的原因

（一）职业教育发展的社会环境恶劣

鄙视职业教育的社会风气导致职业教育吸引力不足。目前，鄙视和贬低职业教育依然是当今中国社会普遍存在的世俗观念，中国几千年的"学而优

---

① 和震. 职业教育校企合作中的问题与促进政策分析［J］. 中国高教研究，2013（1）：90–93.

② 戴小红. 高职院校教育国际化动因、内涵与路径选择［J］. 黑龙江高教研究，2012，30（6）：81–84.

③ 李建民. 高等职业教育国际化发展路径的探析［J］. 江苏建筑职业技术学院学报，2015（2）：54–56.

则仕""劳心者治人，劳力者治于人"的传统观念和文化习俗，严重制约了现代职业教育的健康发展。① 人们对于学历和知识的重视度远远超出了对技术技能的重视，从而重视普通教育而严重轻视和忽略职业教育，导致职业教育经费投入不足、生源质量差、办学条件落后。更深层次的影响在于，家长和学生把职业教育作为无奈而低贱的出路而不是自主的选择。职业教育发展的法律环境恶劣，首先职业教育法律体系不健全，其次针对新问题的职业教育法律缺乏，最后缺乏相关主体权责利的规定，法律的可操作性不强。加之职业教育自身诸多问题导致的对经济社会的贡献低、内部层次断裂和职普割裂无法为学生提供晋升机会，职业教育缺乏吸引力。中国要建立现代职教体系，首要的是在思想认识上要走出误区，建立起对职业教育的正确认识，营造尊重劳动、尊重技术技能的社会文化氛围，同时，要建立有利于职业教育发展的法制环境。

（二）职业教育发展的市场机制羸弱

在现行的职教教育发展过程中，市场和行政对教育资源的配置不均衡。行政过多干预职业教育，法制保障下的市场机制不完善，过度的行政调节手段干预了市场机制的自然生成，市场和行政对教育资源的配置能力存在的张力没有消除。② 市场机制的式微，不利于营造校企之间天然的亲切距离，我国大力倡导的"产教融合、校企合作、工学结合"的人才培养战略和模式由于市场机制的低效甚至失灵而难以实质性推进，职业教育与产业、企业的合作远未进入"深水区"，不仅阻碍了学生职业技能和职业素养的提升，也造成职业教育办学主体和经费来源单一，办学体制机制僵化，对市场需求反应迟钝。

（三）职业教育管理体制条块分割

导致我国职业教育体系现有问题的诸多原因中，体制原因至关重要。我国职业教育的多部门协调的机制形同虚设。首先，教育部与人力资源和社会保障部之间的沟通不畅。教育部与人力资源和社会保障部各自拥有规模较为

---

① 祝士明，李红丹，范若晨. 生态环境：现代职业教育发展的动力和源泉［J］. 职教论坛，2016（33）：5-9.

② 闫智勇. 现代职业教育体系建设目标研究［D］. 天津：天津大学教育学院，2013：84.

庞大的自成体系的职业教育，各自发放不同的学历证书，而职业资格证书的发放权则在人力资源和社会保障部，二者的职业教育体系基本上互不相通。①其次，职业教育的内部管理体制没有理顺。虽然教育部已将高等职业教育和中等职业教育的管辖权统一交割给职业教育与成人教育司，实现了中高职管辖权的统一，但高等职业教育被排除在高等教育之外。况且，很多地方教育行政部门并未做出与教育部同步的调整，依然是由高等教育处和职业教育与成人教育处分别管理高等职业教育和中等职业教育。两大系统的职业教育，基本上都是"终结性"教育，二者之间基本上不能够实现有效的衔接。② 职业教育管理部门不统一，内部纵向"断头性"和横向的隔断，无论是对职业教育的发展还是职教学习者的多样化选择和个性化学习都是难以克服的阻碍。再次，国家部委之间的职能未能进行协调，职业教育体系的管理顶层体制没有形成。导致职业教育的资源存在着严重的分散局面，难以按照教育规律和市场机制进行统筹整合和优化配置，阻碍了职业教育的协调发展。③ 最后，职业院校内部管理体制缺乏现代性，依法治校的基础和氛围薄弱，导致职业教育缺乏自主性，这是职业教育对市场需求反应迟缓的重要原因之一。

（四）职业教育制度不健全

现代职业教育体系诸多问题存在两大制度原因：制度的障碍和制度的缺失。固定的学制和学籍管理制度、每年定期的招生考试制度等已经难以适应现代社会频繁的人口流动和职业变迁，弹性学制、学分银行、自由转学、校企合作以及学生顶岗实习等职业教育的核心制度亟待建立；有利于校企合作的税收优惠条款等职业教育的辅助制度的缺失，影响企业参与校企合作的积极性，国家职业资格框架和职业准入制度、工资和收入分配制度等与职业教育发展密切相关的制度尚未建立或改革，学历制度和职业资格制度相互沟通的机制尚未建立，制约了技术技能人才待遇和社会地位的提高，影响弹性学制、学分银行以及自由转学等制度的建立和实施，学生自由选择和转换的学

---

① 闫智勇.现代职业教育体系建设目标研究［D］.天津：天津大学教育学院，2013：85.
② 闫智勇.现代职业教育体系建设目标研究［D］.天津：天津大学教育学院，2013：85.
③ 闫智勇.现代职业教育体系建设目标研究［D］.天津：天津大学教育学院，2013：85.

习权利难以获得保障。① 这些制度上的障碍和缺失需要进行整体性改革和完善，方能打通我国现代职教体系的关键环节。

（五）国际化意识薄弱和国际化办学有效模式缺乏

我国职业教育国际化办学历史短，固然是致使我国职业教育国际化办学水平低的原因之一，但是国际化意识淡薄，对职业教育国际化的重要性、内涵认识不到位，是更深层次的原因。我国职业教育定位于满足区域经济发展需求，缺乏全球意识，不是从全球产业发展着眼培养国际化的技术技能人才，服务"一带一路"战略和我国企业"走出去"战略的观念滞后。国际交流与合作仅停留于浅层次，国际化办学模式和途径缺乏创新，不仅错失了世界优质教育资源，在世界职业教育缺乏话语权，更使我国职业教育体系缺乏开放性，难以与世界职业教育接轨，更遑论引领世界职教的发展。

第三节　印度构建现代职业教育体系的关键策略及其启示

摘　要： 印度在构建现代职业教育体系进程中，实施劳动体验教育、构建纵横贯通的职业教育体系框架、建立校企之间的天然联系与开启市场导向职教改革、借助国际化平台等关键策略，有助于我们从改善职业教育发展环境、构建职业教育纵横沟通路径、发挥市场主体行为作用、推动职业教育国际化发展等维度审视、建设与完善我国现代职业教育体系。

关键词： 印度；现代职业教育体系；劳动体验教育；国家职业教育资格框架；校企合作；国际化

如何有效构建现代职业教育体系，是我国当前职业教育领域的理论热点和现实难点。印度的职业教育虽不及欧美发达国家，但在构建现代职业教育体系进程中，印度的诸多策略和做法具有国际前沿性、创新性和独特性。由于中印两国在国情和文化上可比性强，两国职业教育存在诸多共同的问题，这些策略往往更契合我国的现实需求。在某种意义上，"'印度镜子'所反映

---

① 闫智勇. 现代职业教育体系建设目标研究 [D]. 天津：天津大学教育学院，2013：85.

的要比西方镜子更真实"。① 因此,我们更能从印度职业教育体系构建策略和经验中获得有益启示,以助力于我国现代职业教育体系建设。

一、印度现代职教体系概况

此处所论述的印度职业教育,不专指印度 11 和 12 年级的中等教育职业化这一狭义的职业教育,而是广义的职业教育,即由劳动体验教育、高级中等教育职业化、职业培训、技术教育、普通高等教育中的学士学位职业教育(职业学士学位)等构成的具有初等、中等和高等职业教育阶段的完整体系。② 从 1968 年《国家教育政策》、1986 年《国家教育政策》到 2012 年印度颁布并实施的"国家职业教育资格框架"(National Vocational Education Qualifications Framework, NVEQF),印度职业教育体系经历了确立、发展、完善三个时期,逐步形成了构成成分多样、教育类型互补、学历层次完整、办学主体多元、内部纵向层次衔接、职普横向互通的现代职业教育体系(图 2)。

---

① 郁龙余,蔡枫等著. 印度文化论 [M]. 重庆:重庆出版社,2008:3.
② 王丽华. 印度现代职业教育体系及其特征 [J]. 职业教育研究,2015 (10):87-92.

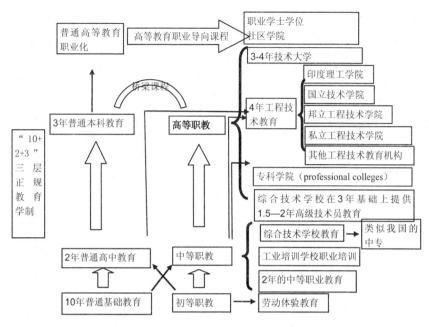

图 2 印度现代职业教育体系构成示意图

二、印度构建现代职教体系关键策略分析

（一）实施劳动体验教育（Labour Experiences Education）

印度具有浓厚的重脑力劳动、轻体力劳动的传统观念，由此造成普通教育膨胀而职业教育式微的失衡局面。为缓解此种困境，印度实施了旨在实现普通教育和职业教育有效结合，消除职普对立的劳动体验教育。印度教育委员会 1966 年特别提出了开设"劳动体验"课的建议，通过劳动体验（实习）课程，把生产劳动知识和劳动观念融入 12 年普通教育的全部课程中。1986 年印度《国家教育政策》提出"将劳动实习作为各阶段教育中的基本职业成分"的政策，从而使劳动体验教育成为普通教育学习过程的必要组成部分。根据该政策，印度全国教育研究与培养委员会在 1988 年公布的课程设置中分别为初级初等教育阶段、高级初等教育阶段和高级中等教育阶段安排了 20%、

12%、13%的劳动实习科目。① 劳动实习是有目的和有意义的体力劳动，其中蕴含随教育的各个阶段而不断升级的技能和知识，通过设计一系列符合学生兴趣、能力和需要并可供学生选择的活动来加以实施。印度在普通教育的"+2"阶段（高中阶段）通过各种各样的普通职业课程，发展与就业有关的普通技能，通过培养学生在科技社会里所需的可迁移能力来提高普通教育的质量。② 近年来，印度在普通高等教育中也引入了职业能力导向课程，鼓励普通高等教育发挥职业教育功能，增强普通教育毕业生的职业意识和就业能力。

劳动体验教育具有极为重大的意义。首先，劳动体验教育的实习一般在社区及社区企业进行，接受劳动体验教育者可以为社区带来有益的产品或服务，并逐步树立社区服务意识和社会责任感。其次，劳动体验教育可使学习者理解有关各种生产和服务的知识并获得相关职业技能，也可为后续的更高层级的专门职业教育奠定以劳动为中心的教育基础。最后，更重要的是对整个职业教育发展及现代职教体系构建的意义，即培育学习者尊重体力劳动和技能的职业态度和价值观，逐步养成学习者的职业意识、职业精神和职业道德规范，逐步改变印度社会重脑轻体的旧习，改善职业教育发展的大环境，为职普融合奠定了基础。

（二）构建纵横贯通的职业教育体系框架

职业教育系统内部的纵向贯通、职业教育系统与普通教育系统的横向沟通是现代职教体系构建的核心问题。2012 年之前，"单层次"与"终结性"是印度职业教育体系起始阶段的明显特征。③ 2012 年 9 月颁布和实施的印度"国家职业教育资格框架"（NVEQF），全面构建了印度职业教育纵横贯通的

---

① 樊惠英. 印度职业技术教育发展的回顾 [A]. 纪念《教育史研究》创刊二十周年论文集（20）——外国教师教育史、职业与成人教育史研究 [C]. 2009. 1848 – 1852.
② 彭慧敏. 印度职业教育现状及发展动因 [J]. 职业技术教育（理论版），2007，28（4）：89 – 91.
③ 王为民. 印度职业教育体系建构的历程与策略 [J]. 中国职业技术教育，2013（36）：50 – 53.

框架体系，标志着印度现代职业教育体系已渐趋完善。① NVEQF 是一项关于技能学习、认证及其累积的描述性框架，它依据一系列的知识和技能标准来组织资格证书框架。② 该框架主要包括设定技能层级与制定国家职业标准、实施先前学习认定、制定学分框架、完善职业教育内部层次衔接、建立学分累积与转换机制、设计职普互通"多样化路径"、加强与产业界的合作等内容，实现了职业教育内部层次衔接和职普横向互通。

设定技能层级与制定国家职业标准。NVEQF 按照技能递升的顺序，从先前学习认定（Recognition of Prior Learning）到国家能力证书（National Competency Certificate，简称 NCC），共设定 12 个层级（如表 5 所示）。与该层级对应，印度制定了 NVEQF 的基轴，即国家职业标准（National Occupation Standards，简称 NOS），该标准是部门技能委员会（Sector Skill Councils，简称 SSCs）收录的一定技能领域中每个职业角色的全国性统一标准，从工艺要求、专业知识、专业技能、核心技能和责任等五个方面进行描述（见表 6），作为衡量与评价个体学习成效的重要标准。

表 5　NVEQF 设计的证书体系

证书等级		情形 1：职业教育	情形 2：普通教育	
层级	证书	等值	等值	颁发证书机构
10	国家能力证 8	学位（博士）	博士学位	综合大学和 SSC^
9	国家能力证 7	研究生文凭	硕士学位	综合大学和 SSC^
8	国家能力证 6		硕士学位	综合大学和 SSC^

---

① 王为民. 印度职业教育体系建构的历程与策略［J］. 中国职业技术教育，2013（36）：50 - 53.

② 王为民. 印度 2012 年"国家职业教育资格框架"述评［J］. 比较教育研究，2014（06）：104 - 110.

续表

证书等级		情形1：职业教育	情形2：普通教育	
7	国家能力证5	高级文凭	学士学位	技术教育董事会和SSC^；综合大学和SSC^
6	国家能力证4			
5	国家能力证3	文凭		技术教育董事会和SSC^；学校董事会和SSC^
4	国家能力证2		12年级	
3	国家能力证1		11年级	
2	国家就业证2	10年级	10年级	学校董事会和SSC^
1	国家就业证1	9年级	9年级	学校董事会和SSC^
先前认定（RPL）	认证2	8年级	8年级	国家/邦开放教育学院和SSC^
	认证1	5年级	5年级	国家/邦开放教育学院和SSC^

资料来源：Ministry of Human Resource Development. National Vocational Education Qualifications Framework（NVEQF）［EB/OL］. http：//mhrd. gov. in/voc_ eduu，2012 – 09 – 03/2013 – 05 – 08.

建立先前学习认定制度（PRL）。印度在此之前并未建立先前学习认定制度，致使在某些传统行业长期工作而拥有某项熟练技能的人无法得到认证并获得相关的技能证书，不利于这些群体进一步深造和技能提升。NVEQF建立的先前学习认定包括两类情况，一是对先前非正规学习成效或获得的资格证书进行认定；二是对由正规学习获得的学分进行认定。具备特定资质的机构被授权对先前学习进行认定，例如，全国开放教育机构（National Institute of Open Schooling，简称NIOS）从事第一级认定；社区学院或技术学院从事更高一级认定。[1] 学员无论以何种方式进行正式、非正式或非正规教育或培训学

---

① 王为民. 印度2012年"国家职业教育资格框架"述评［J］. 比较教育研究，2014（06）：104 – 110.

习，只要按照国家职业标准通过认定均可获得相应学分及相应的资格证书、文凭或学位。PRL 制度对非正规职业教育与培训、非正式职业学习的认定丰富并拓展了职业教育的学习路径，有助于促进学习者技能提升、累积与生涯发展，为学员继续接受更高层次的职业教育或普通教育做好铺垫，为学员接受终身职业教育打开了方便之门，凸显了职业教育终身化理念。① 同时，该制度使学员可自由决定在任何层次选择就业、在任何便利之时接受继续教育，这种多层次的职业教育进出机制实现了"教育—就业—继续教育"的循环。②

表6　NVEQF 制定的国家职业标准（NOS）③

层次	工艺要求	专业知识	专业技能	核心技能	责任
RPL1	使个体通过正式的评价框架来证明自己已具备某些技能	熟悉常用工具、设备和程序，熟悉部分特定术语和特定专业，具有基本的计算和读写技能	能识别并恰当地使用工具和设备进行操作，会采取合适的安全和保密措施	能够证明自己具有完成常规基本操作任务的技能	在相关业务活动中，能够做出独立决定

---

① 王为民．印度"国家职业教育资格框架"设计理念探析［J］．外国教育研究，2014，41（02）：120－128．

② 王为民．印度"国家职业教育资格框架"设计理念探析［J］．外国教育研究，2014，41（02）：120－128．

③ 资料来源：王为民．印度职业教育体系建构的历程与策略［J］．中国职业技术教育，2013（36）：50－53．

续表

层次	工艺要求	专业知识	专业技能	核心技能	责任
RPL2	使个体通过正式的评价框架来证明其掌握的技能，并促进其职业发展	熟悉常用工具、设备和程序，理解工作和业务中最基本的内容，熟悉局部性的特定专业，具有基本的计算和读写技能	能恰当地使用工具和设备，能采取合适的安全和保密措施，掌握必要的软技能，能有效处理专业问题	能够证明自己具有常规的、基本的、独立完成任务的技能	在业务活动中能做出独立决定，并且在类似工作环境中能够发挥出同样的能力
1	要求在未经练习的情况下能完成一些重复性的工序	熟悉并理解与业务相关的一些常用术语、词汇	能处理常规的、重复性问题，能采取适当的安全及保密措施	有阅读写作和个人理财技能，熟知社会和宗教的多样性，关注卫生及环境	尚不承担责任，总是在连续的指导下和严密监督下工作
2	要求能完成一些重复性的常规工序，较少进行理解性应用，实践较多	熟悉特定范围内的材料工具及其应用，关注工作内容及质量	具有特定范围内的服务技能，会选择应用工具，能协助做一些质量要求不高的专业性工作	能接收和传输书面和口头信息，懂得基本算术，熟悉个人财务，理解社会政治和宗教的多样性以及卫生与环境	尚无责任，在严格指导与监督下工作
3. 半熟练技工	能从事特定范围内的一份常规的、可预知的工作	熟悉业务范围内常用的基本问题、工序和原则	在某工作与研究领域，具有广博的能够解决特定问题的认知和实践技能	清晰地进行书面和口头交流，掌握基本算术和代数运算法则，具有个人理财和初步理解社会与自然环境的技能	需要严格的监督，在特定范围对自己工作部分责任
4. 熟练技工	能熟练地从事可预知的、常规化的工作，能做出明智选择	熟悉专业知识或研究领域的事实性知识	在较窄领域能够运用常规、重复性技能，能牢记并展示实践技能	使用清晰的语言进行书面与口头交流，会用基本算术与代数法则，基本理解社会政治与自然环境	对自己工作与学习负有责任

续表

层次	工艺要求	专业知识	专业技能	核心技能	责任
5. 管理者	能胜任需要熟练技能的工作，在熟悉的环境下能够明智地选择工作程序	熟知工作和研究领域的问题、原则、工序和基本概念等知识	能牢记并展示实践技能，在较窄领域能运用常规化重复性技能，合理运用规则与工具，有质量意识	具备所需的数学技能，理解社会与政治，具有搜集和组织信息的技能和沟通技能	对自身工作与学习负责，对别人的工作和学习也负有一定责任
6. 熟练技师或教练	具有较宽领域的专业技术技能和明确的知识，包括标准化与非标准化的实践	在工作与研究领域具有宽广的事实性与理论性知识	具有通过选择和运用基本方法、工具和材料及信息，完成任务和解决问题的认知和实践技能	精于数学计算，较好理解社会与政治，精于数据搜集和组织信息，沟通过程逻辑性强	对自身工作与学习负责，对别人的工作和学习负有完全责任
7. 本科毕业生	精通较宽领域的专业理论和实践技能，包括常规的和非常规情况	在某领域的工作和研究中，具有广博的事实性和理论性知识	在某工作与研究领域，具有一系列能够创造性地解决特定问题的认知与实践技能	有良好的逻辑和数学技能，能够理解社会政治和自然环境，具有良好的搜集、组织信息与沟通技能	对团队的绩效和发展完全负责
8. 荣誉学位	具备综合性、认知性和理论性知识，具有创造性解决问题与抽象概括问题的实践技能。能进行自学，具有独立的学术研究能力、严谨的分析能力和良好的沟通能力。			在工作与研究中对变化的不可预知的练习具有管理与监督能力，能对自己和别人的发展负责任	
9. 硕士	具有高层次的知识与能力。能批判性地理解某一学科，精通本专业并能创新，能够完成大量的实质性研究和学术论文			能够对复杂性技术活动所做出的决定进行负责，包括不可预知的学习与工作环境	

层次	工艺要求	专业知识	专业技能	核心技能	责任
10. 博士	拥有高度专业化知识和解决问题的技能，通过学术研究能够发掘原创性知识			能对不确定复杂环境的工作与研究做出的战略性决策负责	

注释：RPL1——是"先前学习认定1"的意思，RPL2——是"先前学习认定2"的意思。

制定学分框架（Credit Framework）。NVEQF制定了不同专业的一至七级能力证书应达到的学分以及达到某一层级能力应完成的职业技能学习（Vocational Content）与普通理论学习（General Content）的双重学习量标准（见表7）。每一级能力证书的学习时间为一学年，每一学年的学习量为1000个学习小时，职业技能教学和文化理论教学时间的分配呈反方向变动，随着证书等级的递升，技能培训时间递增，文化与理论学习时间递减，表明在印度低层次职业教育更重视文化理论学习，以利于学员的后续学习，高层次职业教育更偏重技能培训，为学员就业做准备。该框架还制定了不同专业学员获得每一层级能力证书的职业技能学习和普通文化学习的具体内容及每一项具体内容的学习量。该框架是每一种资格学习期限的重要参照和学分积累与转换的标准。

表7　NVEQF证书等级要求的技能与理论学习量

证书等级	职业/技能学习量（小时）	普通/理论学习量（小时）
一级	200	800
二级	250	750
三级	350	650
四级	350	650
五级	400	600
六级	450	550

证书等级	职业/技能学习量（小时）	普通/理论学习量（小时）
七级	700	300

注：目前尚未规定八级能力证书的学习时间分配。

资料来源：Ministry of Human Resource Development. National Vocational Education Qualifications Framework（NVEQF）［EB/OL］. http：//mhrd. gov. in/sites/upload_ files/mhrd/ files/EXECUTIVE% 20ORDER. pdf, 2012 - 09 - 03/2013 - 05 - 08.

完善职业教育内部层次衔接。在高中阶段职业教育，即工业培训学校（Industrial Training Institute）、综合技术学校（Polytechnics）和职业学校（Vocational School）之后，印度逐渐创设了主要培养技术员（technicians）和管理者的大专层次的专科学院（Professional Colleges）和培养本科以上层次技术专家（Technologists）的职业学士学位（Bachelor of Vocational，简称 B. Voc.）。高中阶段职业教育毕业生可以通过先前学习认定和修习模块学分课程，在职业教育体系内接受更高层次的高等职业教育，继续获得高级毕业证书（Advanced Diploma）、职业学士学位（B. Voc.）、研究生证书（Postgraduate Diploma）和（博士）学位证书（Degree Diploma），由此，印度职业教育实现了内部层次衔接和纵向层级的延展或高移化，改变了职业教育的单层次和终结性，为职业教育学员提供了晋升的机会。

建立学分累积与转换（Credit Accumulation and Transfer）机制。在上述学分框架基础上，产教双方合作开发能力本位的模块课程（Competency Based Modular Curricula），同时面向职业教育学生和普通教育学生开设"桥梁课程"，以便于学员学分和技能累积并助于职普学分互换。同时，政府鼓励在普通教育中积极推进将普通教育课程转换为学分课程的学分本位制课程改革，在职普之间建立学分等价互换的转换机制，促进两种教育体系间的融通，两种教育系统每个层级的学生均有权利与机会进入对方系统学习，如果学员技能或知识存在不足，可通过修习相应的模块"桥梁课程"弥补其差距。NVEQF 还要求逐步把职业导向课程引入普通高等教育，完善普通高等教育的职业教育功能，提升普通高等教育学生职业生涯规划能力和就业能力。① 普通高等教育学生修完职业能力导向课程的相应学分后，除了获得传统的科学、艺术、商科学位之外，还将获得能力证书、能力文凭、高级能力文凭。② NVEQF 通过设计职业教育与普通教育平行、对等的教育层次和资格证书等级，利用资格证书互认与等价转换，开发多层次模块化双向"桥梁课程"，实现了职业教育与普通教育间的平等双向互通，从根本上消解了传统职业教育、普通教育间的不对等与割裂状态。③

设计职普互通的"多样化路径"（Multiple Pathways）。NVEQF 在职业教育和普通教育的不同层级之间为学员设计了双向选择并接受某一种教育的路径，学员在终身学习中可以在多个出口和入口选择职业教育、普通教育或者进出劳动力市场（详见图3）。在图3中，a、b、c、d 代表职教教育系统学员可进入普通教育系统学习的不同层级通道，e、f、g、h、i、j 代表普通教育系统学员可进入职业教育系统学习的不同层级通道及可获得的证书或文凭。④ 这有助于满足个体发展的多元化需求和产业发展对多层次、多类型技能型人才的需求。

① 胡启明. 印度"国家职业教育资格框架"发展实施及启示［J］. 职业技术教育，2014，35（25）：90 – 93.

② 胡启明. 印度"国家职业教育资格框架"发展实施及启示［J］. 职业技术教育，2014，35（25）：90 – 93.

③ 王为民. 印度"国家职业教育资格框架"设计理念探析［J］. 外国教育研究，2014，41（02）：120 – 128.

④ Ministry of Human Resource Development. National Vocational Education Qualifications Framework（NVEQF）［EB/OL］. http：//mhrd. gov. in/sites/upload_ files/mhrd/files/EXECUTIVE%20ORDER. pdf，2012 – 09 – 03/2013 – 05 – 08.

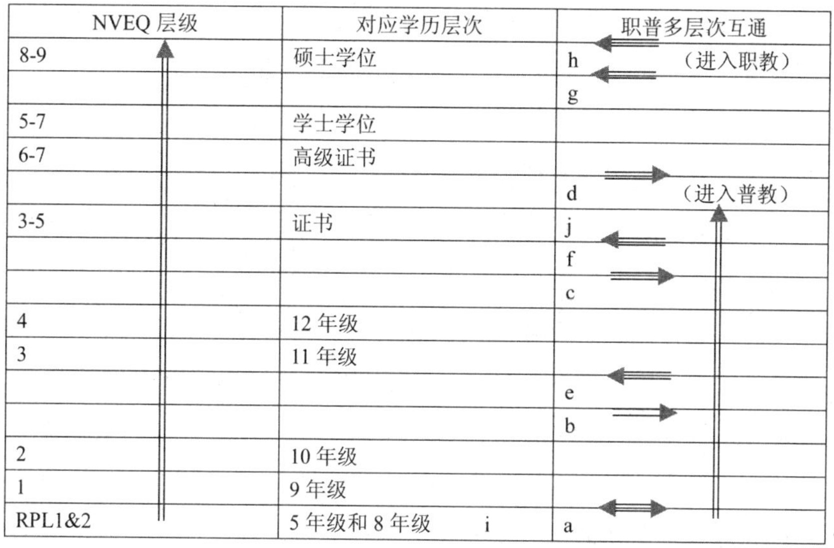

NVEQ 层级	对应学历层次	职普多层次互通
8-9	硕士学位	h （进入职教）
		g
5-7	学士学位	
6-7	高级证书	
		d （进入普教）
3-5	证书	j
		f
		c
4	12 年级	
3	11 年级	
		e
		b
2	10 年级	
1	9 年级	
RPL1&2	5 年级和 8 年级　　i	a

图 3　NVEQF 设计的学习路径示意图

资料来源：Ministry of Human Resource Development. National Vocational Education Qualifications Framework（NVEQF）［EB/OL］. http：//mhrd. gov. in/voc_ eduu，2012－09－03/2013－05－08.

加强与产业界的合作。NVEQF 的设计充分体现产教合作共管的理念，如产教双方共同设计国家职业标准，共同参与资格证书管理，共同开发与建设课程，共同设计就业、工作与学习的多层次通道，联合培养师资等。

NVEQF 从顶层设计上破解了职业教育"终结性"和"职普割裂"问题，构建了纵横贯通的职业教育体系，有助于满足个体发展的多元化需求和产业发展对多层次、多类型技能型人才的需求，印度职业教育已从此前单层次、终结性和封闭化走向多层次、终身化和开放化。①

（三）建立校企之间的天然联系与市场导向的职教改革

印度首先通过政府立法，规定了校企双方在职业教育中必须履行的职责

---

① 王为民. 印度"国家职业教育资格框架"设计理念探析［J］. 外国教育研究，2014，41（02）：120－128.

和义务，尤其是对企业职责的明确，将企业参与校企合作提升到法律的层面，具有强制性，由此建立了企业参与校企合作的约束机制。如印度1961年制定的《学徒法》规定，大中型企业具有代培学徒的法律义务，拒不履行职责者，将被追究法律责任或经济责任。同时，印度将企业参与校企合作的情况作为税收减免、拨款倾斜和项目优先的重要依据，建立了企业参与校企合作的评价机制和利益驱动机制。另外，印度通过教育政策和舆论宣传大力倡导企业参与校企合作，将此作为企业的价值追求和社会责任。因此，印度通过政府立法、政策优惠、价值倡导等措施，逐渐建立了校企之间的天然而紧密的联系，企业参与校企合作的主动性远高于中国，将之视为自身的法律义务、社会责任和企业使命，印度职业教育机构也将企业的参与作为人才培养的必要条件并将培养满足企业需求的人才作为目标，努力实现为社会经济发展服务的目的。因此，印度职业教育基本实现了校企全方位合作和产教深度融合。

印度校企之间的天然联系还得益于市场导向的职业教育改革和办学主体多元化。20世纪90年代拉奥政府开启经济自由化改革和市场化经济转型，鼓励私营企业和外资直接投入，开启了印度职业教育私有化浪潮。教育私有化大趋势使市场成为决定印度职业教育发展的重要因素。作为印度经济增长主推力的印度私营企业与外资企业大多为高新技术企业，它们对高新前沿技术和技术技能人才的渴求，为印度职业教育发展提供极大机遇，也是印度职业教育发展的显性动力。国际市场也是印度职业教育发展的一个非常重要的影响因素。20世纪80年代印度借发达国家信息技术产业向具备人才优势的发展中国家转移之机，利用外包加工和软件服务与国际企业合资合作，全面提高印度软件企业国际竞争力和水平，这直接刺激了印度培养"技术蓝领"的私立职业院校的蓬勃发展。近年来，印度私立职业教育得到了快速发展，在专业高等教育学校数量和在校生人数方面，私立部分占到了80%的比例，50%以上的综合技术学校（Polytechnics）属于私立性质，私立培训学院接收了80

－100 万学生。① 在市场经济体制大背景下，受利益驱动和激烈市场竞争鞭策，印度私立职业教育较少受政府影响，更多地顺应了市场规则的需求，其办学以市场为导向，这必然要求校企紧密合作培养契合企业需求的技术技能人才。主要依靠自筹经费而较少依赖政府拨款的特点，使私立职业院校具有更大的办学自主权，对市场持更开放心态，且能更及时对市场新需求与变化做出反应，设置市场需求的新专业和培养新人才，及时更新教育体系和创新办学模式，改革和优化内部办学目标、理念、管理体制等等，不断提高办学质量与效益。总之，在回应市场需求方面，私立职业院校比公立院校更具有天然高效性。印度职业教育私有化趋势不仅为职业教育吸引了更多资金、教师和生源等教育资源，引入了学校、企业和社会等多元办学主体，更指引职教愈发朝着满足经济发展需求的方向发展，从而拉近校企之间的距离使校企成为命运共同体。因此，印度职业教育的优势在于市场驱动，这对拉近与企业需求和职业岗位天然的亲切距离，具有极强针对性和可持续发展能力。②

（四）借助国际化平台推动职业教育开放发展

印度具有国际化办学的良好传统和丰富经验。英殖民统治和欧洲教育模式引入等"国际化"遗产至今对印度教育影响深远。独立后，印政府积极引导教育参与国际交流与合作，以此加速教育国际化进程。印度在 WTO 世界多边贸易体系中摸爬滚打几十年，在发展教育服务贸易方面是其他发展中国家的先驱和模范，积累了丰富的经验。由于英语也是印度的官方语言，使得印度教育国际化具有先天的语言优势。印度具有较长且持续的国际化发展经历，奠定了印度职业教育国际化发展的基础，也由此具有国际化的内在动力和特性，印度职业教育呈现出极强国际化办学特色。

建立国际化的管理制度。独立后，印度积极学习美国教育模式。印度理工学院（IITs）的创建以美国麻省理工学院为参照，在联合国等国际组织和美

---

① 阎凤桥，施晓光. 全球化和知识经济背景下的印度高等教育及其对经济增长的贡献 [J]. 比较教育研究，2009（2）：29－34.

② 阎凤桥，施晓光. 全球化和知识经济背景下的印度高等教育及其对经济增长的贡献 [J]. 比较教育研究，2009（2）：29－34.

国、苏联、英国和德国等西方发达国家的大力支持下，构建起与世界接轨的管理体制，并在世界范围内招聘一流优秀教师的国际化师资队伍。其余的职业教育机构同样拥有或致力于追求国际化的管理制度，通过分权与自治的管理制度设计，最大程度保障职业教育机构的教育与学术自治权，同时保障行业企业的有效参与和第三方监督评价的实现。与国际接轨的一流管理制度，不仅保障了印度职业教育机构办学自治权，使其教学与科研也在此基础上取得世人瞩目的巨大成就，而且是印度职业教育融入世界教育主流并与他国开展国际化交流与合作的基础，成为印度职业教育国际化发展最为重要的制度保证。

出台政策保障职业教育国际化发展。印度职业教育国际化发展离不开印度相关政策和法律体系的保驾护航。印度教育委员会于 1966 年发表《教育与国家发展》报告，明确提出要创办少数具有国际水平的大学；1968 年颁布《国家教育政策》，首次以法律形式对教育国际化做出规定，为印度职业教育的国际化提供科学依据及法律保障；1978 年公布的《印度高等教育发展框架》、1979 年公布的《国家教育政策草案》、1985 年印中央教育部门提交的《教育的挑战——政策透视》、1986 年公布的《国家教育政策和实施细则》等为印度职业教育国际化提供了相应法律基础和制度环境；2012 年 9 月颁布和实施的印度"国家职业教育资格框架"（NVEQF），制定了与国际接轨的国家职业标准和技能框架体系，对印度职业教育国际化发展与改革将发挥重大影响。

开展国际化交流与合作。经济总体而言并不发达的印度之所以能建立庞大的职业教育体系并取得卓越的成效，很大程度上得益于广泛而深入的国际化交流与合作。首先，印度职教长期借助国际资助获得资金、学术和技术支持。除了 IITs，印度其他类型的职业教育机构也一直争取联合国教科文组织（UNESCO）、世界银行等国际组织和发达国家的资助、支持与合作，参与各类教育交换计划，获得国际组织大量项目援助和福特基金等欧美国家基金会的资助，可以说，印度由此寻求到了缩短职业教育国际差距的捷径。其次，印度许多职教机构与英国、德国、法国、美国等发达国家及其院校建立了联系，开展了人员、学术、研究等全方位的双边和多边国际交流与合作，从而把握了世界科技发展最新成果、国际教育最新动态，不断吸收国外专业知识技能以提高自身国际地位。再次，印度职教积极引入国际化优质教育资源。2002 年4月，印度政府成立海外教育促进委员会（COPIEA），积极与世界多国及组织加强合作交流。① 而且，印度法律允许外国高校进入印度办学。印度成功吸引了众多外国大学将市场化的高等教育带入印度，通过留学、联合办学、代理服务及网络大学等模式向印度提供教育服务，与日益增多的跨国公司及高科技企业在课程开发、设备捐赠、教师培训和学生奖学金方面开展富有长远意义的合作。最后，促进学生的跨国流动。随着中产阶级的发展壮大，印度有能力出国留学的学生规模快速增长，印度政府将学生跨国流动作为推动职业教育国际化发展的重要内容。印度与世界各主要国家签订留学生交换计划，通过公派留学、学校推荐和自费留学等方式鼓励本国学生出国深造和交流。印度国内各大财团和通用等全球知名跨国公司也致力于支持印度职业教育国际化发展，积极资助优秀学生出国深造和交流。同时，印度也积极吸收外国学生来印留学。为促进学生国际流动，在印度"十五"计划期间，UGC 制定海外高等教育项目（PIHEAD），以加强与他国合作项目和吸引国际学生，同时促进印度高等教育机构海外扩张。② 这一项目加速了印度高等教育机构的国际化进程，截至 2016 年1月，印度共有11 所高校在海外建立并营运过分校，扩大了学生国际流动的规模。印度"十二五"计划提出将印度建成区域性教育中心的目标。印度已吸引大量发展中国家留学生，现有留学生超过 8000 人，其中95% 来自发展中国家。③ 通过各种形式的国际交流与合作，印度职业教育不仅获得大量经济和技术援助，更重要的是丰富和更新了职业教育的理念与内涵，职业教育人才培养具有较明显的多元化和国际化特点，为印度职业教育发展注入强大生命力与活力，从质量、效益与特色等各方面提升了其国际影响和地位。

---

① 刘筱 . 印度工程技术教育发展研究 ［D］. 重庆：西南大学，2012.

② 刘筱 . 印度工程技术教育发展研究 ［D］. 重庆：西南大学，2012.

③ 刘筱 . 印度工程技术教育发展研究 ［D］. 重庆：西南大学，2012.

三、印度构建现代职教体系策略对我国的启示

发展环境堪忧、纵向层次上的断头性和横向上职普割裂、办学主体单一和缺乏办学活力、国际化水平低而使职业教育难以融入世界职教主流和缺乏话语权等，是我国构建现代职业教育体系亟待解决的关键问题，印度上述策略为我国提供了有益的启示和解决问题的思路。

（一）重视并启动劳动体验教育，改变重普轻职的社会环境

印度通过劳动体验教育，将生产劳动知识和劳动观念融入普通教育的全部课程中，全程培养和强化学生的职业意识、职业精神、对劳动和技能的重视和尊重，极大改善了职业教育发展的社会大环境。我国目前普遍存在重脑轻体、贬低技能的传统观念和认知误区，将体力劳动视为不体面的职业，致使职业教育沦为学生和家长无奈之下的末流出路，而不是孩子未来就业的自主选择。同时，我国现有的九年义务教育和普通高中教育阶段，都普遍重视学生学业知识学习而轻视劳动体验教育，更缺乏系统和有效的劳动体验教育形式。我国青少年极度缺乏由基础教育阶段培养而来的宝贵的职业意识和劳动精神，职业教育生源也大多来自普通教育，致使职业技术教育悬于真空之中。[1] 职业教育体系分为三个相互衔接的阶段：职业启蒙教育、职业准备教育和职业继续教育，由于我国缺乏职业启蒙教育和职业教育层次的不完善，使技能型人才培养在职业基本知识、职业生涯规划、职业素养与行为习惯养成等方面的教育存在缺失与不连贯。[2] 为此，《国家中长期教育改革和发展规划纲要（2010 - 2020 年)》提出："加强劳动教育，培养学生热爱劳动、热爱劳动人民的情感。"我国应学习借鉴印度经验，在各级普通教育中融入劳动体验教育课程，系统设计劳动体验教育课程和多样化的适应各阶段学生能力和兴趣的劳动实习活动和项目，让青少年学生初步掌握一些服务业、小手工业职业技能的同时，养成良好的劳动习惯和对劳动的正确态度，树立踏实努力工

① 王丽华.印度现代职业教育体系及其特征［J］.职业教育研究，2015（10）：87 - 92.
② 李梦卿，杨秋月.技能型人才培养与"工匠精神"培育的关联耦合研究［J］.职教论坛，2016（16）：21 - 26.

作的劳动观和拥有一技之长的技能观。我国也应尝试在普通高等教育中开设附加的可供学生自主选择的模块化学分制职业课程，也可以把学生的校外实习、实践等融入该类课程中，愿意并且修满该类课程的学生可以获得相应的能力证书、能力文凭，为职普转换奠定基础和搭建桥梁。同时，应修订我国《职业教育法》，引导整个社会转变观念，把职业教育看成孩子未来人生发展的体面而有前途的选择而不是无奈而低贱的出路，在全社会营造"劳动光荣""技能宝贵""创造伟大"的社会氛围，改善职业教育发展的大环境。这对我国现代职业教育体系的构建具有极大推动作用。

（二）系统构建国家职业教育资格框架，打通职业教育纵横沟通路径

印度 NVEQF 设计蕴含"以人为本"的思想，以促进人的发展为中心，并从四个方面彰显了其设计理念——以"终身学习"理念促进人的终身化发展、以"职教高移"理念指导人的高水平发展、以"职普平等"理念实现人的个性化发展、以"产教共管"理念保障人的高效率发展。① 这对我国职业教育资格框架建设具有重要借鉴参考价值。我国职教纵向晋升的通道还未完全打通，中高职衔接也还存在诸多困境，职业教育和普通教育之间的横向互通也基本未建立，导致受教育者的上升与转换通道不通畅，阻碍了职业教育高效性和整体性目标的实现，使职业教育学生个性化、多样化、终身化、高效化发展无法落实，这正是我国职业教育缺乏吸引力的重要原因。我国要构建产教融合、中高职衔接、适应需求、体现终身学习理念的现代职业教育体系，必须改变职业教育纵向上的终结性和横向上职普割裂的局面。这需要借鉴印度等国外的有效经验，设定国家职业标准，构建国家职业教育资格框架，完善资格证书管理制度，实现技能层级、职业标准、资格证书与学历层次的衔接，制定国家层面的职普转换、中高职衔接的系统可操作的框架体系。

实施先前学习认定，促进终身职业教育。体现终身学习理念、保证人人具有接受终身职业教育的机会和权力，应是我国现代职业教育体系构建的基

---

① 王为民. 印度"国家职业教育资格框架"设计理念探析［J］. 外国教育研究，2014，41（02）：120－128.

本要求。建立职业教育"先前学习认定"制度，有助于实现正式学习和非正式学习的统合，校外学习与校内学习的融合，不仅可以避免重复性学习，缩短培训时间，减少培训成本，提高培训效率①，而且使职业教育成为学员职业生涯发展的"充电站"，有利于学员技能的积累，提高学员继续接受职业教育的积极性和动机，满足学员连续性和个性化学习需求，使职业教育具备更高的灵活性和适应性，促进职业教育终身化。

完善职业教育层级，实现职业教育高移。我国高等职业教育目前只有专科层次而成为断头教育。职业教育办学层次"高移化"，具有其特定的现实基础。随着我国产业结构不断调整、转型和升级，职业教育的层次势必递升而呈高移化趋势，这也是职业教育纵向发展的一个重要方向。为顺应这一趋势，为我国向高技术密集型、高附加值、高加工度"三高"行业转移的制造业培养更高层次人才，也为学生技术技能晋升提供机会，我国需要积极发展高职本科教育，下与专科层次高职衔接，上与专业硕士乃至专业博士教育贯通，形成中专、大专、本科至研究生层次的比较完整的职业教育学历体系。基于我国现状，发展高职本科有"升级"和"转型"两种可行性较强的模式，即具备条件的专科高职院校举办本科专业，或整体升格为本科，高职院校和地方性本科院校转型发展为本科高职院校。同时，开展设立专科高等职业教育学位的可行性研究，推动以职业需求为导向的专业学位研究生培养模式改革，努力构建"中高职衔接""专升本贯通""本硕相连"的课程体系与相关学制，实现职教高移，最终建立促进国家经济发展的职业教育体系。

研发双向桥梁课程，搭建职普融通"立交桥"。开发桥梁课程是实现职普融通的关键。首先，基于补偿原则开发桥梁课程。职业教育偏重于技能训练的实践类课程，而普通教育课程更注重学业理论学习，因此，桥梁课程的开发要基于补偿性原则，针对进入普教的职教学生补偿理论人文学科知识，相反，针对进入职教的普教学生应弥补其技能差距，以实现知识与技能的相互

---

① 王为民. 印度"国家职业教育资格框架"设计理念探析 [J]. 外国教育研究，2014，41（02）：120 – 128.

转化。其次，开发多层次桥梁课程。为方便学生在职业教育与普通教育的各个层次间转换，应开发多层次的桥梁课程，在职业教育和普通教育体系间搭建不同层次的"立交桥"或通道。再次，开发双向桥梁课程。应同时针对职教和普教的学生开发"双向性"桥梁课程，即每一层次的桥梁课程都应分为"进入职业教育的桥梁课程"和"进入普通教育的桥梁课程"两类。最后，三方合作开发桥梁课程。职业教育、普通教育和产业界三方需组建共同参与的课程研发团队，建立动态的课程调整更新机制，确保桥梁课程的质量。

推行学分互认与转换，打通职普互通通道。我国《高等职业教育创新发展行动计划（2015－2018 年)》提出："探索以学分转换和学力补充为核心的职普互通机制。"要实现普通教育和职业教育之间的横向转换，打通普职之间的通道，必须构建职普互认和相互转换的学分框架，职普双方都应推广学分制课程，为学员提供进出职业教育、普通教育或者劳动力市场的多入口和多出口，以为普职双向互通创设多层级的通道。

（三）赋予校企合作以法理依据，创新产教合作机制

创新产教合作机制是提升职教质量的关键。印度职业教育到处可见企业的身影，校企之间具有天然的有机联系，这主要得益于印度政府为企业参与职业教育制定了严格的法律制度，使企业参与成为职业教育发展的必要条件，也使参与职业教育成为企业的法律义务和企业本身成长的合理渠道。我国政府极力倡导通过校企合作实现产教融合，但是目前校企合作存在职业院校热而企业冷的局面，校企合作整体而言大多停留在"表面化""碎片化"和"非制度化"状态。企业参与积极性不高，重要原因在于我国缺乏校企合作的法律保障。我国职业教育领域，除了《职业教育法》外，大多通过"决定""纲领""意见"等形式进行激励、引导和规范，这就导致相关决定执行得不规范、不彻底，甚至执行主体的不作为。[①] 校企合作理念也大多在教育政策和文件中加以规定，并不具有必须执行的法律效力，在理解和执行程度上也存

---

① 白玲，张桂春. 现代学徒制：从学校到工作过渡的"优择"与"低保" [J]. 职教论坛，2016（16）：5－10.

在差异。而印度、美国、德国等国家将好的职教理念和做法通过法律加以颁布，提升到国家意志和强制执行的高度，这在很大程度上确保了决定的执行度和效果。我国校企合作要取得突破性进展，迫切需要向印度等国学习，从顶层设计上完善校企合作的制度保障和动力机制，建立校企合作的法理依据，制定出台相应的法律法规，明确学校、企业、学生三方的地位、义务和权利、权益保障等，让企业参与职业教育成为必须履行的义务，同时给予相应的优惠，通过立法的责任约束、政策优惠的利益驱动、舆论倡导的价值引导等途径，调动企业参与的积极性来构建校企合作的长效机制，让校企合作在利益和义务双轮驱动下有效运转。

（四）引入多元办学主体，整合各类职教资源

印度职业教育办学主体大多是社会私立机构，国家战略重点领域的职业教育才由政府公办，办学主体有中央政府、邦政府、社会教育机构、企业、国际教育机构等。办学主体的多元化既可缓解资金的紧缺，有效整合社会资源参与职教发展改革，也可通过办学主体之间的相互竞争激发职教办学活力。我国虽然也主张引入社会办学力量，以实现办学主体多元化，但公办院校独霸天下的格局并未改变。我国和印度一样，作为发展中国家要办大教育，政府有限的投入无异于杯水车薪，需要更大范围和程度上引入各种办学主体，为民办院校提供更大的发展空间，导入市场竞争机制激发办学活力。必须大胆革新现有办学体制，鼓励企事业单位、群众团体、个人和其他社会力量参与办学，充分发挥有限资源的最大效能。可探索集团化办学模式，形成整体综合实力，还应探索混合所有制办学，积极引入民间资本和社会力量，通过政府购买服务、委托管理等方式，以资本、知识、技术、管理等要素参与办学，具体可采取校企合作举办具有混合所有制特征的二级学院、吸引高技术技能人才建设股份合作制工作室、成立混合所有制职业院校联盟等形式。我国学校职业教育和社会职业培训主要分属教育部和人社部管辖，在难以改变管理体制的情况下，两大类管理部门之间需要长效的沟通和联动，在诸如构建国家职业教育资格框架等方面通力合作，统一标准，方能有效整合各种教育资源。

（五）加强国际交流与合作，助推职业教育国际化发展

国际化是现代职教体系的必要内涵和必然趋势，通过国际化发展能更好实现职业教育体系内部良性循环和螺旋式发展，并使其具有开放性和多元化特征。印度利用国际化办学传统和丰富经验，确立国际化发展目标，借力发达国家、国际组织和跨国企业的援助和支持，建立与国际接轨的管理制度，制定职业教育国际化的政策保障，开展国际化学术交流与合作，推动学生的跨国流动，弥补了印度本国的不足而使职业教育获得良好发展条件，提升了职业教育的国际影响力并扩大了其在国际职业教育领域的话语权。客观正视我国与印度职业教育国际化的差距，积极借鉴印度的经验，加速改善和优化我国发展教育服务贸易的环境和机制，借力国家"一带一路"，借助国际交流与合作，加快国际化发展步伐，提高我国职业教育国际化水平和国际竞争力，是我们面临的一项重要而紧迫的任务。为此，我们应该努力做好以下几方面的工作。

第一，强化国际化发展理念，制定国际化发展战略。中国正在加速融入世界经济一体化进程，人才国际化流动和产业周期演变加快，职业教育国际化已成为时代发展的必然趋势。麦肯锡2005年的一份调查报告显示：在未来的10年到15年内，中国公司需要75000名能够在全球化环境下有效开展工作的领导，目前该数字仅有3000到5000人。[1] 另据中国人才发展报告（2014）：未来大中型外资企业在中国需要200万人才，但具备条件的不到20万人。[2] 我国区域经济与产业越来越多地受着全球经济与产业的影响和冲击，而且迅速向外扩展。任何职业院校不能再将视野和思维封闭在区域范围内，应着眼全球经济，增强国际意识，努力提高自身的国际化程度和水平，培养具有国际素养、国际竞争力和可跨国流动的技术技能人才。我国职业教育办学思想

---

[1]　吕一枚．"工业4.0"将牵引职业教育实现三个转移［J］．职教论坛，2016（16）：67－70.

[2]　潘晨光，马蔡琛，方虹等．中国人才发展报告（2014）［M］．北京：社会科学文献出版社，2014：62.

和定位将由服务于区域经济转向服务于全球经济和学生的职业发展。① 我国需要借鉴国际经验，基于服务产业国际化发展需要，制定职业教育国际化发展战略，确立职业教育国际化发展目标，绘制国际化发展规划，出台推动职业教育国际化发展的政策保障，加速改善和优化我国发展教育服务贸易的环境和机制。

第二，借助国际交流与合作，缩短职业教育国际差距。印度始终重视借鉴与吸收发达国家经验和技术，借助发达国家和国际组织的援助和支持，大力开展国际交流与合作，走出一条特色的国际化发展道路。在短短半个世纪里，印度建立起支撑现今印度经济大厦的庞大职业教育体系，突破传统教育模式对职业教育进行了全方位的改革，取得了令人瞩目的成就，学历文凭和资格证书得到了越来越多的国家和院校的认可，职业教育逐步融入世界大环境中。这对于目前我国职业教育的改革和发展是有启示的：在职业教育发展过程中要善于寻求帮助，多方借鉴，取人之长补己所短。随着我国与联合国教科文组织、西方发达国家和跨国企业交流合作的剧增，我国职业教育国际化发展不仅有强大动力，更具有前所未有的机遇和条件。我国要加强与联合国教科文组织、世界银行等国际组织的合作，争取职业教育的项目资金和技术支持；加强与职业教育先进国家的对话、交流与合作，学习借鉴别国先进理念和经验，扩大中国职业教育的国际话语权；开展学校间的教育教学和科研国际化交流与合作，推动教师、学生和课程的国际化。职业院校要积极与跨国企业、境外教育机构等开展合作，探索国（境）外办学路径与模式，开展接收海外学生实习项目等形式多样的国际合作。② 通过国际交流与合作，能更快缩短我国职业教育与发达国家的差距，提升职业教育整体实力。

第三，挖掘比较优势，输出职业教育服务贸易。我国职业教育虽无法与发达国家相媲美，但在国际教育服务贸易市场上，我国职业教育已渐具比较

---

① 吕一枚.“工业4.0”将牵引职业教育实现三个转移［J］.职教论坛，2016（16）：67 –70.

② 许红菊，韩冰.现代学徒制：以供给侧改革思路提高高职教育吸引力［J］.职教论坛，2016（16）：16 – 20.

优势。首先，我国职业教育"政府主导、职业院校主体、多方参与、产教融合"的发展模式具有可借鉴性，可以向国外尤其是发展中国家推广，借鉴新加坡南洋理工学院举办"NYP办学理念与教学管理"研修班的形式，输出我国职业教育的经验和模式。其次，我国制造业领域的职业教育具有世界先进水平。我国具有"世界工厂"之誉，制造业闻名世界，而且随着我国制造业的智能化和高端化转型升级的推进，我国制造业领域的职业教育也不断改革创新，总体质量已超越大多发展中国家。我们应充分发挥技术和专业上的优势，向发展中国家输出具有相对优势的专业培训和技术培训服务，并开展援助发展中国家的服务项目。再次，利用学校品牌和专业优势吸引境外学生来华学习，提高我国职业教育声誉和赢利等。最后，汉语教育是我国职业教育的天然特色。随着我国综合国力和国际地位的攀升，国际上渴求了解中国的意愿越来越强烈。我国职业教育可以利用这一契机大规模接受外国学生来华留学，同时探索海外办学新路，独立或与外国合作设立分校。总之，我国应不断总结我国职业教育的发展经验，形成中国职业教育发展模式，挖掘我国职业教育的比较优势，打造职业教育品牌院校、优势专业和精品课程，对重点国家的教育市场进行剖析，制定我国职业教育"走出去"的战略，完善相关优惠政策，从跨境交付、境外消费、商业存在、自然人流动等方面综合促进职业教育国际服务贸易的水平。

第三部分

比较的主体：中印高职教育比较研究

第一章　印度"高等职业教育"类型的界定

摘　要：印度的职业技术教育体系包含普通教育的职业化、技术工人培训、技术员教育、工程技术教育等。通过界定，综合技术学校培养13年级以上高级技术员的体制、NIIT两年全日制培训体系与国际上的高等职业教育在生源、人才培养目标、学习年限、授予学历以及课程设置方面都具有对应性，以印度理工学院为代表的工程技术教育的职业化特征，显示出印度分离出独立的"高等职业教育"类型的必然趋势。

关键词：高等职业教育；综合技术学校；NIIT两年全日制培训体系；印度理工学院

尽管与普通高等教育相比，印度的职业技术教育大为逊色，但是，印度的职业技术教育是独具特色、成果显著的，以NIIT（National Institute of Information Technology，国家信息技术学院）为载体的印度软件人才培养模式享有世界声誉，我国也已经对NIIT等职业教育机构人才培养的诸多方面进行了研究和借鉴，开展了职业教育交流与合作。然而，国内对印度的职业教育，尤其是高等职业教育的研究成果寥寥无几。究其原因，主要在于目前国内外对印度高等职业教育概念、地位、内涵尚无明确的界定。本章主要借助联合国教科文组织"国际教育标准分类"的相关规定，从教育对象、培养目标、课程设置、学习年限、授予学历等方面提出判定"高等职业教育"的简明依据，对印度"高等职业教育"作明确界定，为中印高等职业教育比较研究提供前提，为中印高等职业教育的对口交流与合作扫除概念障碍。

一、高等职业教育在国际教育标准分类中的定位

要对高等职业教育这一复杂概念进行界定，需要采用一种相对较为公认的分类标准。"国际教育标准分类"（International Standard Classification of Education，简称 ISCED），对于区分各级各类教育的层次、范围、学制、课程，明确不同定位，便于国际比较和交流，均有其独特的价值和权威性，因此它自 1976 年正式公布以来已得到许多国家的认可和推行。1997 年的修订版，提出了新的教育层次分类方案，其中对 5B 类教育的定位和解释，对于我们界定高等职业教育的概念和内涵具有重要意义。因此，我们采用 ISCED 这样一种相对较为公认的分类标准先将高等职业教育归类，然后再着手对印度高等职业教育的概念加以严格界定。

ISCED 的最新修订本将整个教育体系划分为 7 个层次和 3 种类型（见图 4）。ISCED0 为"第一级前教育"，即学前教育阶段；ISCED1 为"第一级教育"，即小学教育阶段；ISCED2 为"第二级教育第一阶段"，即初中教育阶段；ISCED3 为"第二级教育第二阶段"，即高中教育阶段；ISCED4 为"第二级后的非第三级教育"（post—secondary nontertiary education），即高中后的非高等教育阶段。ISCED5 为"第三级教育第一阶段"，即高等教育的专科和本科阶段；ISCED6 为"第三级教育第二阶段"，即高等教育的研究生阶段。在 3 种教育类型中，A 类是纯为升学做准备的学科型，C 类是为进入劳动市场做准备的直接就业型，B 类则是介于以上两类之间的专业型，或称中间型。

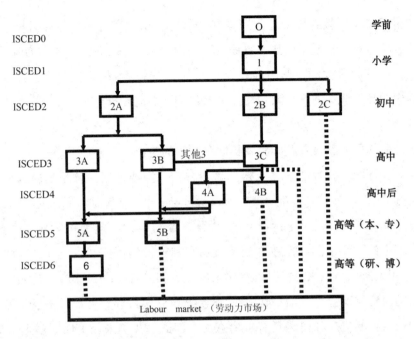

图4　新版"ISCED"的教育层次分类方案简图

ISCED 最新版本将属于高等教育的第 5 层次划分为 A、B 两类：5A 的课程计划为"面向理论基础、研究准备、进入高技术要求的专业课程"（theoretically based/research preparatory/giving access to professions with high skills requirements programmes），5B 的课程计划则为"实际的、技术的、具体职业的特殊专业课程"（practical/technical/occupationally specific programmes）。一般说来，5A 以完全高中文化程度（3A）为入学条件，其课程计划"具有较强的理论基础"，并可与 ISCED6 相衔接；它传授诸如历史、哲学、数学等基础科学知识以达到"具有进入高级研究领域的能力"的要求，或者传授诸如医药、牙医、建筑等应用科学知识以达到"能进入一个高级技术要求的专门职业"的要求（教育计划的学术方向）。而 5B 的课程计划，实际上是一种"定向于某个特定职业的课程计划"，"主要设计成获得某一特定职业或职业群所需的实际技术和专门技能——对学习完全合格者通常授予进入劳动力市场的有关资格证书"；它"比 5A 的课程更加倾向于实际工作，并更加体现职业特殊性，而且不直接通向高等研究课程"（教育计划的职业定向），其学制特征一般比 5A 短些，但也并不排斥较长的学程。这样看来，ISCED5B 与我国当前所强调要积极发展的"高等职业教育"，从层次、类型到课程特征上看都具有一致性的特征。①　于是，"高等职业教育"（5B）作为第三级教育中"更加定向于实际工作，并更加体现职业特殊性"（more practically oriented and occupationally specific）的一种特定类型，与"普通高等教育"（5A）相对，便有了分类标准上的依据。

二、界定高等职业教育概念的理论依据

从国际比较的角度，有研究者认为高职教育是一个颇具中国特色的概念，因为其他国家很少使用这一术语。世界上大多数国家的职业教育都是专指培养技术工人类人才，即主要依靠动作技能和经验技艺，在生产服务第一线从事现场工作的直接操作者的特定教育类型，与高等教育并无交叉关系。但是，我国《职业教育法》中的"职业教育"是一个广义的概念，对应于联合国教科文组织建议使用的"技术和职业教育及培训"（Technical and Vocational Education and Training）这一术语。因此，就其实质而言，高职教育应属于培养中间技术型人才的"技术教育"（Technical Education），并非指培养直接操作型人才的狭义的"职业教育"（Vocational Education）。②

上海职业技术教育研究所研究员郭扬将联合国教科文组织颁布的"国际教育标准分类"（International Standard Classification of Education，简称 ISCED）最新版本的 5B 与我国的"高等职业教育"相对应，并在与 5A 比较的基础上，提出了一组用于判别某种教育现象或学制是否属于高等职业教育的简明依据。只有当一组依据所指明的条件全部满足时，作为学历教育的高等职业教育的属性才能成立。这组依据由以下五项条件构成：

---

①　郭扬. 新版"国际教育标准分类"对我国高职发展的启示［J］. 教育与职业，1999（6）：12 – 15.

②　郭扬. 我国高等职业教育在新国际教育标准分类中的定位［J］. 职业技术教育，1997（8）：17 – 19.

1. 生源要求：受教育者具有综合性的中等教育基础

ISCED5B 的生源主要是完成 3B 或 4A 课程者，既有一般文化理论基础又有一定职业实践基础的"中间型"高中毕业生是高等职业教育的理想生源，当然，高等职业教育的招收对象面可以扩大到整个高中阶段各类不同学校的毕业生，但普通学科型和直接就业型高中毕业生要进入高等职业技术院校均应补习相应的过渡课程，要考虑文化理论与职业实践两方面的综合基础。

2. 培养目标："中间人才"（技术员类）系列中的高层次人才

由于 5B 的课程计划属介于普通学科型和直接就业型之间的中间型，其培养目标也就相应地介于学科研究型和直接操作型之间的中间技术型，即具备某一特定职业（群）所需综合职业能力、为生产和管理第一线服务的应用型人才，其工作的主要特点是将设计、规划、决策转化为现实产品等物质形态或对社会产生具体作用。培养目标是最重要的核心内涵，这种培养目标直接决定着课程内容和课程标准。

3. 课程设置：具有很强的职业针对性

5B 的课程计划，实际上是一种"定向于某个特定职业的课程计划""主要设计成获得某一特定职业（群）所需的实际技术和专门技能——对学习完全合格者通常授予进入劳动力市场的有关资格证书"，它"比 5A 的课程更加定向于实际工作，并更加体现职业的特殊性，而且不直接通向高等研究课程"。因此，5B 课程设置更具有职业针对性。

4. 学习年限：至少2—3年

ISCED5B 在第三级教育的课程持续时间一般比 ISCED5A 短些，通常为2至3年，但像5A 一样达到4—5甚至6年及6年以上也同样是有可能的。可见，高等职业教育的学习年限应视具体专业要求不等，虽然强调2至3年的短周期，但并不仅限于此而也应按专业需要考虑较长的学程。

5. 授予学历：高等专科或本科学历证明

从学制上看，高职教育也应同普通高等教育一样根据不同专业的实际要求和不同的学习年限而有多个学历层次，至少应包括本科和专科两个层次在内，不应局限于单一的专科层次。

上述依据中，条件1是基础，条件2和条件3是核心，条件4是保证，条件5则是必然结果。根据上述依据，我们试界定印度职业技术教育体系中是否具有高等职业教育这一类型。

三、对印度"高等职业教育"类型的界定

印度的职业教育具体指在印度中央倡导的"中等教育职业化"计划下由中等职业学校提供的11和12年级的职业课程教育①，相当于我国的职业高中。但印度职业技术教育体系中存在着与我国实质上应属于技术教育的"高等职业教育"相对应的教育类型或存在这种发展趋势。

（一）综合技术学校（Polytechnics）

1. 生源、学习年限和学历

在印度，中等教育（11年或12年制）以上的职业技术教育可以在大学的技术院系进行，或者进入综合技术学校最后一年的技术员证书科目学习，并且在工业培训学校进行相应的实验。② 综合技术学校又称技术员学校，提供工程和非工程领域的广泛教育，入学最低要求为具有10年级毕业证，但实际上大多数学生在12年级后入学③，同时招收初级技术学校（相当于我国的中专）的毕业生和在高中顺利完成工业科目的职业科学生④，学制2～4年不等，一般为3年。综合技术学校提供的13年级以上的技术员教育，在印度已属于高等教育的层次，因此，它满足条件1和条件4。综合技术学校毕业生授予技术员证书，毕业生也可寻求以全日制或半日制学生身份进入工程学院和其他高等理工学院深造，获取专科或本科学历，还可参加印度工程师协会举办的职业考试，获取与大学第一学位具有同等效力的工程技术资格证。条件5

---

① The World Bank. The Vocational Education and Training System，Report No. 22.［R］. New Delhi：South Asia Human Development Sector，January 2008：12.

② 冯若霓. 印度的职业技术教育［J］. 比较教育研究，1980（4）：41－42.

③ Mishar，. Arun K.. The Development of Technical and Vocational Education in India—A Case Study in Quality Improvement，Report No. ISBN－1－86272－448－2［R］. victoria：Product of International Project on Technical and Vocational Education（UNEVCO），1994：15.

④ 孙新泉. 印度职业教育［J］. 中国职业技术教育，2006（2）：59－61.

满足。

2. 培养目标

综合技术学校主要培养介于熟练工人和工程师之间的中间层次的技术人员。技术员教育的总目的是：（1）能理解和评价工艺程序和操作所需的有关科学基础知识；（2）了解和应用关于设计建筑和生产的基本原则，以及获得所选修的工程和工艺领域里的有关实际技能；（3）懂得管理的原则；（4）语言和通信技能的培养；（5）个人品格的培养。① 有的学校 3 年之后再提供 1 年的文凭后专门化训练，培养诸如质量监控、精密仪器之类专业窄但技术要求高的技术员。② 虽然综合技术学校培养的技术员未明确表明其高级性，但其教育目的所反映的要求可以判断，其技术员培养层次与我国高职教育培养目标是可以对应的。条件 2 满足。

3. 课程设置

根据技术员教育的目的，教学大纲所包含的课程大致有下列各部分：（1）基础科学。其中，语文和通信技能在技术教育的课程里起着很重要的作用。（2）专业基础课程。应用科学学员选修专业领域或科目里具有特殊重要性的学科，用于基础科学的伸展范围，都是与专业化相关联的。（3）专门技能。包括车间基本操作和绘图技术。（4）专业选修课。选修领域的专业化学科是全部课程里最重要的部分，因为它直接关系到学生取得文凭后希望要从事的职业。③ 课程的理论和实践两种内容强调哪一种，视教学大纲的目的而定。对那些目的在于培训与技术专家密切配合从事设计、发展、测试、管理等工作的技术员的技术课程，比起目的在于培训接近手艺工人在生产、建筑、安装等一起工作的技术员的技术课程来，就会有较多的理论性内容，后者较前者有较多的实践内容。在土木、电机、机械工程的一般课程里理论和实践的相

---

① 国家劳动总局培训局编.《日本、印度、苏联、西德、美国的职业技术教育概况》［M］. 北京：劳动出版社，1981：63.

② 付瑛，周谊. 印度的职业教育［J］. 重庆职业技术学院学报，2004，13（2）：36－37.

③ 国家劳动总局培训局编.《日本、印度、苏联、西德、美国的职业技术教育概况》［M］. 北京：劳动出版社，1981：76－77.

对比重是 50：50。①

从以上分析中，可以归纳出，综合技术学校技术员教育课程具有极强的职业针对性，课程设置注重实践导向，注重实际技术和专门技能的培养，开设以产业为导向的实用课程以满足制造业中层管理技术人员的需求，该课程计划给持证者获得更高资格的机会。综合技术学校施行"密切的校企合作，以市场需求为导向"的教学模式，其人才的培养具有市场化的特点。许多学校都请业界的专业工程师直接参与教学和指导工作，使培养的学生更能适应市场的需求。② 综上，综合技术学校虽然不属于印度高等教育体系，但却是印度实施高等职业教育的典型主体。

（二）NIIT 两年全日制培训体系

NIIT 于 1981 年成立于新德里，是目前在印度 6 所 IIT（信息技术学院）中规模最大的一所。NIIT 是世界第二、印度第一大复合型 IT 人才培养机构，在国际信息技术与软件职业教育业中独树一帜，实施国际认证教育体系的国际标准化职业学院模式。

在学制上，NIIT 对软件人才的培训主要按年度分为四个层次，每年所开设的课程自成一体又相互衔接。第一年预期达到技术程序员水平，第二年预期达到技术软件工程师水平，第三年预期达到系统工程师水平，第四年预期达到高级的信息技术工程师水平。其中，NIIT 两年全日制培训，适用于高中起点学员培训，培训学员适应软件企业底层编码和软件测试人员的工作，其模式与我国高职类学校两年制软件类专业类似。NIIT 两年全日制培训模式满足条件 1 和条件 4。

NIIT 主要培养软件工程师和软件管理人才，主要针对以下几个群体开展人才培养：①对高中毕业生。进行 2 年的专业职业课程学习培训，目标是软件编程人员与测试人员，具备完成软件工程项目中的大量的、基础技术性工

---

① 国家劳动总局培训局编.《日本、印度、苏联、西德、美国的职业技术教育概况》［M］. 北京：劳动出版社，1981：76 – 77.

② 彭慧敏. 印度高等工程技求教育改革的经验、问题与启示［J］. 复旦教育论坛，2008，6（2）：80 – 84.

作。②在校大学生。对在校的非 IT 专业大学生（3～4 年学制），设计 2 年的软件职业技术专业课程，并在大学期间与本专业并行开设，以课余学习方式完成。③对已毕业大学生或准备在 IT 行业就业者。开设 2 年的软件职业专业课程。④对软件企业离职或其他行业转岗人员。主要是开设高端（项目经理）培训或最新的、最前沿的专业技术课程，通常设计 3～12 个月的课程。①

在培养目标设定上，NIIT 两年全日制培训模式将软件专业培养目标定位于软件蓝领（软件工人）的职业岗位，基于对基础软件人才培养目标的认知，NIIT 异常重视以软件订单项目为基础的专业实践能力和实际操作开发能力的培养；在课程内容上，将最新的开发软件使用方法教给学生，教学以应用性、标准性和针对性为主，教学安排充分体现培养学员的实际编程能力的特点，实践课与理论课之比约为 6∶4，学生在接受教育后成为合格软件技术员，其课程设计取得国际认证并推行国际通行技术证书，确保所培养的软件人才能够国际通用。在教材开发和教学设计上，采用的是校企结合的方式紧密结合生产实际；在教学模式上，突出来自实际项目的案例式教学，学习更有成效，学生在学习的过程中能参加到实际软件订单和软件项目的制作开发工作中去，毕业后的学生能很快成为合乎企业要求的软件技术员。② 条件 2 和条件 3 满足。

NIIT 形成了严格的资格证书等级，主要包括三块内容：两年的通向计算机专业文凭的 IT 课程；同时还必须在一所相邻的大学的附属学院获得一个学士学位；在这三年学习后，进行为期一年的专业实践。条件 5 满足。

虽然 NIIT 是一种营利性私立高等教育机构，但无疑已经是印度高等教育体制中的重要组成部分。NIIT 培训体系已引入完整的四学年制，采用四学年制的资格证书等级和学士学位的双重资质，与其他大学合作获得学位，试图建立一种学位结构，增加专业实习学期，背离课堂教学模式，设计了教育发展和企业发展的两套蓝图。另外，NIIT 开始与其他授予学位的大学或与 NIIT

① 贺平. 从 NIIT 认识印度的软件职业教育［J］. 计算机教育，2006（6）：54－64.
② 李洛，吴绍根. 基于印度 NIIT 培养模式的两年制高职软件人才培养思路［J］. 高教探索，2004（2）：56－28.

类似的非学位机构进行合作，组成 NIITA CADEMY（NA），目标是创造一种大学文化，最终成长为一所真正的大学，这种联盟成就的逐渐显现使其成为高等教育历史上的重要标志。① NIIT 是在印度高等教育体制之外发展起来的高等职业教育。

（三）以印度理工学院（IITs）为代表的工程技术教育

印度理工学院（Indian Institute of Technology），被称为印度"科学皇冠上的瑰宝"，是印度最顶尖的工程教育与研究机构，是印度国家所属的一所大学体系。印度理工学院先后建有 16 所分校，分别是卡拉格普尔分校（IIT Kharagpur）、孟买分校（IIT Bombay）、马德拉斯分校（IIT Madras）、坎普尔分校（IIT Kanpur）、德里分校（IIT Delhi）、古瓦哈蒂分校（IIT Guwahati）、罗克分校（IIT Roorkee）、罗巴尔分校（IIT RPR）、布巴内斯瓦尔分校（IIT BBS）、海德拉巴分校（IIT H）、甘地纳格尔分校（IIT GN）、巴特那分校（IIT TP）、拉贾斯坦分校（IIT J）、曼迪分校（IIT Mandi）、印多尔分校（IIT I）和瓦拉拉西分校（IIT BHU）。为保证印度理工学院的健康发展，印度政府于 1961 年颁布了《理工大学法》，明确规定高等工程技术教育的最高学府享有与大学的同等地位，是法定的全国重点大学。IITs 提供工程和技术各个领域的本科课程、专业研究生课程和哲学博士课程，并开展基础性和应用性研究。本科生的录取以印度理工学院的统一入学考试（IIT – JEE）为基础。

IITs 的人才培养模式以提升学生"就业—创业"能力为核心目标，注重实践性教学，强调培养学生的动手操作能力，坚持专业性与综合性相统一，学校教育与产业互动保持高度协调。为提高学生的实践动手能力，IITs 各分校均建有实习车间，甚至还开设了一般职业学校才讲授的技能课，如开机床、操作发动机等。一半以上的专业课程直接在实验室进行。另一方面，IITs 有许多专业课程直接由"业界老师"主讲，使学校教育内容与产业动态保持了密切关联。在教学内容上，强调应用性与针对性，密切跟踪工程技术的发展

① 宋鸿雁．印度 NIIT 软件人才培养的成功秘诀及意义解读［J］．职业技术教育，2008，29（13）：84 – 86.

趋势，并不断评估、核定、修改课程，更新教学内容，使学生能够及时了解最新的行业动态，掌握最前沿的工程技术。① 印度理工学院（德里）与行业建立合作谅解备忘录，企业为学校提供一定的硬件和训练设施，作为回报，学校为企业专业人员提供继续教育；行业专家和技术人员参与学校人才培养工作，参与学校会议和研讨会以及短期课程；行业经理、主管和管理人员被聘为客座讲师，与学生分享实际工作经验；以小额的奖学金或工资，鼓励学生利用假期到企业工作；学院的每个系都建有由行业资助的研发部门，配备一名行业工作人员作为协调员；学生在行业主管指导下参与企业导向的项目。②

以印度理工学院为代表的工程技术教育（本科课程）招收对象是 10＋2 阶段的高中毕业生或技术员毕业生，学习年限一般为 4 年，毕业生授予工程师资格证和本科学历证明。工程技术教育培养的是工程师，对学生理论知识的要求高于高级技术员，而且注重学生研究能力的培养，显然它不同于我国 3 年制专科高等职业教育。但印度工程技术教育作为培养专业工程师的专业教育，必须满足经济发展对工程师提出的要求，适应技术和产业变化，为此，它的课程设置具有很强的职业针对性，在强调理论功底的同时培养学生的动手操作能力。这与我国目前积极倡导的应用本科教育具有较大的对应性，属于本科层次的高职教育。这表明，随着科学技术的发展和产业的转型升级，高职教育不仅要培养高级技术员，还应培养应用型工程师。

除上述三类高职教育的实施主体外，印度还逐步创设了主要培养技术员（Technicians）和管理者的大专层次的专科学院（Professional Colleges）和培养本科以上层次技术专家（Technologists）的职业学士学位（Bachelor of Vocational，简称 B. Voc.），并于 2012 年逐步开始建立社区学院（Community Colleges，CC），这些都是印度高职教育的重要组成部分。近年来，为开发庞大的人口资源并为"印度制造"提供急需的技术技能人才，印度非常注重在高等

---

① 李静. IT 神话的缔造者：印度理工学院 [J]. 教育与职业，2008 (10)：101 – 102.

② Sajal K. Palit. The Development of Engineering and Technical Education in India [J]. Global J. of Engng. Educ, 1998, 2 (3)：323.

教育系统中强调技能型课程的扩张。印度已尝试整合大学和职业教育，在最近的改革中，职业课程已引入学士学位层次教育中，允许 1/3 的课程为职业课程，将近 1500 所学院已被授权实施职业教育。① 职业学士学位的设立更显示出印度普通高等教育与职业教育的融合趋势。印度高等教育职业化这一趋势化特征表明，伴随着印度对高级技术人才的迫切需求，与我国高等职业教育相对应的教育类型在印度的出现有其必然性。

四、结论

印度的职业技术教育体系中并未分离出培养高级技术员的独立的高职教育类型。尽管如此，具有高职教育特征的办学体制已初见端倪。综合技术学校培养 13 年级以上高级技术员的体制、NIIT 两年全日制培训体系、培养技术员和管理者的大专层次的专科学院等，与国际上的高等职业教育在生源、人才培养目标、学习年限、授予学历以及课程设置方面都具有对应性。随着印度经济结构、劳动力就业结构发生明显变化以及原有职业岗位技术含量和智能要求的提高，对技术员的理论知识要求将日益提高，对工程师的实际操作技能的需求比重也会增加，高级技术员这一层次的人才类型会逐渐从技术员与工程师中独立出来并占较大比重，高职教育将获得发展的动力。以印度理工学院为代表的高等工程技术教育、培养本科以上层次技术专家的职业研究学士学位和社区学院等，注重实践操作能力培养并与职业教育融合的趋势表明，从印度普通高等教育分离出独立的"高等职业教育"类型有其必然性。囿于资料收集的局限，印度是否还有其他实施"高等职业教育"的主体，以及印度"高等职业教育"的体系、内涵、特色和地位等还有待深层次探究。

---

① Sanat Kaul. Higher Education in India：Seizing the Opportunity，Working Paper No. 179［R］. New Delhi：India Council For Research On International Economic Relations，May 2006：24.

第二章　中印高等职业教育比较研究

摘　要：中印两国高等职业教育虽具有共性，但在构成、地位、培养定位和培养规格、人才培养机制、师资队伍、国际化发展、发展战略及创新发展策略、管理体制、经费渠道、与职教体系和普通教育的相互沟通、对经济发展的促进作用、对社会稳定的聚合作用等方面存在显著差异，从中可揭示供我国高等职业教育借鉴的经验和启示。

关键词：中国；印度；高职教育；构成；人才培养；师资；国际化；发展战略；管理体制；作用

中印是世界人口最多也是最大的两个发展中国家，同时也是两个教育大国，两国毗邻而居，在地缘政治格局背景下，中印比较研究已成为学术界和产业界的热门话题，而"龙象之争"或"龙象共舞"的结局归根结底取决于两国的人才培养。因此，高等职业教育作为人才培养和人力资源开发的重要主体，是中印比较研究的重要领域。比较研究两国的高等职业教育，为我国高等职业教育提供重要的学习交流对象，既有助于我国高职教育学习借鉴印度的有益经验从而促进我国高职教育的改革，更有助于两国高等职业教育的国际化交流与合作，从而推动我国高等职业教育的国际化发展，同时对于中国国家发展战略和相关政策的制定，也将发挥积极意义。遗憾的是，这方面的比较研究在国内外一直是空白。任何两国高等职业教育的比较，都是纷繁复杂的事，找准比较的视角或维度，无疑是至关重要的。本章将更多从宏观层面对两国高等职业教育的构成、地位、培养定位和培养规格、人才培养机制、师资队伍、国际化发展、发展战略及创新发展策略、管理体制、经费渠道、与职教体系和普通教育的相互沟通、对经济发展的促进作用、对社会稳定的聚合作用等存在显著差异的方面进行比较分析，以期多角度了解印度高职教育，展现两国高职教育的特点，对比两国高职教育发展的优劣，提出可供我国高等职业教育借鉴的经验和启示。

一、中印高等职业教育的共性

笔者借助联合国教科文组织《国际教育标准分类》的相关规定，从教育对象、培养目标、课程设置、学习年限、授予学历等方面提出了判定"高等职业教育"的简明依据，对印度"高等职业教育"做了明确界定，也即表明既然是相对应的教育类型，两国高职教育必然存在基本的共通点。

1. 生源要求：受教育者具有综合性的中等教育基础

既有一般文化理论基础又有一定职业实践基础的"中间型"高中毕业生是高等职业教育的理想生源，当然，高等职业教育的招收对象面可以扩大到整个高中阶段各类不同学校的毕业生。目前，我国高等职业教育主要招收普通高中毕业生，同时也招收较少的初中毕业生及中等职业学校毕业生，我国正推进高职教育招生制度改革，有望扩大招生面和改善生源结构。印度高职教育的招生对象较复杂，如综合技术学校主要招收中等职业学校毕业生和中等技术学校毕业生，印度理工学院和普通本科院校的职业研究生学士学位主要招收普通高中毕业生，但也招收综合技术学校毕业生和获得相应职业资格证书的其他学生，新建的社区学院既面向在校生、也面向在职人员招生。

2. 培养目标："中间人才"（技术员类）系列中的高层次人才

高职教育培养目标是介于学科研究型和直接操作型之间的中间技术型，即具备某一特定职业（群）所需综合职业能力、为生产和管理第一线服务的应用型人才，其工作的主要特点是将设计、规划、决策转化为现实产品等物质形态或对社会产生具体作用。中国高职教育以培养生产、建设、管理、服务一线所需的高素质技能人才为目标，即高级专业技术、管理、经营、服务人才，重点是应用型、工艺型、服务型人才。印度高职教育主要培养工程技术、建筑、城镇规划、管理、制药、农业、应用艺术和手工艺等领域的技术员、技术专家、管理者和工程师。

3. 课程设置：具有很强的职业针对性

高职教育课程是一种"定向于某个特定职业的课程计划""主要设计成获

得某一特定职业（群）所需的实际技术和专门技能——对学习完全合格者通常授予进入劳动力市场的有关资格证书"，它比普通本科教育的课程更倾向于实际工作，并更加体现职业的特殊性，而且不直接通向高等研究课程。因此，高职教育课程设置更具有职业针对性。具体而言，我国以专科为主的高职教育课程在职业性上进行了较大程度的改革，取得了较大的突破。印度本科层次高职教育课程除了体现职业性，还注重学生研究能力、创新能力以及综合素养的培养，这是值得我国高职教育课程学习借鉴的重要方面。

4. 学习年限：至少2—3年

高职教育的课程持续时间通常为2至3年，但学习年限不仅限于此，而视具体专业要求不等，有的专业需要考虑较长的学程。我国高职教育目前以3年制专科为主，印度高职教育以3年制专科和4年制本科为主。

5. 授予学历：高等专科或本科学历证明

从学制上看，高职教育也应同普通高等教育一样根据不同专业的实际要求和不同的学习年限而有多个学历层次，至少应包括本科和专科两个层次在内，不应局限于单一的专科层次。目前，我国的高等职业教育主要是专科层次，地方本科院校转型的应用性本科院校和专业研究生教育，使我国高等职业具备了本科层次和研究生层次，但还在探索阶段，规模较小。印度的高等职业教育除了专科层次，还有本科和研究生层次，以本科为主。

除上述共同性外，中印高等职业教育还具有如下共同特征：就业导向、产学合作（产教融合）、职业本位、"双师"教师、双证学生、实践主导等。

二、中印高等职业教育的区别

（一）中印高等职业教育体系构成及其地位比较分析

我国的高等职业教育经过30多年的发展，已经建立了比较完整独立、与普通高等教育并行的体系，包含专科、本科和研究生三个学历层次（见图5，图6），但是目前我国高职教育以专科层次为主，高职本科教育和专业学位研究生教育比较薄弱，处于探索研究阶段。目前，我国开展高等职业教育的院校共有七类：第一类是具有职业性、地方性、实用性的短期职业大学，是我

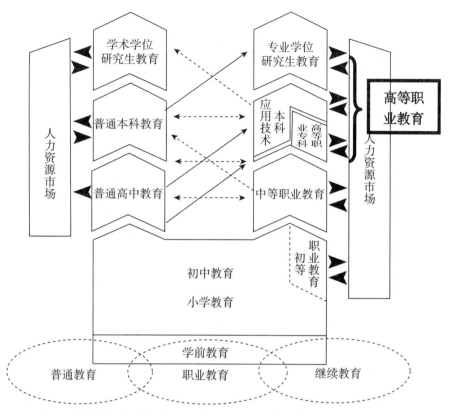

图5　中国教育体系基本框架示意图（来源：《现代职业教育体系规划》）

国最早独立创办高职教育的学校；第二类是独立设置的高等职业（技术）学院，大部分由中等专业学校合并升格而来，已成为高职教育的主体力量；第三类是高等专科学校，这部分学校办学基础条件较好；第四类是独立设置的成人高等学校主办高等职业教育，这也是较早实施高职教育的重要力量，如管理干部学院等；第五类是部分普通本科高等院校设立相对独立的二级学院主办的高等职业教育，或部分地方普通本科院校转型的应用性本科院校主办的本科层次高职教育；第六种是电大和少数专修学院等各种力量主办的高职教育；第七种是普通中等专业学校主办五年制的高等职业教育班。

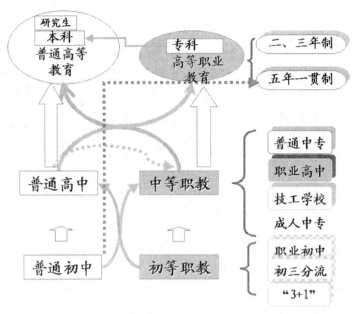

图6　中国现代职业教育体系

　　印度高等教育分为文、理和商科等普通高等教育与工程技术、医学、管理等专业高等教育。由于教育体系的独特性，印度并不使用"高等职业教育"这一名称，但是印度逐渐构建了完整的高职教育体系，除了综合技术学校在3年基础上提供的1.5~2年技术教育和工程技术教育机构提供的4年工程技术教育，印度还逐步创设了主要培养技术员（Technicians）和管理者的大专层次的专科学院（Professional Colleges）和培养本科以上层次技术专家（Technologists）的职业学士学位（Bachelor of Vocation，简称B. Voc.），2012年印度启动建立的社区学院，是高职教育的新兴力量。高中阶段职业教育毕业生可以在职业教育体系内接受更高层次的高等职业教育，继续获得高级毕业证书（advanced diploma）、职业学士学位（B. Voc.）、研究生证书（postgraduate diploma）和（博士）学位证书（degree diploma）。印度高职教育的具体构成见图 2，分析和介绍参见著者另 2 篇论文。① 印度有 1200 多所综合技术学校，它们主要招收工程类的学生，该类学生占 90% 以上。综合技术学校在三年技术教育的基础上再进行 1.5—2 年技术教育，培养目标是高级技术员（Higher Level Technician），实际上属于高等职业教育范畴。全印还有 4 所技术大学（Technological Universities）和 8568 所工程技术学院（Engineering and Technology Colleges），招收初级学院、新型高中、综合技术学校的毕业生入学。要获专业学士学位（professional Bachelor Degree）者，读四年；要获非专业（Science Non—Professional）学士学位者学习三年，凡工程类和医学类都要四年。职业研究生学士学位教育，是印度近年来在普通高等教育中引入职业教育的重要举措，具体见"印度现代职业技术教育体系及其特征"部分。印度高等职业教育多种类与多层次结合，研究性与职业性兼容，公立与私立互补而形成一个独具特色的教育系统。同时，印度高职教育存在着精英教育与大众教育并行的"双轨制"，以 IITs 为代表的工程技术类学院是印度精英教育的典范，NITs 是仅次于典型精英教育的次精英教育机构，众多附属类型邦立工程技术学院和大量私立工程技术学院及其他类型高职教育则代表着印度大众教育。② 可见，印度高职教育具有专科、本科、硕士、博士学历层次，但以本科层次为主，尤其是以印度理工学院（IITs）为代表的工程技术教育最负盛名。

我国高等职业教育的法律和社会地位基本得到确立，且社会认可度日益提高。1996 年颁布的《中华人民共和国职业教育法》提出："高等职业教育根据需要和条件由高等职业学校实施，或者由普通高等学校实施。"第一次确立了高职教育的法律地位。1998 年《中华人民共和国高等教育法》规定："高等学校是指大学、独立设置的学院和高等专科学校，其中包括高等职业学校和成人高等学校"。由此，高等职业教育作为一种教育类型，得到了我国法律上的确认，奠定了高职教育发展的法律基础。1999 年颁布的中共中央国务

---

① 王丽华. 印度"高等职业教育"类型的界定［J］. 职业技术教育，2010，31（7）：87 –92. 王丽华. 论印度现代职业教育体系及其特征［J］. 职业教育研究，2015（10）：87 –92.

② 刘筱. 印度工程技术教育发展研究［D］. 重庆：西南大学，2012：61 –62.

院《关于深化教育改革全面推进素质教育的决定》明确指出：我国高职教育是高等教育的重要组成部分，要大力发展高等职业教育。2006 年，教育部《关于全面提高高等职业教育教学质量的若干意见》（教高［2006］16 号文）明确指出：高等职业教育是我国高等教育的一种新类型。我国高职教育不再是教育的一个层次而是成了不可或缺的独立教育类型，这就真正确立了我国高等职业教育的重要地位。经过 30 多年的努力，尤其是近 10 年来，我国高职教育规模急速扩大，2015 年全国高职（高专）院校 1341 所（普通高等学校总数：2560 所），2014 年高等职业教育在校生首次突破 1000 万人，达到 1006.63 万人①，2015 年达 1048 万人，占据高等教育的半壁江山。同时，通过人才培养工作评估、国家示范（骨干）院校、省级示范院校、专业服务产业能力提升项目等举措，高职院校办学硬件条件有较大改善，办学体制机制创新、人才培养模式改革、课程体系开发、师资队伍建设和教材开发等内涵建设得以极大深化，整体办学质量有较大提升，就业率不断上升，毕业生在经济社会发展中发挥着生力军的作用，其社会认可度和满意度都得以提高。尤其是高职院校内部质量保证体系诊断与改进工作和《高等职业教育创新发展行动计划（2015 - 2018 年)》将在更大程度提升高职教育质量和创新发展能力。

　　印度高等职业教育作为独立的教育类型，在印度的法律或制度文件中并未予以明确，但其某些构成成分的地位得到了法律制度的确认。1961 年首次颁布的《印度理工学院法案》赋予印度理工学院国家重点院校地位，并以法律形式保证其大学独立与学术自治权，不受政府及外界干扰，充足的经费亦使其可以潜心进行教学与科研，培养国家所急需的高素质优秀工程技术人才。印度政府每过几年对该法案进行一次修订，及时根据社会发展新需求及理工学院发展新需要更新和补充法案内容。2007 年通过的《国立技术学院法案》赋予国立技术学院（NITs）与 IITs 相同的国家重点院校的重要地位。2012 年 9 月颁布和实施的"国家职业教育资格框架"（National Vocational Education

---

　　① 数据来自教育部统计年鉴。

Qualifications Framework，NVEQF）还要求逐步把职业导向课程引入普通高等教育，完善普通高等教育的职业教育功能，提升普通高等教育学生职业生涯规划能力和就业能力。2014 年，大学拨款委员会推出高校职业学士学位（Bachelor of Vocation，B. Voc.）纲要，明确了职业学士学位的地位。印度在2012 年发布了《印度高校社区学院计划（2012 - 2017 年)》，确立了社区学院的地位。印度在政府支持和引导下，通过校企合作、各种专项项目、NVEQF、国际化合作和资助等措施，局部改善了高等职业教育的办学条件和质量。公立和邦立工程技术类院校在国家战略发展目标下筹建，来自国家层面的政策支持和经费支持都相当有力度，所以其基础设施及办学经费都处于同类院校的领先地位。此外，由于工程技术类院校与社会经济发展联系较之普通高等学校更加密切，且此类学校在办学过程中对社会企业的技术援助与支持也较频繁，因而来自社会各界的经费支持也较多。工程技术类院校因为国家层面的重视及自身专业特性，吸引了大量各级政府和社会各界经费支持，图书馆、实验室、研发基地等基础设施和经费状况都比较优越，至少在与本国普通高等教育相较中，处于领先地位。① 但是，其他的高职教育机构却无法与此相比，办学条件要差很多。印度高职教育的规模比中国小，虽然以工程技术教育为主导的专业教育在印度高等教育领域中呈快速发展态势，但印度高等教育体系中专业教育仍处非主体地位，目前普通高等教育在校生仍占80% 左右。②。印度高等教育自诞生起，便一直存在着文理教育"一统天下"的问题。仅在 2004 年，高校在校生中文科生为 46%，理科是 20.4%，商科17.99%，其余的专业教育为 17%。在整个专业教育中工程技术类为 7%，医学与法律是 3%，教育和农业为 1%，畜牧是 0.15%，其余 0.85% 为其他类③。因此，印度高职教育作为整体，无论是规模还是社会地位都不如中国高职教育。

印度在工业化程度较低的情形下，采取了以服务业为主导的经济发展模

---

① 刘筱. 印度工程技术教育发展研究［D］. 重庆：西南大学，2012：57.
② 刘筱. 印度工程技术教育发展研究［D］. 重庆：西南大学，2012：55.
③ 刘筱. 印度工程技术教育发展研究［D］. 重庆：西南大学，2012：55.

式，具有对自然资源依赖程度低、主要依靠人力资源和知识、对环境破坏程度小等优势，开创了一种跨越式和可持续发展模式，值得发展中国家学习和借鉴。① 印度通过信息技术产业的迅猛发展掘得了发展的第一桶金，但要实现经济的整体和可持续发展，必须走现代工业化道路。英美德澳等国家虽然不使用"高等职业教育"这一称谓，但与我国高等职业教育相对应的教育类型十分明确并受到高度重视。中印正在从人口大国迈向人力资源强国，高职教育在这一过程中扮演着决定性的作用。虽然印度具有较大规模的高等教育系统，但是从某些经济领域的发展需求看，印度针对职业岗位的人力资源供给仍然处于短缺状况。据世界银行的报告预测，2010 年印度需要 2300 万专业知识人员，当时的缺口是 50 万。2006 年 10 月 17 日《纽约时报》（New York Times）对于印度专业技术人才的短缺，也有相同的预测。② 与之相适应，在印度庞大的教育体系中建立如德国、美国等西方发达国家独立的高职教育体系并明确其地位，培养工业化所需要的生产、建设、管理、服务一线的高技能应用型人才，对于印度人力资源开发、产业发展和就业率提高具有重要的意义。

（二）中印高职教育人才培养定位和培养机制的比较分析

中印高职教育虽以"中间人才"（技术员类）系列中的高层次人才为培养目标，但两国培养人才的类型结构和层次具有较大差异。中国高职教育基于我国产业结构和职业岗位需求，主要针对制造业和知识型服务业岗位，重点培养操作型、工艺型、服务型专科层次的高职人才，应用型本科和专业硕士起步晚且所占比重较低。但随着我国产业结构调整、升级和转型的推进，我国高职教育需要适应"云物大智"技术背景下技术技能人才需求多样化、高端化的要求，高职教育人才培养需要向信息技术和生物医药等新领域拓展，层次高移化成为必然趋势，发展本科甚至研究生层次高职教育具有重要的现

---

① 阎凤桥, 施晓光. 全球化和知识经济背景下的印度高等教育及其对经济增长的贡献 [J]. 比较教育研究, 2009 (2)：29-34.
② 阎凤桥, 施晓光. 全球化和知识经济背景下的印度高等教育及其对经济增长的贡献 [J]. 比较教育研究, 2009 (2)：29-34.

实意义。印度高职教育主要针对工程技术领域尤其是信息产业培养实践操作及研发人才，其人才培养目标出现了两极分化：一方面，综合技术学校和专科学院等主要培养专科层次技术员和管理者，主要服务于中低端产业。但由于多种原因，他们培养的高级技术员趋于低端化，技能水平和文化素养都难以满足岗位高移的要求，出现了较多问题；另一方面，印度工程技术教育和职业学士学位主要培养本科层次的工程师和技术专家以及研究型高端人才，主要面向高端产业，在推动印度经济结构升级中发挥了重要作用。但因存在超越印度产业的需求部分毕业生无法在本土就业的弊端，造成严重的人才浪费和人才流失。总之，印度高职教育两极分化明显，其两极中的低端带有深刻的历史印迹，是实现高职教育现代化过程中需要着手解决的问题，而其高端代表着未来世界教育发展的趋势，是印度教育发展的成功经验，值得发展中国家学习和借鉴。

中印两国高职教育都十分注重校企合作，但两国却有着不同的校企合作路径。校企合作是世界高职教育发展的必由之路，这已成为国际共识。印度通过政府立法、价值倡导、政策优惠等措施，逐渐建立了校企之间的天然而紧密的联系。印度企业参与校企合作的主动性高于中国，将之视为自身的法律义务、社会责任和使命，印度高职教育机构也将企业的参与作为人才培养的必要条件，并将培养满足企业需求的人才作为目标。如印度理工学院一直与产业界保持密切的联系，努力实现办学之初确立的为社会经济发展服务的目的，而企业积极主动参与其课程开发、教学实施、师资建设、实习实训、教材开发、实验条件改善等人才培养的全过程。印度在选择社区学院主办机构时，将优先权给予那些在地理位置上与当地业界伙伴更为紧密的大学或学院，即印度将与产业界的良好的关系和紧密的校企合作作为社区学院设立的重要资格条件。中国政府极力倡导通过校企合作实现产教融合，但是目前校企合作存在高职院校热而企业冷的局面，由于缺乏法律约束、利益驱动机制和有效途径，企业参与高职人才培养的意愿并不强烈。印度高职教育校企合作层次高于中国，基本实现了校企全方位和深层次合作，企业全面深度融入人才培养全过程，企业举办高等职业教育和培训较中国普遍。中国校企合作整体而言，水平和层次低于印度，大多流于形式，呈碎片化和表层化。中国需要通过立法的责任约束、政策优惠的利益驱动、舆论倡导的价值引导等途径调动企业参与高职教育人才培养积极性来构建校企合作的长效机制。

此外，教育的发展也离不开市场和民间资本的支持。相较而言，中国的高职教育发展主要靠政府投资，而印度高职教育市场化程度更高，市场运作对高职教育发展的影响更大。自20世纪90年代印度政府开启经济自由化改革和市场化经济转型后，私营企业和外资大规模入驻印度，加速了印度高职教育的私有化进程。近年来，印度私立高职教育得到了快速发展，在专业高等教育学校数和在校生人数方面，私立部分占到了80%的比例，50%以上的综合技术学校（Polytechnics）属于私立性质，私立培训学院接收了80-100万学生。① 2006年，印度政府允许直接外资投入（FDI）高等教育和外国大学在印度设立校园。在市场经济体制大背景下，受利益驱动和激烈市场竞争鞭策，印度私立高职教育较少受政府影响，更多地顺应了市场规则的需求，办学以市场为导向，这必然要求校企紧密合作培养契合企业需求的技术技能人才。主要依靠自筹经费而较少依赖政府拨款的特性，使私立职业院校具有更大的办学自主权，对市场持更开放心态，且能更迅疾对市场新需求与变化做出反应，能及时设置市场需求的新专业和培养新人才，及时更新教育体系和创新办学模式，改革和优化内部办学目标、理念、管理体制等等，不断提高办学质量与效益。总之，在回应市场需求方面，私立职业院校比公立院校更具有天然高效性。如果说中国高职教育的优势在于政府主导和推动，有利于调动大范围的教育资源，实现国家人才培养的整体规划，那么，印度高职教育的最大优势在于市场驱动，学校和企业（社会）等多元办学主体参与。② 这对营造与企业需求和职业岗位天生的亲切距离，具有极强针对性和可持续发展能力。中国应该完善相关制度，注重发挥市场配置资源的优势，吸收民

---

① 阎凤桥，施晓光. 全球化和知识经济背景下的印度高等教育及其对经济增长的贡献 [J]. 比较教育研究，2009 (2)：29-34.

② 阎凤桥，施晓光. 全球化和知识经济背景下的印度高等教育及其对经济增长的贡献 [J]. 比较教育研究，2009 (2)：29-34.

间资本发展高职教育，调整相关专业结构和培养方式，提高人才的社会认可度，实现高职教育培养目标与社会发展需求的接轨，并要立足于国家和民族的长远发展，改善高职教育的发展环境。这样，中国高职教育才能实现可持续发展，最大限度地开发与利用中国庞大的人口资源，为国家竞争力的提升提供人才保障。

（三）中印高职教育课程体系及其开发比较分析

我国高职教育课程体系的基本原型有两类：一类由公共课（或文化课）、专业基础课（或专业大类课）、专业课（或技能课）、专业方向课、选修课构成，另一类由学科知识模块和专业能力模块构成，各种知识模块和能力模块可灵活组合成面向不同专业方向和职业岗位的系统的知识能力和素质结构。前一类结构中的公共课（文化课）涵盖了受教育者作为社会一分子所必需的基本文化知识素养，专业课则包括了学生适应未来将要从事工作岗位所需要的专业知识和技能。后一种结构中的知识模块既包括有思想素质类课程、外语和计算机等工具类课程、人文和社会科学类课程等公共基础知识模块，又有专业基础课程和专业理论课程等专业知识模块。能力模块主要由实验、设计、实训、实习、职业实践等实践性教学环节构成，并设置若干与职业技能鉴定考核相联系的培训模块。①

我国高职教育课程体系存在本科层次与专科层次之别。本科层次以高职"本科＋技师"课程体系为典型，专科层次以三年制高职人才培养课程体系为主流。"本科＋技师"人才培养课程体系与高职专科人才培养课程体系相比，具有以下差异：培养层次方面，"本科＋技师"的课程体系坚持培养"具有扎实的理论基础及技术设计与应用能力"的技术本科人才定位，而专科层次课程体系坚持培养"掌握必需、够用的理论知识，具有操作与应用能力"的人才规格。课程体系构成上，两类课程体系的公共基础模块、学科基础模块、专业模块的理论课程学分在总学分中占比为 50% 左右，但三大模块的比例存

---

① 李桂霞，钟建珍.对构建合理的高职教育课程体系的探讨 ［J］.中国高教研究，2007（6）：58－59.

在差异，"本科＋技师"的基础课教学模块占比比较高，体现了"具有扎实的理论与专业知识"要求和"高学历、高技能"的规格定位，学制4～5年，各专业不同模块的课程门数、学时、学分总计在绝对量上也均大于专科层次的对应模块。而专科层次的技能训练的学分比例相对较高，体现了其注重"操作与应用能力"的人才定位。在实践教学体系方面，专科层次的实践教学课程体系主要内容包括课程设计、专业实验或实习、生产实习、社会实践、毕业实习、毕业设计和技能训练。技能训练课程在整个实践教学环节中占有突出的地位，一般安排时间不低于20周，在总学分中所占比例为30%左右。"本科＋技师"人才培养实践教学课程体系以天津职业技术师范大学凝练出的"三层次、五阶段"的技能培养训练体系较有代表性。三层次包括基础层、核心层和扩展层；五阶段包括工艺认知阶段、基本技能训练阶段、核心技能训练阶段、高新技能训练阶段和扩展技能训练阶段。从中级工训练到高级工训练直至技师训练，旨在强调分阶段逐层递进，将专业核心技能的培养贯穿始终。①

我国高职教育课程体系在借鉴发达国家先进经验基础上，经过多年改革和探索，形成了基于工作过程系统化的行动导向课程开发模式。行动导向的课程体系是以工作体系为基础，以工作结构为逻辑，以工作任务为载体，以职业标准为依据，符合学生认知规律和职业成长规律，具有能力本位的职业性、工作过程的实践性、职业迁移的开放性特征。② 但是，在知识与技能孰轻孰重的问题上、在教育属性和职业性之间关系的把握上，存在忽视文化知识和专业基础知识教育，偏重职业技能训练而沦为中职教育模式、重知识轻技能而混同为普通本科教育模式的极端误区。这样的课程体系的缺陷在于其培养的高职毕业生或因职业素养和综合能力的缺失、或因专业能力的不足而无法实现职业生涯的可持续发展。

我国高职教育在经历重理论轻技能、重技能轻素养两个极端阶段之后逐

---

① 牛钰. 高职教育课程体系的两种构建方式分析［J］. 中国职业技术教育，2014（17）：82－85.

② 傅伟，袁强，王庭俊. 高职教育行动导向课程体系的特征与要素分析［J］. 中国高教研究，2011（4）：91－93.

步回归理性，在强化高技能的同时注重培养学生的高素养，以期增强学生可持续发展能力。为此，教育部《关于深化职业教育教学改革全面提高人才培养质量的若干意见》提出"坚持把德育放在首位、加强文化基础教育、加强中华优秀传统文化教育、把提高学生职业技能和培养职业精神高度融合"的立德树人根本任务，并要求"发挥人文学科的独特育人优势，加强公共基础课与专业课间的相互融通和配合，注重学生文化素质、科学素养、综合职业能力和可持续发展能力培养，为学生实现更高质量就业和职业生涯更好发展奠定基础"，同时对课程设置和教学模式改革做出了相应要求。但我国高职教育对于职业素养的重视还远未达成普遍共识，对职业素养的概念和内涵及要素也未提出相对统一的权威界定，如何将职业素养的培育有效融入课程体系，仍没有相对统一的课程模式和有效的特色课程。

印度高职教育课程体系也存在专科与本科之别。专科层次以综合技术学校的高级技术员课程体系为例，专业课程占总学时的一半，语言课程5%，基础课程10%，应用课程10%，专门技能15%，人文与管理课程10%①。但是综合技术学校由于课程内容陈旧和新兴课程开发滞后等原因，导致学生无法满足岗位需求甚至素养与技能双低的趋势。本科层次以学士学位职业教育课程体系和印度理工学院课程体系为例。学士学位职业教育尝试在普通本科院校的课程体系中嵌入职业教育课程，从最初的1至3门职业课程②增加至1/3的课程为职业课程③。普通高等教育中设置的职业学士学位课程体系中，专业课程内容包括理论教学和技能发展两部分，理论教学内容不超过全部课时的40%，大学与企业合作开发课程，教学突出实践导向，实习实训学分占全部学分数的60%。印度理工学院是印度本科层次高职教育的典范，在此以其课

① 樊惠英．印度职业技术教育发展的回顾 ［A］．纪念《教育史研究》创刊二十周年论文集（20）——外国教师教育史、职业与成人教育史研究 ［C］．2009：1851（1848—1852）．

② 骆小彬．印度职业教育的特点、问题及发展方向 ［J］．世界职业技术教育，2007，（2）：16－18.

③ Sanat Kaul, Higher Education in India: Seizing the Opportunity, Working Paper No.179 ［R］. New Delhi: India Council For Research On International Economic Relations, May 2006: 24.

程体系作为主要比较对象，从中总结对我国有益的经验。

印度理工学院强调专业能力与职业素养并重的理念，设置多元化的课程体系实现学生全面发展。在知识经济时代，由于经济和就业的动态特性，印度理工学院有一种打破过去普通教育与专业教育之间的界线的趋势，转向重视可以培养具有"可培训性"（Trainability）和"通用技能"（Genericskills）的教育，以应对多变的劳动力市场。这首先体现在印度理工学院的专业设置和教学内容的多元化和融合上，IITs 在设置涵盖工程学与技术学几乎全部专业以提供全面的多样性的专业教育，在给予学生最大选择空间的同时，还开设相关人文与社会科学专业，使学生知识结构趋向完整与广博。与此相适应，IITs 在格外注重传授技术和工程专业知识的基础上，十分重视自然科学、人文和社会科学的教学，几乎所有学校都设有相应的院系，为学生开设相应的课程，并赋予学生一定的选择不同课程组合的自主权。① IITs 的课程体系严格按照 AICTE 标准设置。AICTE 规定工程院系课程结构第一年主要为人文社科类（HU）通识课学习；第二年主要学习基础科学（Basic Science, BS）相关课程，包括数学、物理和化学等；第三年主要是工程科学及艺术课程（Engineering Artand Science, EAS）的学习；第四年是跟学科紧密相关的系核心专业课（Departmental Core, DC）的学习。这四部分在课程体系中的权重分别为 5% – 10%，15% – 25%，15% – 25%，55% – 65%。而这四类课程都属于本科生核心课程（Undergraduate Core, UC）。此外本科生还须进行选修课程（Undergraduate Elective, UE）的学习，选修课程由三部分组成，分别是与主干课程相关的本系选修课（Departmental Elective, DE），人文社科及管理科学类选修课（Humanities and Social Science, and Management, HM）及拓展类课程（Open Category, OC）。IITs 的课程设置如图 7 所示。IITs 尤其注重学生全面发展，有效地将人文教育贯穿于学生学习之中。IITs 的人才培养模式主要由学习借鉴麻省理工学院而来，该模式具有 IITs 在发展过程中始终相当重视

---

① 阎凤桥，施晓光. 全球化和知识经济背景下的印度高等教育及其对经济增长的贡献 [J]. 比较教育研究，2009 (2)：29 – 34.

的两大关键点：一是基础学科与人文科学和工程技术学的相互联结，二是在前两年综合学习基础上，在后两年让学生选择一门专业进行深入学习。因此，IITs 并非只注重工程技术领域的训练，而是在坚持以科学技术教育为基础的同时注重学生人文素养的提高和领导才能的培养；注重产学研结合的课程设置，使学生及早树立产学研密切相关的意识；注重以国际化方式拓宽学生视野，提升其作为高素质优秀工程技术人才的内涵，冀望以此培养具有开阔思想和卓越创造性的工程师及领导人才。

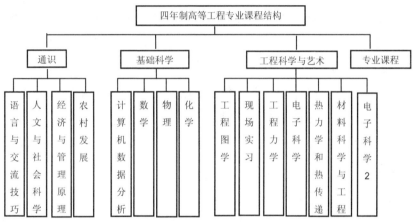

图 7　全印技术教育委员会规定的四年制高等工程专业课程结构图

资料来源：刘筱．印度工程技术教育发展研究［D］．重庆：西南大学，2012：90.

　　IITs 人才培养体系中系列特色互动课外活动（Co – curricular Activities）是其课程计划的一部分，也是构成独特教育体系的重要组成部分。这些活动都旨在提高学生包括人文素养在内的综合素养与能力，完善学生完整的人生观与世界观，使其潜力更有效发挥。互动课外活动载体包括国家学生军训营（National Cadet Corps，NCC），旨在培养学生领导、协作能力及利他精神；国家体育运动组织（National Sports Organisation，NSO），旨在培养学生运动及团队协作意识和能力；国家社会服务计划（National Service Scheme，NSS），旨在通过学生组织和参与社区服务来增强社会责任感和树立正确的世界观、人生观与价值观。①学校同时也为每位学生展示其自身技术天分提供强有力平台，通过组织各种技术类研讨会，鼓励学生生成和发展其创新性理念与思想方法。除多元化特征，专业与课程设置的国际化也是印度工程技术教育的一大特色。

中印高职教育课程体系的开发思路和开发路径存在较大差异。印度高职教育的课程体系开发的逻辑出发点在于企业需求，参与开发的主体包含了政府机构、教育机构、行业企业、研究机构等，并引入第三方评价和国际化标准，使得其课程体系和课程内容具有标准化、适应性、推广性和发展性等特点，较好地保证了高职人才培养过程和结果的标准化和可检测性；中国高职教育课程体系开发的逻辑出发点是寻求政府、学校与企业需求之间的结合点，以高职院校为主体，行业企业参与，缺乏专门的课程开发机构和研究机构，第三方评价和国际化标准的引入还非常有限。虽然我国高职院校进行了市场调研，但课程体系在兼顾三方利益的格局下培养的人才与用人企业的需求之间存在较大距离，课程内容也缺乏统一的开发标准和程序，课程开发随意性较大，课程开发的结果也参差不齐，很难有效进行人才培养的评价和监测。

（四）中印高职教育发展动力机制及创新发展战略比较分析

印度高职教育的发展同时受国家、市场与高教系统三因素影响（见图8）。国家因素的影响主要通过中央政府的调控来实现，市场因素的影响主要通过市场供需机制来实现，高等教育系统的影响主要通过普通教育与职业教育间的互动来实现，但三者在影响力度上存在很大不同。国家因素是印度精英高职教育发展的直接内驱性动力。这种作用主要体现在宏观战略调控、政策引导及法律完善等方面。独立后，印度理工学院和国立技术学院是在国家战略发展目标下筹建起来的，享有国家重点学院地位，其发展由国家总统直接监管，在其管理中，政府各部门均派出代表直接进行参与。同时，政府又给予其完全独立自治权和充裕经费，使其在体制与财力两方面同时得到保障。中央政府先后颁布《印度理工学院法案》和《国立技术学院法案》，以立法

---

① 刘筱. 印度工程技术教育发展研究［D］. 重庆：西南大学，2012：90.

形式对两类工程技术教育机构权利与职责进行规定。尤其在印度工程技术教育发展带来巨大社会经济效益后，中央政府对此愈发重视，不仅将理工学院和国立技术学院规模进行扩充，且在经费等其他办学条件上都给予极大支持。正是国家的推动直接促成印度精英高职教育的巨大成就。总之，在精英高职教育发展中，国家始终扮演主体决定性角色，国家因素直接决定、规定和影响其发展，市场经济体制的需求及高等教育系统自身发展需要都只处于次要地位。① 在邦立工程技术学院和私立工程技术学院及其他高职教育机构发展中，国家因素的影响远低于市场因素的驱动。自创建以来，印度高教系统便存在普通教育比例居高不下、职业教育严重"先天不足"的生态失衡困境，这为印度高教系统一百多年来的发展埋下极大隐患，也是高职教育整体质量始终无法飞跃的原因所在，更是造成时下高校毕业生结构性失业的原因所在。因而出于高教系统自身发展的需要，必然要求发展包括工程技术在内的高职教育。这是高教系统对印度高职教育最大影响所在。

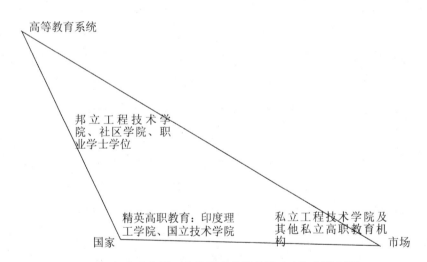

图8 印度各类型高等职业院校发展动力机制模型图

注：该图借鉴刘筱博士论文《印度工程技术教育发展研究》第162页的图调整组合而成。

---

① 刘筱. 印度工程技术教育发展研究 [D]. 重庆：西南大学，2012：133.

因此，对印度不同层次高职院校而言，三个因素的影响力度各有不同，对进行精英教育的 IITs 及 NITs 等高校而言，国家因素始终作为内驱性动力而存在，发挥更多影响作用，市场因素施加影响则居于相对次要地位。对大量私立工程技术院校和其他高职教育机构而言，市场因素作为主要显性动力存在，在其发展中起主导作用，国家因素甚少发挥影响作用。而高教系统仅作为隐性动力存在，始终处于隐性影响地位。这样的两极分化及高教系统影响力的缺失，使印度高职教育整体质量不高，同时也是其现存各种问题的原因所在。

我国高职教育发展的动力机制中，国家始终处于主导地位，市场因素处于从属地位，高教系统影响最弱。中国高职教育的发展更多受国家战略、政策和经费的影响，产业结构、人才需求和行业企业等市场因素虽已对高职教育施加越来越大的影响，但相对国家而言，市场因素却处于从属地位。这是造成我国高职教育活力不足、办学主体单一、教育质量不高等突出问题的重要根源。因此，我国应将引入市场机制和社会力量的办学体制机制创新，作为高职教育改革的重头戏。与印度相似，我国高教系统中，普通高等教育与高职教育两个子系统之间的互动和竞争一直都存在，但不同之处在于，我国高职教育的规模和比重逐渐超越普通高教，享有与普通高教平等的地位，成为我国高教系统不可或缺的重要组成部分而备受国家重视，但在现实中，高职教育与普通高教在社会地位、教育质量、经费来源、办学条件、社会影响和贡献等方面依然存在较大差距，高职教育依然是学生和家长的末流选择，这也成为制约我国产业结构转型升级的重要因素和人力资源结构性就业矛盾突出的重要原因。同时，我国普通高等教育与高职教育之间壁垒森严，缺乏互动沟通的有效机制，阻碍了高职教育向学生提供多样化和灵活性选择的机会。因此我国高教系统对高职教育的影响在于呼唤高质量高职教育的发展和创新改革，并实现职普双向互通。

动力机制的差异导致中印高职教育创新发展战略也存在差异。国家与市场双重动力机制影响、产业带动、精英化教育、法律制度保障是印度高职教育创新发展的战略优势。印度从发展环境和持续发展能力着手推动高职教育的发展，在相关的政策和法律保障上较为完善。印度高职教育的基础构架建设相对较缓慢，但政府能够为高职教育的自主小学、充分发展提供有利的环境支持。印度的《理工学院法案》《国立技术学院法案》和新颁布的《国家职业教育资格框架》《高校职业学士学位纲要》《印度高校社区学院计划（2012－2017 年）》等相关法律政策，为印度高职教育的精英化人才培养、普通高等教育职业化以及立体化纵横贯通的职教体系提供了良好的环境条件。印度理工学院在学校创建方案中，就把学校自治作为实现办学目标的一种重要手段，这些学校不在大学拨款委员会（UGC）的管辖范围内，它们超越已有管理制度的约束，享有较大的办学自主权。学校从提高教学质量的目的出发，根据教学需求，对学生采取不同于其他大学的适当的考核方式。印度理工学院的法治化管理是其成功的重要因素。不论是处理政府与理工学院之间的关系，还是处理学校内部的关系，均是依法行事。同时，印度高职教育通过信息产业的带动和精英人才的培养模式获得发展。印度把信息产业作为国民经济发展的优先产业，经过 20 多年的发展，印度已经成为全世界最大的软件产业国，承接了大量国外信息产业外包业务。在信息产业的带动下，印度的基础设施建设、金融服务以及各种相关产业发展迅速。印度信息产业的快速发展，从根本上影响了印度高职教育的发展进程和人才培养的定位和方式。然而，印度绕过工业化发展阶段、直接进入以服务业为主导的"跨工业化"经济增长模式的弊端已逐步显现，引发了印度产业结构调整的重大战略转型，也必将影响印度高职教育创新发展战略的变革。总之，印度高职教育得益于本国与发达国家相关产业发展的需要，其模式是一种顺从发达国家的发展模式。因此，印度高职教育的最大优势在于精英人才培养能力和教育环境优化能力，包括教育持续发展能力和教育网络能力，但印度的教育资源能力、教育攻关能力和教育价值实现能力相对薄弱，使其高职教育发展受到制约。

中国高职教育发展则是通过国家战略来推动实施的。中国政府强大的资源动员能力和监控力度，为高职教育提供了充足的投入和质量保障监管，但是市场因素的开发还十分有限，忽视了学校办学主体地位和企业等多元主体的培育。因此，中国高职教育的优势在于教育资源能力、教育攻关能力以及教育价值实现能力，加大教育投入、实施阶段性教育攻关项目和激发教育创新能力推动了中国的高职教育整体发展进程，通过国家主导和引领，确保了国家教育目标和教育价值的实现；但中国高职教育的自主性和创新性相对不足。因此，虽然宏观方面中国高职教育有着清晰的超越印度的迹象，但从长远来看，印度高职教育可能在某些方面具有更强大的后发优势。中印发展战略下发展路径的差异决定了中国高职教育发展的整体性、实现周期的长期性和印度高职教育发展的局部性和顺从性。

高职教育的创新发展是国家产业结构转型升级的内在要求，中国高职教育的未来发展应该着眼于相关的制度建设和体制保障，国家与社会应该从法律保护、相关的制度保障和加大财政投入等方面完善高职教育体制，把法律建设、制度规范与财政投入纳入高职教育体制机制创新，吸收和借鉴其他国家的成功经验，努力为优秀技术技能人才的成长提供适当的物质和制度保障，增强环境优化能力，不断培育高职教育的创新能力和可持续发展能力，为实现国家发展战略提供人才储备，从而实现高职教育质量的提升与国家综合实力可持续性增强的双向互动。中国政府还应努力强化产业发展对高职教育的带动作用，鼓励高职院校产学研一体化，加强人才培养与市场需求的有效对接，促进教育与科技创新、产业发展的良性互动；逐步深化与完善教育体制改革，以政府为引导、企业为主导、院校为主体的发展战略应成为中国高职教育发展之路。

（五）全球化背景下中印高职教育国际化发展比较分析

中印高职教育国际化发展环境和条件的差异，以及两国高职教育国际化发展的策略和举措的不同，在很大程度上影响了两国高职教育国际化水平。

1. 中印高职教育国际化发展的环境与条件比较分析

"国际化"遗产至今对印度高职教育影响深远。伴随着英殖民统治而来的欧洲教育模式的引入，独立后积极学习美国教育模式，使得印度教育的国际化发展至今还保留着英式遗风和美国烙印。东西方文化与教育的碰撞与交融，使印度教育尤其是高职教育呈现出独特的性质。其中，国际化便是其中之一。

同为发展中大国，中印高职教育国际化的环境和条件存在共同之处，但也存在不同之处。

（1）共同之处

首先，两国的高职教育国情相似。中、印同为世界最大的新兴发展中国家，高职教育规模均居世界前列，都拥有较高的教育水平。20世纪80年代中期，印度高等教育规模跃居世界第三位，仅次于美国和前苏联，其中高职教育的规模也在不断扩大。两国不仅是世界上较大的留学生输出国，而且还是世界上最大的教育服务贸易逆差国，高职教育在走出去和吸引留学生等方面是两国的短板。其次，作为 WTO 的成员和国际舞台上重新持续崛起的实力大国，两国高职教育国际化都具有一定优势。印度在世界多边贸易体系中摸爬滚打几十年，有着丰富的经验，在发展教育服务贸易方面是其他发展中国家的先驱和模范，并且随着权势基值的不断攀升，印度高职教育的世界影响力将不断扩大。而中国也有着自己的优势。中国经过近40年的改革开放，综合国力有了显著增强，国际地位也在逐步提高，已成为国际社会不可缺少的经济、政治和教育大国。通过积极主动融入和参与世界教育发展，必将极大地改善我国高职教育国际交流与合作，加速高职教育国际化进程，中国在世界高职教育版图中的地位将不断跃升。再次，两国均重视高职教育国际化发展。独立后，印政府积极引导高等教育进行国际交流与合作，以此加速本国高等教育国际化进程。在政府大力引导下，印度高职教育呈现出极强国际化办学特色。① 印度一直将高等工程技术教育作为高职教育发展的龙头，向国外输出了大量的工程师及技术人才。印度具有较长且持续的国际化发展经历，奠定了印度高职教育国际化发展的基础，也由此具有国际化的内在思维和特性。中国也十分重视高职教育国际化，虽然由于多方面原因，高职教育国际化起步晚，但近20年来，我国高职教育的国际交流、国际化合作办学、留学工作开始常规化，高职教育院校正逐步走出国门，国际交流与合作已成为我国高职教育越来越重要的内涵。

---

① 刘筱. 印度工程技术教育发展研究［D］. 重庆：西南大学，2012：90－100.

（2）不同之处

第一，中国高职教育国际化的时间晚于印度。由于人所共知的原因，我国获得 WTO 正式成员身份的时间比印度晚了近半个世纪。起步较晚使我国失去了许多宝贵的自我发展和与国际教育交流合作共进的机会，致使我国高职教育国际化水平和国际竞争力明显偏弱，与印度存在差距。第二，两国在高职教育服务贸易上的起点不同。印度作为 WTO 的连续成员，一直伴随并紧跟 WTO（GATT）的发展历程而发展，积累了丰富的国际化运营管理经验，可谓是高起点经营发展。而中国却长期被隔离在 WTO（GATT）的规范、组织和保障之外，科学意义上的高职教育服务贸易几乎没有得到过真正的开展，无论是其目标内容还是其方式方法，都缺乏必要的经验积累，经营发展起点相对而言明显偏低。第三，两国的留学费用不同。印度对留学生收费较低，这主要是因为其硬件设施较差，但其教学质量并不低。相反，印度有很多高职院校的教学质量名列世界前茅，其计算机应用、生命科学、工商管理等专业在世界上享有盛名，培养的毕业生供不应求。而我国对留学生收费则较高。在某些专业上，教学质量与印度存有巨大差距。第四，两国申请留学的难易程度不同。赴印度留学容易。印度对外国学生实行"四免"，即免托福、免雅思、免担保、免入学考试。只需获得本国相应层次的毕业证即可申请到印度高一级的学历层次深造。而申请到中国留学的条件比印度繁琐得多。第五，两国吸引留学生的专业不同。印度吸引留学生的专业主要是计算机、软件专业。印度在全国 400 多所大专院校开设了计算机及电脑软件专业，拥有世界上最大的多媒体教育设施。这一优势极大地吸引了外国留学生。而中国高职教育吸引留学生的专业则主要是少数工程技术专业和制造类专业。第六，两国高职教育的管理制度国际化程度不同。印度建立了国际化的管理制度。印度理工学院（IITs）的创建以美国麻省理工学院为参照，在联合国等国际组织和美国、苏联、英国和德国等西方发达国家的大力支持下，构建起与世界接轨的管理体制，并在世界范围内招聘一流优秀教师的国际化师资队伍。其余的高职教育机构同样拥有或致力于追求国际化的管理制度，通过分权与自治的管理制度设计，最大程度保障高职教育机构教育与学术自治权，同时保障行业企业的有效参与和第三方监督评价的实现。印度"国家职业教育资格框架"（NVEQF）更是借鉴了发达国家先进经验而具有了国际前沿性和世界领先性。与国际接轨的一流管理制度和职业教育资格框架体系，不仅保障了印度高职教育机构办学自治权，使其教学与科研在此基础上取得世人瞩目的巨大成就，而且使印度高职教育融入世界教育主流并与他国开展国际化交流与合作。相较而言，中国高职教育管理制度更多具中国特色，国际化程度较低且与国际接轨存在较多障碍。第七，国际化发展的政策保障不同。印度高职教育国际化发展离不开印度相关政策和法律体系的保驾护航。印度教育委员会于1966年发表《教育与国家发展》报告，明确提出要创办少数具有国际水平的大学；1968年颁布《国家教育政策》，首次以法律形式对教育国际化做出规定，为印度高职教育的国际化提供科学依据及法律保障；1978年公布的《印度高等教育发展框架》、1979年公布的《国家教育政策草案》、1985年印中央教育部门提交的《教育的挑战——政策透视》、1986年公布的《国家教育政策和实施细则》等为印度高职教育国际化提供了相应法律基础和制度环境；2012年9月颁布和实施的印度"国家职业教育资格框架"（NVEQF），制定了与国际接轨的国家职业标准和技能框架体系，对印度职业教育国际化发展与改革将发挥重大影响。中国促进教育国际化的政策出台较晚也较印度少。中国经济迅速发展，国际影响不断增大，对外联系日益密切。在此背景下，中国高职教育正通过制定指导性政策、调整培养目标、修订人才培养方案和开展多途径的对外教育交流等方式来顺应全球化发展的需要，如中国与先进的高职教育大国开展的国际合作项目，直接采用国外的教材和教学方法。《国务院关于加快发展现代职业教育的决定》（国发〔2014〕19号）和《教育部关于深化职业教育教学改革全面提高人才培养质量的若干意见》（教职成〔2015〕6号）提出"国际合作、开放创新"和"国际交流与合作"的原则和任务，最近的《高职教育创新行动计划（2016－2020）》也对高职教育国际化创新发展提出了新的构想和要求。第八，两国语言基础不同。由于英语是印度的官方语言之一，使得印度在人才培养上相较于中国具有先天的语言优势。但是，我国的汉语和独特而博大精深的文化，恰恰可以成为增强高职教育国际吸引力的重要元素，需要发掘这方面的潜力和优势。

2. 中印高职教育国际化发展的水平比较分析

教育国际化的重要衡量指标是教育服务贸易的发展水平，教育服务贸易包括跨境交付、境外消费、商业存在、自然人流动，从这四个方面来看，印度高职教育的国际化比中国起步早，总体水平也要高于中国。

跨境交付方面，20 世纪 60 年代印度就开办了远程教育。印度拥有为数众多的提供远程教育课程的院校和大量的"远程家教中心"，为国外学生提供远程工程技术教育服务，与此同时，外国高等教育机构还在印度医疗和工程领域开辟市场，并通过留学代理服务、联合办学以及虚拟大学等模式向印度提供教育服务。中国在跨境交付方面发展较晚。近年来我国已对跨境的远程教育给予政策上的倾斜和资金上的支持，国内商业界也纷纷介入远程教育，一些高职院校也开办了网上教育课程，但数量少且水平都较低。值得注意的是，中印之间由于缺乏相应的技术基础设施和有吸引力的教育产品，跨境交付方式的高职教育服务贸易尚未开展。

境外消费方面，从教育服务输出输入来看，印度留学生教育起步较早。20 世纪末，随着印度经济的崛起、印度教育基础设施的进一步改善、高等工程技术的蜚声海外以及市场化高职教育的引入，印度高职教育对外国留学生的吸引力不断增强，到印度留学的学生人数有所上升，其中大多数来自西亚、南亚、东南亚和北非等国家；在印外国留学生接受高职学历教育的水平也不断提高。在吸引留学生方面，印度不但支持和鼓励，还把它作为一个新的经济增长点。2002 年 4 月，印度政府成立海外教育促进委员会（COPIEA），积极与世界多国及组织加强合作交流。而且，印度法律允许外国高校进入印度办学。印度成功吸引了众多外国大学将市场化的高等教育带入印度，通过留学、联合办学、代理服务及网络大学等模式向印度提供教育服务，与日益增多的跨国公司及高科技企业在课程开发、设备捐赠、教师培训和学生奖学金方面开展富有长远意义的合作。从教育服务输出和输入来看，我国高职留学生教育起步较晚，目前处于低水平慢速度运行状态，来华就读高职教育的学生和出国接受高职教育的学生都远不及普通高等教育。2014 年 5 月印发的

《国务院关于加快发展现代职业教育的决定》提出建立"中国特色、世界水平的现代职业教育体系"的目标，要求"加强国际交流与合作"。2014 年 6 月印发的《现代职业教育体系建设规划（2014—2020 年）》进一步提出"建设开放型职业教育体系"，要求"扩大引进优质职业教育资源"，"鼓励骨干职业院校走出去"。在国家政策引导和推动下，我国高职教育的国际化发展程度取得了初步进展，高职教育服务输出和输入都有一定增长。数据表明，我国大陆地区已经结束和正在执行的高职合作办学项目共计 696 个，合作办学项目涉及 19 个专业大类，合作办学项目招生人数都偏少，没有一个项目招收的学生超过 200 个，我国执行合作办学项目的高职院校主要集中于江苏、上海和浙江，与我国大陆地区高职院校进行合作办学的外方机构主要来自澳大利亚、美国、英国、加拿大和韩国。外方合作的国家分布比较集中，主要来自经济发达、科技及教育先进的国家和地区。合作方式主要有合作开课、办班，合办院系或分校，开展各种考试培训等。我国高职合作办学项目呈现出以下特点：合作办学项目增速快，但参与的高职院校并不广泛；合作办学项目涉及专业多，但存在专业结构失衡问题；虽有一定数量的高职院校执行了合作办学项目，但规模效益总体不高；与世界主要国家都有高职合作办学项目，但高度集聚在几个主要英语国家。① 我国《国家中长期教育改革和发展规划纲要》明确提出：要加大教育国际援助的力度，为发展中国家培养培训人才。我国在 20 世纪 90 年代初恢复实施教育援外项目，高职院校承办的援外项目数量、援助的国家和人员数量、组织架构创新、管理流程创新等实施过程的效率，即符合项目的技术目标、项目的质量（项目产出的有用性）、客户的满意度和项目外部有效性等方面都有较大的提高，但也面临一系列现实困境。②

商业存在方面，印度政府积极借助国际组织和先进国家的经验及力量来帮助其发展高职教育。它不仅与美、俄、德、英、法等国建立了高职教育方

---

① 刘育锋．我国高职院校国际及地区合作办学项目：现状、特点与方向［J］．中国职业技术教育，2015（6）：5 - 10.

② 祝蕾，胡宇等．高职院校援外项目的现实困境和行动策略［J］．中国职业技术教育，2015（6）：11 - 15.

面的广泛交流与合作，而且与联合国教科文组织建立了长期而密切的合作关系，通过联合国教科文组织同各国开展高水平的教育交流与合作。闻名世界的印度理工学院就是在英国、前苏联、德国、美国、联合国教科文组织的援助下，参考美国麻省理工学院的办学经验和模式建立的，而且长期得到上述国家和国际组织的援助和支持。印度理工学院开展了广泛的国际学术交流，很多教师具有海外留学的经历，再加上英语在教学中的普遍使用，这些因素使得学校易于与国际学术界建立学术联系，融入国际学术共同体中，并得到国际学术界的认可。印度职教长期借助国际资助获得资金、学术和技术支持。除了 IITs，印度其他类型的职业教育机构也一直争取联合国教科文组织（UNESCO）、世界银行等国际组织和发达国家的资助、支持与合作，参与各类教育交换计划，获得国际组织大量项目援助和福特基金等欧美国家基金会的资助，可以说，印度由此寻求到了缩短职业教育国际差距的捷径。其次，印度许多职教机构与英国、德国、法国、美国等发达国家及其院校建立了联系，开展了人员、学术、研究等全方位的双边和多边国际交流与合作，从而掌握吸收世界科技发展最新成果、国际教育最新动态，不断吸收国外专业知识技能以提高自身国际地位。印度还积极寻求与发展中国家的合作，与我国政府签署了在教育领域加强合作交流的有关协议。2005 年中国江苏信息职业技术学院与印度国际信息技术学院经磋商达成了软件人才培养交流协议。所有这些不仅扩大了印度高职教育机构的国际影响，而且提升了其学术研究能力和水平。印度高职教育在中国的商业存在主要是国家信息技术学院（NIIT）和阿博泰克公司（APTECH）在华从事软件教育培训工作。而中国没有一个像印度软件业及软件教育业那样在国际上声誉卓著的教育服务产业。据悉，目前我国尚无教育机构在印度从事教育服务。以商业实体这种形式的教育服务表现为印度教育业在中国的单方面存在。①

　　自然人流动方面，印度高职教育的发展依赖于学者与教职人员的国际交流。他们给印度带来了先进的科技知识、观念和思想，为印度培育了一流的

---

　　①　杨文武. 印度吸引外国留学生现状分析［J］. 南亚研究季刊，2005，（2）：69 - 75.

师资。如印度理工学院孟买、马德拉斯、坎普尔、德里等分校，一方面聘请西方大学教授开设课程以培训教师，另一方面选派教师到西方大学学习和攻读学位；多方争取经费，以支持国外优秀学者到印度理工学院任教，坎普尔分校就利用福特基金会的支持吸引了很多国外教师或长期任教，或做短期教研工作。除此之外，印度学校还邀请一些外国专家和教师来印讲学，并通过与国外一些高校互派学者、教授任教讲学、进行学术交流等活动来促进与各国高校的交流与沟通。印度也极力促进学生的跨国流动。随着中产阶级的发展壮大，印度有能力出国留学的学生规模快速增长，印度政府将学生跨国流动作为推动高职教育国际化发展的重要内容。印度与世界各主要国家签订留学生交换计划，通过公派留学、学校推荐和自费留学等方式鼓励本国学生出国深造和交流。印度国内各大财团和通用等全球知名跨国公司也致力于支持印度高职教育国际化发展，积极资助优秀学生出国深造和交流。印度每年大概有5万名学生出国深造，其中高职教育学生出国留学的比重也在增加。同时，印度利用在信息科技、工程技术、生物医药等领域的先进水平吸引外国留学生，从而使外国留学生已占印度大学学生总数的15%左右。为促进学生国际流动，在印度"十五"计划期间，UGC制定海外高等教育项目（PI-HEAD），以加强与他国合作项目和吸引国际学生，同时促进印度高等教育机构海外扩张。这一项目加速了印度高职教育机构的国际化进程，截至2016年1月，印度共有11所高校在海外建立并营运过分校，扩大了学生国际流动的规模。印度"十二五"计划提出将印度建成区域性教育中心的目标。印度已吸引大量发展中国家留学生，现有留学生超过8000人，其中95%来自发展中国家。通过各种形式的自然人流动，印度高职教育不仅获得大量经济和技术援助，更重要的是丰富和更新了职业教育的理念与内涵，其职业教育人才培养具有较明显的多元化和国际化特点，为印度高职教育发展注入强大生命力与活力，从质量、效益与特色等各方面提升了其国际影响和地位。一方面由于我国传统上对自然人特别是高层学者控制较严，另一方面也由于我国高职教育国际吸引力和师资学术水平整体上不高，加之在国体上存在着差异，所以我国高职教育服务贸易的自然人流动十分有限。但我国高职教育以自然人身份出国考察培训、出国讲学、参加国际学术会议、参加国际技能大赛、合作科研的人数也在逐年增多，同时也开始邀请或吸纳一些国外高职教育专家来华讲学或授课。自 2010 年《留学中国计划》实施后，来华留学发展规模快速增长。2015 年，共有 202 个国家和地区的近 40 万名留学生在华学习，比 2010 年增加 50%，其中来华留学的高职学生逐步增加。2016 年 8 月，教育部发布《推进共建"一带一路"教育行动》，明确了教育在"一带一路"中的定位。国家还设立了中国政府"丝绸之路"奖学金，每年提供 3000 个名额，为沿线各国专项培养行业领军人才和优秀技能人才。各省（市）、高校也设立专项奖学金，并扩大沿线国家招生规模。"一带一路"有望成为来华留学新的增长点。① 不过，中印两国高职教育教师相互到对方国家从事教育工作的尚不多见②，两国高职教育互派留学生规模也很小。

3. 中印高职人才国际化运用比较分析

印度高职人才培养具有较明显的国际化特点。通过国际交流与合作，印度培养了大量的"国际化人才"。然而，由于长期的殖民统治使得印度人在社会心理上不愿意在本国发展，特别是种姓制度依然对人才职业配置有着种种的限制。另外，印度高职教育人才培养规模、结构和质量不能有效满足国内的经济社会发展与产业结构调整的需求，再加上印度普遍实行的金字塔式的管理体制和政府官僚体制作风的影响，严重地影响和限制了本国人力资源的使用。虽然近年来印度的经济和社会发展较快，在一定程度上有助于本国人才作用的发挥，但总体而言，印度对本国精英人才的吸引力不大，因而出现大量的人才尤其是优质工程类人才外流，呈现外流人数多、流入人数较少的单向流动特点。

近 10 年来，中国高职教育力求与国际社会接轨，但培养的国际化人才远不能满足我国产业发展的需求。由于中国高职教育根植于地方区域产业结构

---

① "一带一路"有望助推来华留学 ［OL/EB］. 《中国教育报》，http：//www. moe. gov. cn/jyb_ xwfb/s5147/201612/t20161208_ 291183. html，2016 – 12 – 08.

② 张曙霄，孙媛媛. 中国和印度教育服务贸易比较及启示 ［J］. 外国教育研究，2008，35（01）：75 – 79.

培养技术技能人才，且中国地方政府采取多种措施鼓励高职毕业生本地就业；中国政府实施"人才强国"战略和国内发展环境和前景极大改善，高职人才国内就业是主流；同时伴随着外资企业在中国的发展，外国高素质人才在中国也在发挥着巨大的作用。因此，中国高职人才流失相对印度而言并不突出。

综上而言，中印两国的高职教育在全球化的背景下都在探索人才的国际化培养和运用，但印度高职教育国际化发展的历史比中国悠久，整体环境条件优于中国，国际化办学经验积累多于中国，国际化程度比中国更高，而中国对人才的吸引力和人才发展空间却优于印度。这就要求我国应从国家战略层面推动高职教育国际化发展，要为高职人才的培养、使用和储备提供良好的工作环境、适宜的事业发展氛围和完善的法律、制度保障。只有这样，我们才能有人才、留人才、用人才，实现中国人力资源的高效益，为国家竞争力的提升提供可持续的保证。

（六）中印高职教育管理体制比较分析

1. 印度高职教育管理体制

印度高职教育实行中央集权与地方分权相结合的管理体制。这与印度民主分权的政治体制密不可分。印度政体为议会共和制，国家结构属联邦制复合型国家。内部的不统一使印度不得不实行联邦制，又进而不得不建立强有力的中央集权体制。政体的民主分权性特征，给予了印度高等职业教育在管理体制上的民主制，从而确保了办学自主权和学术独立性。印度教育行政管理采用联邦中央和各邦合作管理、各负其责、地方分权的二元管理体制。联邦和各邦在各自权限范围内享有最高权力，互不任意干涉。联邦政府在宪法规定下，将直接管理权下放于各邦政府，因此，印度教育管理权更多在各邦政府，但联邦政府则保持在教育发展中宏观调控的权力。

（1）印度高职教育的外部管理体制

在印度，虽不同类型高职教育机构在管理体制方面均存在一定差别，但教育管理体制总体呈独立和自治特征。联邦政府负责高职教育的方向性引领，而具体实施由各邦来执行。印度宪法规定，中央政府负责全国高等教育政策与规划；向 UGC 提供拨款，通过 UGC 对大学发展进行监督；批准、建立并管理中央大学、国家重点学院；推动大学和校际科研协作、促进国内外大学与学院合作交流等。中央政府对高等教育管理通过人力资源开发部实施。该部下设高等教育司具体负责高等教育发展。高教司由六个局组成，其中由大学与高等教育局和技术教育局分管大学与高等教育、技术教育。大学与高等教育局下设大学拨款委员会（UGC）、印度社科研究委员会、印度历史研究委员会、印度哲学研究委员会、23 所中央大学、印度高级研究机构。技术教育局下辖全印技术教育委员会（AICTE）、16 所印度理工学院、3 所印度科学学院、6 所印度管理学院、30 所国立技术学院、4 所印度信息技术学院、4 所国家技术教育教师培训与研究院和 4 个地区性实训管理委员会，其中，全印技术教育委员会负责全国高职教育及其他职业技术教育的规划、指导和协调工作。印度还成立了全印职业教育指导委员会，负责统筹规划和制定普通教育与职业教育培训相衔接的有关政策。

印度中央政府对高等教育管理更多侧重于国家重点院校及中央大学。而占印度高等教育主体部分的邦立大学与学院的管理权实际上落到邦政府头上。印度各邦政府高等教育主管部门与中央政府对高等教育的管理体制相同，各邦主管教育事务的机构为邦教育部（或称文化教育部），下面也分设高等教育委员会与技术教育委员会，分别对本邦大学与高等教育、技术教育进行专门管理。各邦还设有半官方机构负责高职教育的业务工作。宪法赋予各邦政府创建与管理大学和学院的权利，并承担为其提供发展性拨款及维持性拨款的义务。中央政府与邦政府间的协作由中央教育顾问委员会实现。

（2）印度高职教育中介管理组织

与我国不同的是，在政府实现其对高等教育监管时，并非直接出面，而是采用间接方式，以各类中介组织作为缓冲机制实现政府管理。印度有大量中介组织存在，对高职教育而言，相关的有隶属于印联邦政府人力资源开发部的大学拨款委员会和全印技术教育委员会及各邦政府的高等教育委员会及技术教育委员会。

印度大学拨款委员会（University Grants Commission，UGC）是联邦政府行使宪法赋予其管理高等教育的权力机构，旨在协调、决定并维护高等教育标准和质量，对印度大学进行认证，对政府认可的大学与学院进行经费支持，在中央政府、各邦政府与高校之间进行有效联结。UGC 在印度高等教育管理与发展中扮演着重要角色，作为政府与高校间的缓冲机制，UGC 在极力平衡各方关系中推动高等教育发展，同时致力于保证高教管理的民主特性，给予高校最大程度自治与独立权。在我国高等教育大众化的当下，UGC 的发展对我国政府与高校间关系及高等教育管理体制改革都有现实借鉴意义。全印技术教育委员会（All Indian Council for Technical Education，AICTE），是管理印度技术教育的法定权威机构，可通过评审手段、对重要领域的优先资助、监测和评价、维护公正的认证和奖励制度等以确保国家技术教育发展和管理走向综合与协调。AICTE 作为中央政府与技术教育机构间的中介组织，对二者进行协调与促进，使印度技术教育在中央政府调控下，维持并不断提高其教育教学与研究质量和标准。UGC 和 AICTE 是印度中央政府对高职教育进行宏观管理最为著名的两个中介组织，前者更多地对印度大学及高等教育进行服务，后者侧重于对印度技术教育发展进行服务。两者均是政府与高等教育间的缓冲机制，确保中央政府对教育的管理及高等教育的独立与自治，实现行政权与学术权的适度平衡。①

（3）印度高职教育机构的内部管理模式

印度高职教育机构的内部管理模式以 16 所 IITs 为典型。IITs 管理体制与我国高校有巨大差异，甚至与印度国内其他高校相比，也有明显差异。根据印度理工学院法案规定，IITs 管理体制从纵向层级上可分为五级，分别是视察员（Visitor）、理事会（IIT Council）、管理委员会（Board of Governors）、议事会（Senate）和院长（Deans，或者相当于院长的其他学校内部管理职位），详见图 9。IITs 由理事会进行联结和集中管理。

① 刘筱. 印度工程技术教育发展研究 [D]. 重庆：西南大学，2012：72 – 74.

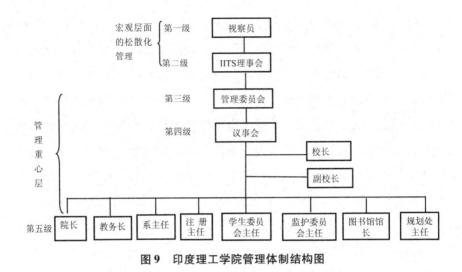

图9　印度理工学院管理体制结构图

　　第一级的视察员是管理体制最高层，由印度现任总统担任，是五级管理体制中的最高权力者。视察员只对各学校教学科研工作提出方向性指示，确保国家对 IITs 办学大方向的监督，不对大学所有事务进行审查、决策和监督。因而视察员从实质上讲，属于一种荣誉性管理职位。荣誉性视察员这种独具特色的管理体制赋予 IITs 自治权力，也使印度理工学院法案中的"自治与独立"得以实现。

　　第二级管理机构是理事会，其成员由中央政府各相关部门代表及国会议员组成。强大的政府背景从宏观层面保证对 IITs 的正向调控。理事会重在对各学校的发展计划、年度预算、财政拨款、学制、学位、入学标准及考试制度、师资队伍的评聘等工作进行协调督察，即宏观层面调控，并不具体干涉各校内部行政与学术事务。视察员和理事会都是宏观层面的松散化管理，以确保各学校办学方向不偏离政府所需。管理重心层是接下来的各校管理委员会和议事会，它们具体分管各校行政与学术等内部事务。

　　第三级是管理委员会，其成员包括主席1名，由视察员任命；校长（Director）1名；学校所在地政府任命的颇具声望的企业家或者技术专家1名；由理事会任命的在教育领域或工程与自然科学领域同时兼具特殊知识与实践经验的人士4名；由议事会任命的本校知名教授2名。各校管理委员会负责对学校办学方向及定位进行确定，主要对学校行政与学术事务等一般事务进行管理，负责制定学校各项规章律例制度，有权对学校议事会制定的各项制度进行审查。管理委员会中许多成员并非本校人员，其职能更多侧重于协商，这在很大程度上保证了本校学者根据自身实际情况做出各项决策，以此矫正和对抗行政权力对学术权力过度干预。

第四级是管理委员会之下的各校议事会，这也是学校的重要权力机构。议事会成员包括主席 1 名，由各校校长担任，副校长对主席各项工作进行协助；各校从事教学的教授数名；由管理委员会和各校校长联合任命的在自然科学、工程学或人文社科领域拥有强大声望的学者 3 名；各校规章中规定的其他人员数名。议事会主要对学校教学、考试的标准、质量的维护与提升等常规运行进行控制和干预。议事会主要成员由教授和学者组成，确保各校独立行使学术管理权，也确保各校依据各自情况制定相应制度，其学术本位导向将学术自治和教授治校加以践行。

最后一级是具体负责各校日常行政与学术事务的中层管理者。包括学校各院院长、各学系主任、学生注册中心主任、分管学生事务的主任、监护委员会主席、图书馆馆长、学校规划处主任等。这些管理者身处学校内部第三级管理岗位，各司其职，保证学校正常运行与组织和管理不断优化，也保证学校独立与学术自治，使各校保持学术性组织机构的固有内在特质。[1]

由上可知，五级管理体制中，第一级视察员与第二级理事会实质上只是处于协调地位，作用在于行使国家宏观调控权以确保 IITs 办学大方向。他们与各学校间绝非我国现行的上下级行政领导关系，并不干预各校内部具体决策。第三、四级的各校管理委员会与议事会是各校内部的宏观管理层，是整个管理体制的中坚层级，对各校教学与科研、学术与行政进行总体规划管理，其成员大多是内行教授与学者，可以确保各校学术独立与学术自治。第五级的中层管理者充当学校各项决策的具体实施者，确保学校正常高效运行。各级管理机构成员的多元性以及官方背景，同时确保管理体制的民主性与国家

---

① 刘筱. 印度工程技术教育发展研究［D］. 重庆：西南大学，2012：75-76.

特性。这种独特的五级管理体制的目的便是确保 IITs 自治权，营造学术独立与教授治校学术自由氛围，使师生的活力最大程度发挥，最大限度挖掘各校学术潜力。

印度高职教育的管理体制总体而言具有民主分权性、横向协调性与国家性特征。无论是高职教育机构与政府间的外部关系，还是各学校内部管理体制，都呈现民主化特征。从外部管理体制而言，政府并不直接对高职教育进行干预，而是由成员背景多元化的管理委员会实现管理，印度总统或邦政府官员作为视察员只是一个荣誉性称号，并不在各院校实际运作中发挥作用。而在各校内部管理中，采取学校学术权力与行政权力分开的制度，使学校科研与教学拥有最大程度独立自主权，实现与国际化大学制度的接轨。在其治理结构中，不论学校外部还是学校内部，行政权力不能一统天下，而是纵向的中央政府与邦政府分权管理与横向层面的各种行政机构与学术机构分权管理相结合。纵向的分权化与横向的民主化，赋予地方和高职教育机构最大限度的办学自主权和学术自治权，有利于调动地方的积极性，确保高职教育因地制宜的发展，从体制上保障了高职教育的发展与进步。独特的管理体制是印度高职教育尤其是工程技术教育之所以卓越的基本保障和制度支撑，也是其一大特征。在印度高职教育尤其是工程技术教育的兴起和发展中，国家始终扮演了异常关键的角色。政府自上而下推动工程技术教育的兴办、给予印度理工学院和国立技术学院国家重点学院之地位、印度总统直接监管和政府各部门代表直接参与管理、给予其完全独立自治权、以立法形式规定两类工程技术教育机构的权利与职责、扩张理工学院和国立技术学院规模、且在经费等办学条件上给予极大支持等，都显示出国家始终扮演主体决定性角色，国家因素直接决定、规定和影响高职教育的发展。总之，印度高职教育管理体制呈现出鲜明的纵向民主分权特性、横向协调合作性和国家性特征，分权性与协调性分别赋予这一管理体制民主特性与兼容特性①，有效地从体制层面保证了高职教育发展，而国家性明确了精英高职教育机构的地位、保障了其

① 刘筱．印度工程技术教育发展研究［D］．重庆：西南大学，2012：74.

良好发展环境和条件。正是这一特殊的管理体制，促成印度高职教育取得世人瞩目的成就。

（4）印度高职教育管理体制的弊病

弊病之一，印度高职教育管理体制，削弱了国家整体资源动员能力，影响国家整体教育目标的达成。弊病之二在于管理职能重叠导致管理混乱。印度教育宏观层面由中央与地方分权管理，导致中央政府监管不力，加之横向的技术教育委员会与高教委员会及其他中介组织间职能重叠或矛盾（见表8），导致多头管理的混乱状况。弊端之三便是学校管理体制缺乏灵活性。由于附属制度，导致大量邦一级学院和私立学院在实际教学运行中缺乏自主权与灵活性，严重限制学校发展及教育质量的提高。附属体制引发印度高等教育领域三大问题，即发展自主权与灵活性缺失、学术标准无从保障、人才培养与社会发展需求脱节严重，高职教育类院校除此之外，还存在着一些其他独有问题——附属体制下高职教育的专业性质被压制，大量毕业生则因无法胜任专业岗位就业需求而难以顺利就业；附属体制下高职教育与工商企业界的衔接滞后，导致教育与社会需求错位，这正是高职教育致命之处。

表8　印度高等教育中介组织管理职能概况表

机构名称	主要职责	职责的重叠
UGC 大学拨款委员会	资助，认可高校及其学位，维持整体标准	与其他专业委员会及远程教育委员会 DEC 职责重叠
DEC 远程教育委员会	资助，维持开放教育的标准	与其他专业委员会及 UGC 职责重叠
AICTE 全印技术教育委员会	技术教育类高校的资助，认可	与各邦政府部分职责重叠
MCI 印度医学委员会	医学从业者注册，医学院和医学资格证认可	与邦医学委员会、邦政府职责重叠，某些方面与 UGC 及 DEC 重叠
PCI 印度药学委员会	药剂师注册，药学院认可	与 AICTE、邦药学委员会职责重叠

机构名称	主要职责	职责的重叠
INC 印度护理委员会	建立统一的护士、助产士和健康访问者的培训标准	与22个邦护理委员会职责重叠
DCI 印度牙科委员会	向中央政府建议批准牙科（口腔）医学院	与国家卫生部职责重叠
CCH 中央顺势疗法委员会	维护顺势疗法教育机构的中央注册	与邦委员会职责重叠
CCIM 印度医学中央委员会	维持中央注册	与邦委员会职责重叠
BCI 印度康复委员会	理疗及相关教育机构的认可	与邦政府职责重叠
NCTE 全印教师教育委员会	教师教育机构认可	与 DEC 职责重叠
ICAR 印度农业研究委员会	协调资助农业教育	与 UGC 职责重叠
BCI 印度律师职业委员会	登录律师成员名单	与邦律师委员会职责重叠

资料来源：宋鸿雁．印度私立高等教育研究［D］．上海：华东师范大学博士学位论文，2008：128.

2. 我国高职教育管理体制

（1）我国高职教育的外部管理体制

我国是单一制中央集权型国家，各种教育的行政管理体制属于"中央集权制"，施行从中央到地方的一元层级管理体制，中央政府享有最高权力，地方政府服从中央。具体而言，从国家级的教育部到省级的教育厅、市级的教育局等，是自上而下的等级管理体制，权力逐级下放。随着我国高教管理体制改革的深入，国家逐步扩大地方政府对属地高等教育的管理权，建立了以省级管理为主的高职教育宏观管理体制。我国教育部作为教育的中央领导机构，下设高教司行使其高职教育的宏观管理与协调职能，统筹规划高职院校和办学机构的人才培养工作，制定高职人才培养的指导性文件，指导高职院校教学基本建设和改革，负责高职教育质量监控和评估工作。同样，各省市的高职教育由教育厅高教处负责。我国高职教育宏观管理体制存在的问题：

①管理权力过于集中，院校办学自主权欠缺

长期以来，我国对高等教育的管理强调以政府为中心，统一领导，政府和院校之间的关系纯粹是一种上下级的行政关系。中央和省级政府及其教育主管部门集高职院校举办权、办学权、管理权于一身，学校的一切工作都得受各种政策和规章的束缚，留给高职院校自身进行管理的空间很小。虽然《高等教育法》明确规定，高等学校依法自主办学，但我国业已形成的高度集中的招生管理、经费投入、学历认定、人事任用等方面的政策措施，无不贯彻着政府的意图。随着市场经济体制的日益完善，这种高度集权的办学体制已经严重束缚了我国高职教育的发展。事实上，高职教育要"以服务为宗旨，以就业为导向，走产学结合的发展道路"，就必须瞄准市场，依托市场，不断调整办学模式，不断整合办学资源，不断优化专业结构，以满足经济社会对人才需求的变化，这些都要求教育行政机关实行灵活管理，赋予高职院校更多的办学自主权。可见，扩大高职院校办学自主权是当前改革高职教育宏观管理体制的关键。

②法律法规建设滞后，管理机制缺失

我国虽然颁布了几部教育法规，如1996年颁布的《中华人民共和国职业教育法》、1998年颁布的《中华人民共和国高等教育法》，明确了高职教育的法律地位，指出了高职教育管理体制改革的目标和方向。国务院、教育部以及各地政府也相应制定了一些教育行政性法规，但这仍然不能适应我国高职教育发展的需要。主要表现为很多在实践中出现的问题和好的做法，由于缺乏相应的法律法规方面的依据而得不到解决和支持，如现代学徒制、产教融合、工学结合等经验都未能上升至法律高度而难以高效执行，从而对高职教育发展产生不利的影响。另一方面，从管理机制看，政府主要通过行政手段来管理高职教育，缺乏综合运用行政、经济、法律和评估等多种手段进行引导；宏观调控不够，缺乏按照公平与效率兼顾的原则，适当应用市场机制进行管理。

③管理体制条块分割，业务主管部门与其他行政部门之间不协调

按照我国现行的教育行政管理体制，高职教育由教育部高教司主管，而中职教育和培训则由教育部职成教司主管。高、中职教育分属不同部门主管，难免出现管理上的脱节。与此同时，我国政府对高职院校的管理模式是谁办学、谁管理、谁受益，办学与管理合二为一，这种管理模式容易出现条块分割的弊端。由于高职教育有地方办、行业办、企业办的区分，地方政府和行业主管部门都承担一定的管理职责，致使行业、企业办的高职院校既要服从主管部门的行政管理，又要接受教育部门的业务管理，往往由于政出多门而无所适从。此外，在学历证书与职业资格证书管理方面，教育部高教司仅负责高职教育学历证书的管理，而职业资格证书则由国务院劳动、人事部门进行管理，各自独立存在，彼此之间没有必然联系。这种条块分割式非统一的管理，严重制约了我国高职教育的发展，表现在：一方面，在高职教育的外部关系方面，缺乏统筹协调，社会力量参与不足；另一方面，我国职业教育管理职能上的分裂格局，导致教育系统的内部资源不能优化配置，缺乏层级衔接的统一和学校办学自主权的缺失，同时影响了我国职业教育政策法规上的统一性、整体性。

（2）我国高职院校的内部管理体制

我国高职院校多采用院党委领导下的院长负责制。院长之下，由副院长分工管理各自事务。院级领导下设教务处、人事处、科研处等行政部门，具体负责教学和行政事务的管理，教学科研的具体实施由二级学院或系部承担。这种管理体制存在以下主要弊端：行政过多干预教学和学术，教学科研缺乏独立自主权；权力集中于学院层面，二级学院或系部缺乏人、财、物等自主权，与其承担的职责不匹配，制约了二级学院或系部主动性和创新性的发挥。高职院校推行的院系两级管理体制改革，旨在扩大二级学院或系部的自主权而使其由教学主体向办学主体转变，但改革的力度和实施效果并不理想。

两国政体和国家结构形式的不同，决定了两国高职教育管理体制的差异。

相较于印度，我国教育管理体制更具整体动员、协调和教育价值实现能力，但限制了地方和高职院校的自主性，不利于高职教育的灵活独特发展及其与地方经济紧密联系的建立，也不利于发挥市场机制在高职教育发展中的作用，难以有效调动社会力量参与办学。《国务院关于加快发展现代职业教育的决定》提出要统筹发挥好政府和市场的作用，确定了"政府推动、市场引导""地方为主，政府统筹"的基本原则来深化职业教育办学体制机制改革，其中，职业教育管理体制机制的改革是非常关键的环节。印度中央政府与邦政府纵向分权管理、行政机构与学术机构横向民主化管理、中介机构的缓冲协调性管理，都是值得我国高职教育管理体制改革学习借鉴的。最大限度保障高职院校办学自主权和学术自治权，是高职教育可持续发展的重要保障。

（七）中印高职教育经费来源渠道比较分析

印度高职教育不是作为独立教育类型而存在，但是印度高职教育的构成大多属于高教系统，因此，此处从印度整个高等教育经费来源渠道可窥探高职教育的经费来源渠道。印度拥有世界第三大高等教育系统，若按经费来源划分，可分为联邦政府拨款高校、邦政府拨款高校和私立高校三类。20 世纪90 年代以前的印度高等教育经费属典型的依赖政府一元化投入。20 世纪90 年代，印度高等教育迈向大众化阶段之际，恰逢印度国内政局动荡、经济持续低迷，印度政府无奈之下，借此契机，对高等教育财政体制进行了深刻的变革。一方面，大幅消减高等教育投入比重，另一方面，改变依赖政府投入这一单一经费来源渠道的状况，尝试高教经费来源多元化改革，已经形成中央政府、邦政府、学生及其家长、高校和国内外社会共同筹集高教经费的格局。

印度高等教育资源分配模式属于典型的二元部门制下的异质型。从高教经费来源渠道看，目前印度政府投入比例下降。在政府层面，印度实行中央、邦、地方三级预算分层制度，但高等教育经费基本由中央和邦两级政府负责，二者投入的高校各有侧重，邦政府的投入总额远高于中央政府。在学生成本分担方面，印度实行公私立高校异质型的资源分配模式。公立高校主要仰赖于政府投入，学费很低，而多数私立高校则基本仰赖学生学费保持运行，特别是私立非公助高校的学费极其昂贵。在学校自筹经费方面，政府积极鼓励高校自筹经费，并放松对高校自筹经费所得的干预，高校自筹经费在高校总收入中所占比例有很大提升。在国内外社会捐赠方面，国外捐赠一直起着重要作用，由于诸多因素影响，国内捐赠意愿尚待提升，但是，这一经费来源目前已得到政府的重视。这种多元化的高等教育经费筹措模式，也使得印度高等教育质量和公平问题日益严峻。①

我国高职教育也基本形成了国家、地方政府、企业和社会力量等投资主体多元化体制，主要来源于政府拨款、社会资助、捐赠、学生个人学费等。其中，以政府投入和学生学费为主，其他渠道投入为辅。政府层面，公办高职教育经费由中央财政和地方财政共同分担，但以地方政府投入为主，中央财政主要通过专项项目拨款制度，对高职院校进行有侧重的经费投入，地方政府通过直接财政拨款和建立生均拨款机制来实现对高职院校的投入。行业企业、高职院校自筹、社会捐赠等占极小比重，学费分担了较大比重的公办高职教育经费。我国公办高职教育的学费远高于印度，加重了中国家庭尤其是农村家庭的教育负担，致使教育公平问题凸显。私立高职院校以学生学费为主，同时依靠社会资助和捐赠，其经费管理缺乏有效的激励机制，收费较公办院校昂贵，但教育质量却整体低于公办院校。因此，我国高职院校经费来源因举办方不同而各有差异，除此之外，地域、性质、行业背景等差异，也使我国高职院校的经费来源的比重及经费数额分化严重。东部沿海发达地区、央属院校、省属院校、示范院校、行业背景的高职院校经费来源总体比较充足，而欠发达地区、地方属的单一升格的高职院校普遍经费紧张，成为制约其发展的重要瓶颈。

财政投入不足依然是制约我国高职院校持续健康发展的瓶颈。一方面，由于高职院校多为地方性高校，大部分是由地级市政府主办，地级市财政的丰厚与否，直接影响高职院校的发展。对于财政薄弱的地级市而言，高职院

---

① 刘淑华，王旭燕．印度高等教育大众化进程中的经费来源渠道探析［J］．外国教育研究，2016，43（3）：69－81.

校所需的大额经费投入无疑成为地方政府的一种负担，地方政府对高职院校的经费投入往往不足。另一方面，由于大部分高职院校设立的时间不长和社会影响力有限，其科研成果、技术开发、人才培养和社会服务往往难以有效满足地方经济社会发展需要，加之地方政府对高职院校存在着某些偏见，因此，对地方高职院校的投入也不及普通高校。由于投入不足，目前部分高职院校规模偏小，实训条件落后，师资队伍薄弱，教职员工待遇不高，这些又进一步制约了高职院校人才培养质量的提高和可持续发展。

值得注意的是，印度发展高职教育在较大程度上依靠了私立教育，但是却采取了公共财政投入为主的形式，政府对于私立院校给予一定的经费补助；而中国发展高职教育在较大程度上依靠了公立教育，但是却采取了私人成本补偿的资助形式。换句话说，印度私立高职教育的发展在较大程度上依靠了公共财政资助，而中国私立高职教育的发展在较大程度上依靠了接受教育者提供的学费。① 这也是两国高职教育发展形式的一个不同之处。

两国虽都已实现经费来源渠道多元化，但投入的主体及各主体投入的经费比重有较大差异。总体而言，印度政府投入比例下降，作用减弱，其他渠道尤其是学费及自筹渠道比例上升，作用增强。而我国政府投入和学费是主渠道，其他投入渠道却相形见绌，造成政府和学生家庭负担重、高职教育经费紧张，这在欠发达地区尤为严重，制约了高职教育质量的提升。这与两国政治体制、经济制度、教育管理体制、办学理念、国情等有极大关系。我国应在确保教育公平前提下，逐步鼓励办学主体多元化，引入行业企业及社会办学力量，发挥市场导向的作用，同时鼓励高职院校自筹经费，拓展国内外捐赠渠道，以减轻政府财政和学生家庭负担。

（八）中印高职教育师资情况比较分析

教师危机是印度高职教育最突出的问题之一。首先，印度高职教育师资普遍严重短缺。随着近年印度高等教育规模扩张，高等教育机构及入学人数

---

① 阎凤桥，施晓光．全球化和知识经济背景下的印度高等教育及其对经济增长的贡献［J］．比较教育研究，2009（2）：29-34．

激增，由于师资储备不足和经费紧缺等原因，严重的师资紧缺问题已成为印度高等教育发展异常突出的矛盾。尤其在高等职业教育领域，由于对教师实践操作及实际从业能力及教学与科研能力的多重要求，加之缺乏相应薪酬支持措施，师资短缺已成为典型问题。在工程技术教育方面，奉行精英教育的印度理工学院（IITs），生师比为 12.4：1。在国立技术学院（NITs）中，生师比高达 21：1。而在私立工程技术院校中，生师比则保持在 15：1 左右。①虽然私立学院总体生师比并不高，但在教师学位及教学水平上却远远低于其他几类院校。当然生师比仅是检验师资水平的一个标准，教师学位水平也是衡量师资水平的重要因素。其次，印度现有师资水平总体偏低。据印度国家评估与认证委员会（NAAC）对高校教师评估等级看，印度高等教育整体师资情况不容乐观。拥有硕士学位教师是印度高等院校的主体部分，拥有博士学位和哲学硕士学位（印度哲学硕士学位的获取难度比其他学科硕士学位要高）的教师只占教师总数很少比例，而且在 NAAC 等级标准②中 B 等级的硕士占了绝大多数。这无疑说明印度高职教育领域师资整体水平不高。

鉴于工程技术教育领域师资总体水平不高及师资紧缺问题，印度政府就此敦促 AICTE 做出各种项目计划，以提高整体师资质量。在 AICTE 师资水平提升计划中，最为著名的是师资质量提升工程（Quality Improvement Programme，QIP），此项目每年可提供 180 名左右硕士学位及博士学位，以提高教师整体学位水平。但目前印度仍约有 50000 多名非博士学位工程技术类教师，因此教师质量提升工程计划应每年提供 1000 人次的培训名额为宜。目前 AICTE 正努力调整 QIP 的内容及方式和名额，力求构建一个灵活多元且能切实提高教师质量的培训体系。除了 QIP 之外，AICTE 还开展许多其他师资培训项目，诸如青年教师职业激励计划（Career Award For Young Teachers，CAYT）、教授访问计划、研讨会基金项目、外出调研项目、教师发展项目、国家博士学位奖学金计划、教员入职计划、杰出客座教授计划、教师财政援

---

① 刘筱. 印度工程技术教育发展研究 [D]. 重庆：西南大学，2012：115.

② NAAC 等级标准包括 A& 以上、B + + &B + 、B、C + + 、C + &C、不合格六个等级，B 表示中等水平。

助专业协会计划等。在 AICTE 各种计划外，"教员进修计划"（Faculty Recharge）也是印度高等教育领域较有影响力的一项教师素质提升计划。该计划旨在对大学科学相关领域教员数量扩充与质量提升提供有效的培训机制。如印度著名的尼赫鲁大学便被印度政府选中建立一个教员进修中心（Faculty Recharge Cell），该中心可同时提供 1000 名国际化水平的教师培训。① 总之，师资问题已引起印度政府及 AICTE 广泛关注，双方都在寻求以各种有效的师资培训及提升计划来缓解这一问题。但是，要使一个悠闲、缺乏竞争、治理结构不佳国家的高校师资有充足补充，面临的困难是非常大的。

关于我国高职教育师资情况，赵定勇和何方国以 100 所不同区域国家骨干高职院校的师资队伍为例，以这些骨干院校 2009 年"高等职业院校人才培养工作状态数据采集平台"的数据为依据，通过研究认为，从 1999 年至 2009 年，我国高职教育重点解决了师资队伍数量不足、学历层次偏低、高职称人数偏少、双师素质教师比例偏低等突出问题。高职院校今后师资队伍内涵建设的主要任务已然发生变化，高职师资队伍建设要从数量增加、学历层次提高、高职称教师人数增加、注重双师素质的外在形式向提升教育教学能力、双师素质的内在本质和优化师资队伍结构转变。同时，他们认为骨干院校师资队伍建设水平呈现东部强，中、西部相对薄弱的区域发展不平衡状况。他们建议大力实施师德师风建设工程、双师素质建设工程、教学名师和团队建设工程、教学能力提升培养工程"四大"工程，同时，加大对中西部高职教育的政策倾斜和经费投入，以缩小中、西部地区高职教育师资水平与东部地区的差距。② 2009 年以来近 10 年间，我国高职教育的师资情况整体得到了较大改善，师资数量较为充足，表现为生师比控制在 18：1 以下；师资结构不断优化，表现为"双师"型教师比例提高、高学历高职称教师人数增加、专兼职教师比例更合理等；师资水平得到实质性提升，表现为教师的师德师风高尚、专业教学能力提高、综合素养提升等。但就高职院校总体而言，师资

① 刘筱. 印度工程技术教育发展研究［D］. 重庆：西南大学，2012：115 – 116.
② 赵定勇，何方国. 我国不同区域高职院校师资队伍现状分析，职业技术教育，2012，33（13）：55 – 59.

队伍仍存在重计划轻市场、重文轻理、重理论轻实践的落后建设观念，专业课教师比重偏低、专业带头人和权威专家匮乏、学历层次偏低、高级职称偏少等结构不合理问题以及教师职业倦怠、师资培训条件落后、有关师资队伍建设的相关教育政策不健全等问题。①

为实现我国高职教育师资队伍整体质量和水平提升，从国家示范（骨干）高职院校建设到高职教育创新发展行动计划和高职院校内部质量保证体系诊断与改进工作，再到优质高职院校建设，无不将师资队伍建设作为重要的建设内容和评价指标，显示出我国对高职教育师资队伍建设的重视和投入。为加强高职教育师资培训，我国教育部和财政部出台《关于实施职业院校教师素质提高计划（2017－2020 年）的意见》，开展实施了一系列职业院校教师素质提高计划项目，建立了高等职业教育教师培训中心、高职高专师资培训基地和全国高职高专教育教师培训联盟等培训机构。

高等职业教育教师培训中心于 2012 年 6 月成立，隶属于江苏省教育厅，是依托江苏理工学院成立的全省高等职业教育教师培训工作的业务管理机构，由省教育厅和江苏理工学院双重领导。其职责为：承担江苏省高等职业学校教师培训需求调研与规划，培训政策研究与咨询，培训项目开发与资源建设，培训计划落实与组织，高等职业教育培训平台构建与绩效评价等工作。培训项目包括国外培训项目、管理者提高培训项目、新教师职业素养提升培训项目、青年教师企业实践培训项目、骨干教师教学能力提升培训项目和专业带头人高端研修项目等。②

全国高职高专师资培训基地是教育部和宁波职业技术学院于 2002 年共同投资建设的，由宁波职业技术学院独家承办。截至 2016 年 8 月，该基地已举办各类高职高专师资培训班 300 多期，培训教师 25000 余人。部分培训计划见表 9。

---

① 张璐．我国高职院校师资力量建设的现状及对策［J］．教育与职业，2016（03）：62－63.

② 资料来源：http：//spzx.jsut.edu.cn/news.asp? classid = 1

表9　全国高职高专师资培训基地2016年10—12月执行的培训计划

项目编号：NBJD001
项目名称：职业院校有效课堂建设及认证
培训内容：职业院校课堂教学中存在的问题；宁职院有效课堂认证项目介绍（认证标准、认证程序及保障制度）；有效课堂的建设路径；"任务型"课程设计及案例分享（项目课程、案例课程、活动课程、问题课程等）；"做中学"教学方法实战演练；课堂教学实战及指导。
培训对象：高职院校教师、教学管理人员。
项目编号：NBJD002
项目名称：职业院校项目化课程的设计与实施
培训内容：职业教育的课程观与教学观；为什么要实施"项目化"教学改革；项目化课程的整体设计与单元设计；项目化课程设计中典型问题分析；项目化课程设计与实施案例分享；课程设计实战。
培训对象：高职院校教师、教学管理人员。
项目编号：NBJD003
项目名称：职业院校公共课教学改革与教师教学能力提升研修班
培训内容：职业院校公共课在实现职业教育人才培养目标中的价值；职业院校公共课教学中存在的问题；职业院校公共课教学改革的方向；新形势下信息技术支持的课堂教学创新；有效教学理论支撑下的公共课教学改革案例交流。
培训对象：高职高专院校从事公共课教学、素质教育、思政工作、教育教学研究者、教学管理者。
项目编号：NBJD004
项目名称：信息化教学的设计、开发与实施
培训内容：信息化与信息化教学；信息化教学的特点及模式；信息化教学设计的流程；信息化教学资源的开发技术（演示型课件、互动型课件、微课、慕课等）；信息化教学环境的构建；信息化教学的实施与效果评价；信息技术与教学创新、职业院校信息化教学大赛参赛指导（信息化教学设计、信息化课堂教学、信息化实训）。
培训对象：高职院校教师、教学管理人员、教学资源开发人员。
项目编号：NBJD005
项目名称：现代学徒制模式下的人才培养方案的制定与实施

培训内容：国际视野下的现代学徒制；中国特色现代学徒制的探索与实践；基于现代学徒制的人才培养方案的制定与实施；国内现代学徒制试点院校典型案例交流。

培训对象：职业院校教师、教学管理人员、参与现代学徒制试点的企业相关人员。

"全国高职高专教育教师培训联盟"于 2009 年在北京成立，是由 100 所国家示范性建设高等职业院校、47 个高职高专教育专业类教学指导委员会和 8 个教育部批准的全国高职高专教育师资培训基地和 155 个会员自发形成的民间组织。该联盟坚持公益性原则，坚持社会效益第一，以服务高职教师培训工作为宗旨，在教育部指导下，密切配合我国政府实施的各项教育改革重大工程，致力于推动我国高职高专教育领域教师培训的改革与发展，搭建沟通交流、信息共享的平台，为高职教师成长服务。联盟的任务是培训管理、研究咨询、队伍建设、交流沟通、资源共享。①

总体而言，印度高职教育师资存在数量紧缺、总体水平不高、结构不合理的浅层次问题，而我国高职教育师资队伍建设已初步解决了师资队伍数量不足、学历层次偏低、高职称人数偏少、双师素质教师比例偏低等外延式发展问题，面临提升教师教育教学能力、注重教师素养和优化师资队伍结构的内涵式发展问题，即我国高职教育师资面临的问题是触及内涵本质的更深层次的问题。但是，印度高职教育对师资的考核评价较我国科学、全面和严格，值得我国研究借鉴。

（九）中印高职教育与职教体系和普通教育的相互沟通比较分析

职业教育系统内部的纵向贯通、职业教育系统与普通教育系统的横向沟通是现代职教体系构建的核心问题。高职教育与职教体系和普通教育的纵横贯通在很大程度上决定高职教育的质量和吸引力。2012 年之前，"单层次"与"终结性"是印度职业教育体系起始阶段的明显特征。2012 年 9 月颁布和实施的印度"国家职业教育资格框架"（NVEQF），整体构建了印度职业教育纵横贯通的框架体系，标志着印度现代职业教育体系已渐趋完善。NVEQF 是

---

① 资料来源：http：//guopei. hvett. com. cn/index. php？ action = page&pid = 10

一项关于技能学习、认证及其累积的描述性框架，它依据一系列的知识和技能标准来组织资格证书框架。该框架主要包括设定技能层级与制定国家职业标准、实施先前学习认定、制定学分框架、实现学分累积与转换、设计"多样化路径"、加强与产业界的合作等内容，实现了职业教育内部层次衔接和职普横向互通。NVEQF 从顶层设计上破解了职业教育"终结性"和"职普割裂"问题，构建了纵横贯通的职业教育体系，有助于满足个体发展的多元化需求和产业发展对多层次、多类型技能型人才的诉求。总之，印度职业教育已从此前单层次、终结性和封闭化走向多层次、终身化和开放化。印度高职教育也由此在纵向上实现了下与中等职业教育、上与硕士乃至博士学位职业教育的纵向衔接，在横向上实现了与普通高等教育的双向互通，这必然为印度高职教育质量的提升和吸引力的增强奠定良好的基础。印度正规高职教育与社会私营高职教育系统之间也建立了沟通联系，如国家信息技术学院（NI-IT）为学历教育系统的学生提供职业培训，同时又引进学历学位制度，力争成为真正的大学。

反观我国，纵向上，我国中职、高职高专、应用型本科、专业硕士之间的晋升通道非常狭窄且不连贯，横向上，普通中等教育毕业学生可以升读高职教育，但高职教育与普通高等教育之间缺乏便捷和有效的双向互通通道和桥梁。我国提出了构建产教融合、中高职衔接、适应需求、体现终身学习理念的现代职业教育体系的目标，有望打通高职教育与整个职教体系和普通高等教育体系的纵横贯通通道，但需要借鉴印度等国外的有效经验，制定国家层面的职普转换、中高职衔接的系统可操作的框架体系。

综上所述，印度已经从国家层面完成了高职教育与职业教育系统的纵向晋升、与普通教育之间的横向沟通制度设计，并已着手实施，已经走在了中国的前面。我国应加快这方面的制度设计，方能以高职教育为重要环节构建起立体化的现代职教网络体系。

（十）中印高职人才培养对经济发展的促进作用比较分析

近年来，印度高职教育发展迅速，尤其是高等工程技术教育和 IT 职业教育。教育发展的原动力在于社会和市场的需求。印度将信息技术产业作为新的经济增长点，通过高职教育为信息技术产业提供人才、技术支持。据统计，印度有 400 所大专院校开设了计算机及电脑软件专业，全国每年大约有 25 万人接受信息技术培训；每年还有相当一部分其他工程专业的学生毕业后转入计算机工程专业，或者进入私立软件培训学院培训。① 这种以市场需要为目标的软件人才培养模式，有力地助推了印度信息产业的繁荣。在此带动下，印度的 GDP 近年来一直保持 8.5－9% 以上的增长速度，国家创新能力稳步提升。可见，印度的高等职业教育为印度经济快速发展做出了巨大的贡献。但是，最近一项对于印度 1980－2000 年数据分析的研究结果表明，用高技能工人所表示的人力资本对于服务业具有显著的促进作用，但对于制造业却没有显著影响。② 因此，印度一枝独秀的高职教育发展生态对印度经济整体的促进作用却不明显。

就业率低和人才外流拉低了印度高职教育对经济社会发展的贡献。虽然工程技术教育在印度整个高等教育体系中发展程度及水平较高，发展速度也较快，但失业问题和人才外流现象比较普遍和严峻，已严重影响到工程技术教育体系的良好发展，也带给印度本国极大困扰。如表 10，四类工程技术教育机构本科生整体就业率并不高。

表 10　印度各类工程技术院校近年来本科生就业率情况一览表

指标	印度理工学院	国立技术学院	邦立工程 技术学院	私立工程 技术学院
平均就业率（%）	77.48	74.86	72.5	66.58

IITs 类高校之所以就业率仅有 77.48，与此类高校毕业生大多选择继续出国深造有很大关系；国立技术学院情况类似，学生大多以进入 IITs 深造为幸；

---

① 孟祥进. 中印人才培养与国际竞争力比较之五维分析 [J]. 黄河科技大学学报，2010，12（05）：113－115.

② 阎凤桥，施晓光. 全球化和知识经济背景下的印度高等教育及其对经济增长的贡献 [J]. 比较教育研究，2009（2）：29－34.

邦立与私立学院则更多是因为生源质量及教学质量不高造成低就业率。就业率低已成为影响印度工程技术教育发展的一大问题，也有悖于印政府将发展工程技术教育作为国家重要战略的初衷，就业问题也直接影响印度社会安定。由于印政府将"技术大国"作为自身发展目标，因而工程技术类毕业生失业问题更受到各界密切关注。一方面印度工程技术飞速发展，亟需大量优秀专业人才，另一方面许多毕业生无法找到合适工作，即使在工程技术教育领域，也存在内部性结构发展不平衡问题。① 同时，印度高职教育的专业主要集中于工程技术领域，而制造业和农业领域的人才供给却非常有限，因而结构性失业是印度高职教育面临的一大困境。

人才外流尤其是专业技术人才外流是印度社会发展的一大顽疾，也是工程技术教育领域的一大问题。有研究指出，工程学毕业生一毕业就去美国深造的比率在 20 世纪 80 年代和 90 年代达到 30%－40%，在 2007 年左右这一趋势有所下降，约为 16%。而近几年此比率又有所增长。② 出国留学学生，几乎鲜少再回国就业。这一现象是发展中国家人才培养存在的普遍两难困境：努力构建与西方世界接轨的知识体系，着力培养符合国际标准的人才资源，同时却无法为此类人才提供发挥才能与潜力的制度与社会空间，导致大批尖端人才外流。对印度而言，英语教育、历史文化背景、国际交往（英联邦成员国）及经济体制四大因素都为人才外流，尤其是流向与其知识体系相似的西方发达国家提供了良好机会。目前美国已成为最吸引印度留学生的国家，每年约 10 万印度留学生前往美国学习，约 2 万学生前往英国学习，近年来澳大利亚也成为热门选择。这些人多数留在国外工作。硅谷的许多科技管理人才来自印度，他们以高度适应力、吃苦耐劳特性和分析才能受到美国企业好评。硅谷二分之一工程师来自印度，一些高技术公司 CEO 也来自印度。人才外流使印度出现人才断层现象及工程技术教育领域师资缺乏状况，也使教育投入与收益不对称。印度国内一方面急需各种专业技术人才，甚至重金聘请

---

① 刘筱. 印度工程技术教育发展研究 [D]. 重庆：西南大学，2012：128－129.

② 刘筱. 印度工程技术教育发展研究 [D]. 重庆：西南大学，2012：130.

国外人才。另一方面，许多专业技术人才流向它国，成为发达国家的优秀人力资源库。这固然与国际交流中各发达国家有意识的人才争夺相关，更重要的是因为印度自身经济落后，社会制度不够完善。印政府也针对此采取相应措施，如政府部门打破僵化体制以聘用新人才等，但此问题仍需印政府长期努力才能加以解决。

印度高职教育与经济增长之间的特殊关系似乎在于，印度在公共财政约束条件下和总体低质量高等教育系统中，发展了高水平的高等职业教育，印度理工学院就是其中突出的代表。简言之，印度的发展经验似乎表明：在知识经济时代，高质量和具有创新性的高职教育对于新经济具有特别重要的促进作用。虽然印度高职教育总体发展水平并不高，但是它向世界提供了如何在一定财政约束条件下发展精英高职教育、促进经济发展的成功经验。

改革开放以来，我国的高职教育获得了极大发展，但是，不同于印度的发展策略，中国高职教育更注重整体发展。全方位多层次多样化的教育培养机制，保证了人才培养对社会和经济发展多样化人才需求的满足。但是，由于办学体制机制创新滞后、人才培养与社会发展要求的衔不够、高职院校社会服务能力不强等多种因素的影响，有关研究表明，2008－2013年间我国高职教育对经济增长率的贡献为2.79%，而1993－2004年间这一数值仅为1.859%。一方面，我国高职教育的发展促进了经济的增长，且贡献不断提升；另一方面，高职教育对我国经济增长率贡献的绝对数值仍然较小，在教育对经济增长率的贡献中占比为10.67%，且高职教育对经济增长率的贡献低于本科教育0.73个百分点。高职教育在经济发展方式转变和转型升级中未发挥出应有的作用。[①] 高职教育与经济社会是直接相关且紧密联系的，理应在经济发展和社会进步中发挥比普通教育更直接更大的贡献。

在表11中，从就业和高职教育的经济收益维度看，印度在若干指标上都超过了中国，说明印度高职教育与经济部门之间具有较好的配合，得到了后

---

① 樊奇. 创新驱动战略下高职教育经济贡献的实证研究 [J]. 职教论坛, 2016 (16): 63
－66.

者的认可。

表 11 印度与中国高职教育的就业与经济收益比较

指标	印度	中国
就业率（％）	83（2001）	70.9（2007）
个人收益率（％）	18.2（1998）	6.0（1996）
社会收益率（％）	10.3	NA

资料来源：UNDP, http：//hdrstats. undp. org/countries/country_ fact_ sheets/cty_ fs_ IND. html; UNESCO, http：//www. uis. unesco. org/ev. php? URL_ ID = 5263&URL_ DO = DO_ TOPIC&URL_ SECTION = 201. 4April, 2008. A

中印两国经济的快速发展都得益于两国高职教育为其提供了大量不可或缺的人才，所不同的是印度采用的是发挥比较优势，利用跨越式的发展战略，以"增长极"带动整体，人才培养与经济发展需求紧密结合；中国则是注重整体的平衡发展，注重高职教育体系的建设，但高职人才对经济的贡献率相对有限。整体而言，中国高职教育潜力巨大，基础和整体良性发展，对经济发展的贡献度有极大的提升空间；印度高职教育人才培养与市场和经济发展结合紧密，对经济社会贡献较大，但发展则不平衡，内部结构不够合理，对现代服务业的支撑作用明显，对制造业和农业等经济部门的贡献则不明显，对经济增长的整体贡献需要提升。因而在某种程度上可以说，印度高职教育的经济贡献相较于中国具有部门优势，但需要克服结构性短板，破解高职人才失业和外流的难题，而中国高职教育的人才培养机制相较于印度则具有整体优势，对经济增长的贡献具有巨大潜力，但中国需要反思高职教育与经济的协调发展以及二者之间的良性长效互动。

（十一）中印高职教育对社会稳定的聚合作用比较分析

教育对社会稳定的聚合作用表现在两个方面，一是促进社会公平。教育被称为社会发展的"稳定器"，它通过人才培养的合理化设置和对不同地域的倾向性支持，进而对于维护社会的稳定、缩小地区和社会发展之间的差距、实现社会公正发挥着重要的作用。二是促进社会流动。就社会学分层与流动理论来看，社会分层是因社会个体或群体所占有社会资源的不同而被分成上下连续不平等的层级体系。社会分层能使人们感到因贫富差距而产生的社会生活各方面的质量差异。在社会分层研究中，社会分层与流动是两个主要概念，前者仅是一种普遍现象，后者则是社会结构自我调节的有效机制之一。社会学分层理论认为，社会分层包括社会分层结构与社会流动。社会分层是社会结构最主要的现象之一，社会流动则指社会地位与身份的升降。对社会分层产生重要影响并最终实现社会流动的因素主要有三种：首先是社会资本，如家庭背景等会对个人职业身份与升迁产生重要影响；其次是市场因素，如经营产业、投资期货等对个人经济资本的影响；第三种便是依靠教育获得文化资本。在这三个因素中，就教育学视角分析，社会资本及教育带来的文化资本是影响社会分层的重要因素。较之社会资本而言，文化资本更易在后天努力中获得。教育无疑对社会分层与流动有着极其重要的作用。而在整个教育体系中，高等教育则是对社会分层与流动最有影响力的重要因素，它不仅深刻影响人们社会分层与流动，且不同级别与种类的高校会对分层和流动有很大不同的影响。接受高等教育的程度成为社会分层与流动的主要动因。实际上，文凭与学位是人们向上流动的一种重要机制。法国社会学家布尔迪厄认为，高等教育能增加个人所拥有的社会资本、经济资本、文化资本及符号资本。在其代表作中他曾说："在差异化社会中的社会空间结构是经济资本与文化资本这两个分化原则的产物。因此，对文化资本分布的再生产起决定性作用，进而又对社会空间结构的再生产起决定作用的教学机构，就成了人们争夺的关键"。因而高等教育成为人们改变处境和身份的阶梯。正因为高等教育在社会分层与流动中扮演如此重要的角色，因而形成了精英教育和大众教育的格局。如果从社会分层视角分析，不平等便是社会分层的前提，追求平等则正是社会流动的主要动因。不平等现状的存在，使人们有动力致力于改变自身不平等处境，使人拥有希望，并为此而奋进，进而维持社会稳定性。体现在高等教育方面，便是从古到今社会与个人都在不断地追求精英教育，使社会流动不断地进行，同时不断分化新的社会分层，推动社会向前发展。

中印两国在通过高职教育维护社会稳定和实现社会公正方面有着各自的

特点。印度政府"十分重视对弱势群体，尤其是残障人员和妇女的职业培训"，① 形成了比较关照特殊群体的职业教育传统与制度。自 1950 年宪法到 1955 年《卡拉卡尔报告》，再到 2006 年《第 93 次宪法修正案》，又到"十一五"规划，无不印证了印度政府对特殊群体职业教育法制化进程的重视，体现着印度职业教育对"全纳教育"思想的追求。② 这些传统和制度也在印度高职教育中得到了较好的传承和推行。印度教育的主要特点是在教育发展中一直实行"保留政策"。这种政策也可称之为有关表列种姓、表列部落和其他"落后阶级"的特殊教育政策。它是印度政府推行的一项保护"落后阶级"的特殊优惠政策，其目的在于改变"落后阶级"和"弱势群体"在社会经济、政治和教育上所处的劣势地位；教育上的核心内容，是为"落后民族"和"弱势群体"在高等教育机构中保留一定比例的名额，即通过给予少数民族学生以一定的照顾政策和倾向性偏好，保证落后阶级可以获得更多的社会平等和发展的机会。特别是对于"落后民族"聚集地区的社会经济发展、缩小社会差距、维护社会平等与公正，做出了不小的贡献。印度理工学院 IITs 在每年入学中为表列种姓、表列部落和残疾者保留相应名额，坚持实施在国内颇有争议的保留制，为高等教育公平做出了很好的表率。同样，国立技术学院 NITs 主张将入学机会给予所有阶层的所有学生，这一点非常难能可贵。NITs 在招生中也积极践行保留政策，每年将 27% 的名额给予社会落后及弱势群体，确保其受教育权。在印度种姓制度下，国立技术学院特预留 7.5% 的名额给予表列种姓与表列部落。③ 同时，印度也专门针对妇女、残疾人和智力迟钝者等开展高职教育和培训。但是，由于印度种姓制度影响深远、传统观念根深蒂固以及对弱势群体的歧视、保留政策的实施直接影响"上等阶级"的相关利益，因此，保留政策不断遭到"上等阶段"抨击和反对；同时，由于保留政策在制度设计上还有着种种的不完善之处，造成各种争论和社会斗争，造成种姓矛盾不断加深，种姓冲突时有发生；再加上保留政策实施的范围和

① 王义智 . 职业教育 [M] . 天津：天津大学出版社，2011：707.
② 杨洪 . 印度弱势群体：教育与政策 [M] . 北京：人民出版社，2011：254.
③ 刘筱 . 印度工程技术教育发展研究 [D] . 重庆：西南大学，2012：47.

提供的保留比例非常有限，即使印度政府本着教育公平理念在相关高校中着力推行"保留政策"，但这一做法远无法改变不平等的受教育现状，更不能从根本上改变社会的不公平。中国高职教育在促进教育公平、实现社会的公平和公正上，发挥了创造性的作用。中国坚持公共教育资源向农村、中西部地区、贫困地区、边疆地区、民族地区倾斜，逐步缩小城乡、区域教育发展差距，竭力推动高职教育协调发展。高职院校招生对少数民族地区学生实行降分录取，对贫困学生实行奖助贷免政策，这些优惠政策都体现了对社会公平的重视。中国高职教育占据了中国高等教育的半壁江山，在推动中国高等教育大众化过程中功不可没。为体现高职教育面向区域和基层的定位，我国每个地级市都至少建有 1 所高职院校，甚至一些地方还建立了县级高职院校，为众多学生尤其是来自农村、乡镇和偏远地区的低分学生提供了接受高等教育、提高就业质量和改变命运的机会，使他们成为推动社会发展的促进力量，很大程度上推动了中国教育和社会的公平，也维护了社会的稳定。改革开放30 多年的历史也证明，高职教育在促进中国社会经济发展、维护社会稳定和实现公正方面起到了重要作用。

中印高职教育在促进社会流动方面具有较大差异。印度精英教育和大众教育并存的高职教育体系，在促进社会流动方面也相应表现出不同功能。以印度理工学院为代表的精英高职教育，由于其高质量的人才培养体系，为学生创造了良好的就业前景，从而带来学生文化资本的积累，成为众多印度学子梦寐以求的理想求学之所，更是他们改变处境和身份的阶梯。因此，印度孜孜以求的精英高职教育成为印度社会流动和新的社会分层不断进行从而推动社会向前发展的重要助推器。印度大多下层社会家庭的学生只能就读于大众化的高职教育，这些低质量的教育机构，在帮助学生及其家庭借此改变处境和地位的作用非常有限。即便是精英高职教育，在社会分层和流动方面发挥的作用并不充分。如印度理工学院学生多来自中上层社会家庭，其就业和事业成功会得益于家庭所带来的社会资本，而弱势群体的学生就无法享受家庭出身带来的优势，即使接受了良好教育，通过就业改变其地位的机会仍然有限。某种程度上，印度社会结构的不平等并未能通过高职教育得以明显改变。

我国高职教育在促进社会流动方面发挥了一定作用，但这种作用还十分薄弱。长期以来，国内学术界对我国高职教育功能的看法存在着不同的意见，从经济学角度看，高职教育对个体的人力资本有增值作用，对社会而言，能够促进教育大众化和促进社会公平。批评论者则是从社会再生产的角度，认为高职教育主要吸纳的是社会底层群体，高职毕业生在就业市场上处于劣势，导致他们的社会经济地位较低，认为高职教育再现了不平等的社会结构。从社会系统来看，高职教育在引起低阶层社会子女向上流动方面发挥了重要的作用，但对于整个社会阶层而言，他们在新的社会结构分层中，仍然处于较低的位置。许多研究指出，我国高职教育在事实上仍是平民教育。根据北京大学教育经济研究所的调查，就读高职的生源多数来自农村、乡镇级县级小城市，父母以农民、工人为主。这些家庭的学生比大中城市家庭子女、地市级以上高中的毕业生升入普通本科和重点本科的机会少得多。这在某种程度上可以说，社会的分层在固化。同时，目前高职教育整体质量不太乐观，高职生的就业质量和社会经济地位不高，高职教育的学生缺乏升学的通道和上升的机会。客观而言，高职教育的大发展为弱势群体子女提供了接受高等教育的机会，但是如何通过高职培养模式的改革，真正提升高职毕业生的就业质量，使弱势群体的家庭通过高质量的就业，实现向上的社会流动，显得尤为重要和迫切。①

中印高职教育都通过缩小阶层差距、促进社会公平、促进社会流动发挥了社会聚合作用，在维护社会稳定过程中发挥了不可或缺的功能。但在维护社会稳定方式和程度上，两国高职教育的效果不同。在促进社会公平方面，印度高职教育主要通过为落后阶层和弱势群体实施"保留政策"和专门教育培训来缩小社会阶层差距，中国高职教育主要通过面向基层、整体向落后区域和少数民族倾斜、给予困难群体学生优惠政策等协调性发展来缩小城乡、

---

① 刘红燕，郭建如．高职教育的"冷却功能"与"社会再制"［J］．河北师范大学学报（教育科学版），2015，17（03）：82 - 86.

区域差距；在促进社会流动方面，印度主要通过发展精英高职教育引发社会阶层的流动，中国主要通过发展大众化的高职教育并力图通过教育质量的提升来改变低阶层群体向上流动。整体而言，中国高职教育在维护社会稳定方面的策略和措施具有根本性，效果具有长远性，而印度高职教育在维护社会稳定方面的策略和措施则更显得表面，其效果也难以持久。

三、结论及启示

（一）结论

1. 中印高等职业教育体系的独立性特征存在显著差异

我国高等职业教育作为与普通高等教育并行的教育类型，具有独立性，形成了完整多样化的构成体系，在人才培养理念、人才培养模式、课程体系构建和课程内容开发、师资建设等方面形成了统一的人才培养体系。印度的高等职业教育大多分散于普通教育和技术教育之中，具有明显的附属性，各类高职教育主体的人才培养体系也不具统一性，其作为独立教育类型存在的基础十分薄弱。

2. 中印高职教育因各具优势而具有较强的互补性

中印高职教育在教育对象、培养目标、课程设置、学习年限、授予学历等方面存在基本的共性，因而具备了比较的基础和前提。但两国高职教育采取了不同的发展战略及模式，在高职教育构成体系、地位、人才培养规格和机制、管理体制、动力机制及创新发展战略、经费来源、国际化发展、与职业教育体系和普通教育体系的纵横贯通、对经济社会的作用等方面具有较大差异，各具特色。两国高职教育的发展各具优势，只有相互学习，相互借鉴，才能尽快实现各自高职教育发展和国家发展目标。

中国高职教育发展的成就从总体上看是超过印度的。尽管如此，印度在追求高职教育发展的可持续性、公平性、内涵性方面却有诸多经验可供包括中国在内的发展中国家认真学习。中国由于高职教育发展快，吸纳了众多的学生，教育规模总量大；通过国家层面的重视和投入，中国高职教育的地位得到空前提高，拥有较高水平的教学基础设施；通过评估和示范建设，高职教育在办学体制机制创新、人才培养模式改革、师资队伍建设、课程体系开发等方面都取得了较大进步。中国高职教育在规模扩展、地位提升、办学条件改善等"硬件"方面的成就都超过了印度，但在校企合作、课程开发、职业资格框架、职业教育内部纵向贯通和职普横向沟通等"软件"方面，印度则走在了中国的前面，而且印度高职教育拥有运转良好的管理体制机制（确保了高职教育的民主化和自主性）、健全的法律体系及国际化的发展水平和国际化人才队伍，即印度在高职教育的自主性、法制化、国际化等可持续性方面，都有值得中国学习和借鉴的地方（见表12）。据此，就目前来看，中国在高职教育整体发展方面暂时走在印度的前面，但不能说这种局面永远不会改变。这对于我们审视中国高职教育的长远发展及目标，无疑具有重要的警示和启迪意义。值得反思的是，在高职教育发展中，"硬件"和"软件"孰轻孰重？无疑，中印两国高职教育的可持续发展需要优势互补，兼顾"硬件"和"软件"走一条综合型发展道路才是理性的选择。对于中国而言，高职教育的自主性、法制化和国际化等内涵建设尤为紧迫，这对于高职教育的自主健康发展将起到至关重要的作用。

表12　印度与中国高职教育的内涵指标比较

指标	印度	中国
拨款机构	大学拨款委员会	财政部
自主性	大	一般
法律基础	强	弱
开放办学与国际合作	历史长且连续	历史短且中断

资料来源：UNDP，http：//hdrstats. undp. org/countries/country_ fact_ sheets/cty_ fs_ IND. html；UNESCO，http：//www. uis. unesco. org/ev. php？URL_ ID = 5263&URL_ DO = DO_ TOPIC&URL_ SECTION = 201. 4April，2008.

3. 中印两国高职教育发展的侧重点不同

印度高职教育并行着泾渭分明的精英教育与大众教育的两极分化。其高职教育中的工程技术教育培养高素质创新型高端人才，在发展中国家中首屈一指，软件人才培养更是成效显著且颇具特色。这种精英化教育以印度理工学院为典型。IITS 担负着复兴国家与民族的重任，在建立之初，就采取了不同于已有大学的办学模式，把建成世界优秀大学作为办学目标。其办学理念是以卓越工程技术教育与研究致力于为印度和世界发展做出杰出贡献。五级民主管理体制保证了学院良性运转、严酷的联合入学考试（JEE）保证优质生源、高退学和淘汰率的斯巴达式的教学保证了毕业生的一流质量、注重人文教育和全方位素质能力提升的课程设置保证了学生的全面可持续发展、产学研合作的人才培养模式使其毕业生始终具有领先的实践创造力、多元（政府的高额拨款、大量来自国际合作及外国政府与国外机构的资助、产学研合作中产业界资助、高额学杂费收入、社会捐赠等）而充足的经费使其办学条件优越、国际化的一流师资及国际化大学制度又为此类学校发展提供人才与制度两方面保障，办学规模较小（在校生规模均在 4500 人以下）、生师比低、辅助人员多等等，从入学到毕业整个环节都严守精英教育标准。各方有利条件的聚合，造就了一流精英教育的实现，使 IITS 成为印度国内工程技术教育的主流与正统，其毕业生流向世界范围各大知名企业、知名高校及科研机构，实现了"卓越"的办学目标。然而大多邦立和私立工程技术教育机构以及综合技术学校的技术员教育，条件和水平则要差得多。作为印度工程技术教育大众化的主要力量和载体的邦立和私立工程技术院校，因附属制度而较少拥有办学主权，办学能动性与积极性低，教育与科研质量低及办学经费和师资缺乏，教育质量参差不齐，培养的大多毕业生质量较低。大量工程技术学院因无法达到最低教学质量要求，无法得到来自政府和企业的资金支持，并呈恶性循环状态。作为大众教育的主要承担者，它们与进行精英教育的 IITs 和 NITs 互为两轨，支撑着印度专业高等教育的发展。两极分化的二元结构严重影响印度高职教育系统整体质量的提高。质量两极分化问题又进一步加重就业两极分化及大量私立学院毕业生失业问题。因此对印度高职教育体系而言，目前最为紧要的问题之一便是解决发展失衡中的质量两极分化问题。

中国高职教育走的是大众化路线，面向生产、建设、管理、服务一线基层培养技术技能人才，在推动中国高等教育大众进程中功不可没。然而，我国高职教育的质量不能因为大众化定位而有所降低，即大众化不等同于低质化。那么，对于相对落后的人口大国而言，高职教育应实行精英教育还是大众化教育呢？在云计算、物联网、大数据、智能化背景下和产业结构高移化的时代，高职教育应该培养从研发、工程师、技术员到操作型的多层次人才，中国的应用本科和专业硕士教育需要向印度的精英化教育学习；但是，印度工业化的发展更多需要的是一线中低层次的技术技能人才，印度的高职教育需要高质量的大众化发展，促进更多人就业。在大众化的基础上建设高职教育品牌院校、精品专业和精品课程等，不失为明智的选择。目前，我国已有学者提出高职教育开展"英才教育"的设想，某些高职院校也开展了"英才教育"的试点和探索，这是顺应我国产业结构高移趋势的需要，也是合理构建高职教育生态体系的尝试和突破。

4. 中印高职教育差异的背景在于两国产业结构和发展模式的差异性和互补性

中国因制造业占主导地位被称为"世界工厂"，印度因软件产业在国际上处于领先地位被称为"世界办公室"。印度在政府的强势支持下，充分发挥"语言优势"和IT"人才优势"等开辟了一条适合本国国情的以外包带动IT产业，以IT发展推动整个经济发展的工业化、现代化之路。当印度用辉煌的外包业务和世界一流的软件开发能力书写本国崭新历史的同时，也催生软件职业教育和培训的繁荣。印度的高职教育，尤其是植根于软件产业的IT工程技术教育已经处在世界的前列，带给了亚洲其他国家乃至世界诸多思索。中国以制造业大国著称于世，赢得世界经济重要的一席之地，给中国高职教育打上了强烈的制造业色彩，其专业设置和课程体系以为制造业培养操作型技能人才为主要目标。"中国模式"同样备受世界瞩目和争相相仿。《中印现代化比较研究》的作者李云霞提出了一个发人深思的问题：中国是否只能依靠制造业的优势做"世界工厂"，而印度是否只能依靠软件产业的优势做"世界办公室"？产业结构的发展演变，一般遵循"农业—工业—服务业"的演进次序逐渐升级递进，各国产业结构在不同时期具有阶段性差异和具体模式的不同是正常的，但是完全跳出规律之外的路径就值得商榷。产业结构的过分单一，即某类产业的独大和其他产业的孱弱，是难以确保一国尤其是年轻的人口大国经济的整体可持续发展的。印度在软件产业掘得了第一桶金，但是否能跳过充分的工业化阶段，仅仰仗软件业拉动整体经济的繁荣是值得怀疑的。跳出印度的软件业，印度经济的总体面貌仍然是贫困。尽管印度经济在20世纪90年代开始起飞，失业率却随着经济增长而增长，出现了世界经济史上少有的例外，这也表明在工业和农业都落后的情况下，以信息产业为引擎的第三产业异样发展的路径，难以为广大基层民众带来充足的就业岗位。根植于信息业的印度高职教育，虽然其精英化教育模式为经济发展培养了众多IT人才，但难以为整体经济发展培养中低层次的操作型人才。因此，一方面，印度大量工程技术人才难以就业且流失异常严重，另一方面，印度经济需要的其他类人才却严重短缺。就中国而言，依赖出口而非国内市场，依赖投资而非消费，低技能而非高技术高附加值的制造业发展模式，则带来了粗放型的规模扩展、环境的不可逆污染和资源的严重浪费。我国经济发展进入新常态，经济增长速度从高速转向中高速，经济发展方式、消费需求结构、经济发展动力等都发生了深刻变化，加快产业转型升级具有极其重要的紧迫性。另外，"中国制造2025""互联网＋""工业4.0"等战略的实施，新一轮科技进步与产业变革，为加快产业转型升级带来了难得机遇，也对我国高职教育人才培养目标、类型和模式提出了新的要求。纵观全球，服务业的增长正在成为世界经济复苏的新引擎。在我国"十二五"期间，第三产业已成为我国的第一大产业，我国经济发展的火车头悄然由第二产业变换成了第三产业。中国自身具备强大的资金实力，能够支持包括IT业在内的高新技术和服务业的快速发展，并且已经构建了世界级的基础设施框架，良好的发展前景和机遇已吸引了大量优秀的海外人才回流，中国的发展战略完全可能实现。而助力现代服务业发展，高职教育肩负着重要使命。加快自身现代化建设，努力培养适应现代服务业发展的知识型、技术型、创新型技术技能人才，是现代高职教育服务产业转型升级的重大战略方向。因此，无论是印度还是中国，其产业结构都处在转型调整的关键时期，印度在信息产业加速发展的同时需要兼顾制造业的充分发展，中国制造业需要借助信息技术向智能化战略方向升级以增加产品的附加值和竞争力，同时必须顺应趋势加速发展现代服务业。与此相适应，两国高职教育需要跳出已有服务业或制造业的藩篱，而应着眼于整体经济发展和各类产业协调推进培养多层次多样化的人才，在此前景下，两国高职教育的相互学习交流借鉴就显得尤为必要。

（二）启示

我国的教育管理层乃至整个高职教育界都应具备敢于正视自身不足的特质和渴望突破自我的强烈欲望，即便在成功的光环下，依然清晰、客观地认识到我国高职教育的"短板"，准确分析问题的症结所在，采取可能最大限度弥补"短板"的决策和方案，方能保持高职教育可持续发展。而印度高职教育发展的诸多优势、经验和教训都可以成为我国的一面镜子，折射出我国高职教育的不足，进而为我国高职教育改革创新发展提供启示。

启示一：优化高职教育发展的生态环境，实现高职教育的可持续发展

良好的生态环境包括法律生态环境、政策生态环境和文化生态环境。完善的法律生态环境是现代职业教育发展的基础，和谐公正的政策生态环境是现代职业教育发展的动力，先进的文化生态环境则是现代职业教育发展的源泉。①

第一，法律环境。印度高职教育中的印度理工学院和国立技术学院等，国家通过立法明确重点院校地位和办学自主权，是成功的重要因素。印度政府还通过立法，为高职教育理顺了内部和外部治理结构和关系，从而解决了印度高职教育中的校企合作、办学体制机制创新等关键核心问题。中国高职教育作为独立的教育类型，虽然得到国家教育法规的明确，但和普通本科院校相比，高职院校的地位仍然较低。我国应该借鉴印度经验，通过国家法律明确优质高职院校的重点地位，并赋予其自主办学权，为品牌高职院校的建设提供法律保障。发达国家职业教育成功的一个重要因素在于其建立了较为完善的职业教育法律体系，为职业教育的发展提供了较好的制度保障。如美

---

① 祝士明，李红丹，范若晨．生态环境：现代职业教育发展的动力和源泉［J］．职教论坛，2016（33）：5－9.

国，自 1990 年起先后颁布了《帕金斯职业和应用技术法案》《职业技术教育法案》等多部关于职业教育的法律法规。而当前我国高职教育所面临的一些亟待解决的问题，正是缺乏相关的教育法律、法规所致。因此，我国应加强教育立法，要在《职业教育法》的基础上，进一步完善职业教育法律法规体系，尽快出台一部《高等职业教育法》，对高职教育的性质、任务、管理职责、举办主体以及高职教育体系内外各层次和各类型教育的定位等方面，以法律形式规定下来，使高职教育有全面的权威法规作保障。制定和完善高职教育与政府、企业的关系以及高职教育内部治理体制等方面可操作的法律制度，将高职教育的典型做法如产教联盟、理事会制度、校企合作、现代学学徒制等纳入法律，为高职教育发展创设良好的法制环境。具体而言，包括三个层面，首先完善职业教育法律体系环境，其次针对新问题完善职业教育法律体系结构，最后明确相关权责利，增强法律的可操作性。①

第二，政策环境。虽然印度职业教育和专业教育在整个教育体系中的比重较小，但无论是印度理工学院的国际化大学制度和民主化的管理制度，还是国家职业教育资格框架等，印度一直致力于通过政策制度的设计来推动高职教育的发展。我国高职教育目前急需构建协调公正的政策环境。首先，提高技术工人的社会地位。国家应通过完善人事管理制度，制定有利于技术工人职业成长的相关政策，逐步打破工人与干部的身份界限，不断提高技术工人的社会地位；重新明确人事与劳动的职责，建立合理明确的晋升机制和晋升通道，通过建立并实行科学的职业资格制度、技术工人技术职务晋升制度，使技术工人的社会地位能够得到不断提升；鼓励专业技术精湛、懂管理的技术技能型人才参与到企业管理中，在职业发展中不断得到地位提升与事业发展。其次，提高技术工人的经济待遇。再次，进一步加大对高职教育的经费投入。最后，完善高职教育招生政策。

第三，文化环境。中印都存在根深蒂固的重文轻技、重脑轻体的传统观

① 祝士明，李红丹，范若晨. 生态环境：现代职业教育发展的动力和源泉 [J]. 职教论坛，2016（33）：5 - 9.

念和重普通高等教育轻高等职业教育的文化传统习俗。为改变这种落后观念和不良社会风气，印度推行"劳动体验教育"、倡导尊重劳动和技术创造的价值取向，为高职教育营造了较为宽松的文化环境。我国需要建设现代职业教育物质文化、创新现代职业教育精神文化、完善现代职业教育制度文化、引导现代职业教育行为文化，努力营造崇尚技能的文化氛围，通过构建先进的职业教育文化生态环境促进高职教育发展。

启示二：强化国际化内涵发展，实现高职教育的升级转型

印度高职教育的国际化伴随着国家的国际化战略和国际交往的进程而展开，印度高职教育极尽所能地打好了国际化这张牌。可以说，印度高职教育的发展史就是一部确立国际化思维、借助国际化平台、利用国际化资源、制定国际化制度、开展国际化合作、实现国际化发展的历史。我国正从被动适应国际社会逐步走向主动融入并引领国际社会发展的轨道，随着国家国际化战略的深入实施，我国正积极参与新一轮国际化产业转型升级竞争，大量企业迈出国门遍布世界，这将产生对国际化人才的蓬勃需求，其中包括国际化技术技能人才。因此，国际化应该成为我国现代高职教育越来越重要的内涵指标，国际交流与合作也应成为我国高职教育实现自身良性发展的重要途径，这是大势所趋。我国"一带一路"战略的实施，只是我国国际化谋篇布局的第一步，后续更宏大的国际战略规划的出台和实施，将意味着我国不仅向世界提供中国产品和中国服务，还要为世界发展贡献中国智慧，提出中国方案。这是实现我国高职教育再升级再转型的绝佳机遇。因此，一方面，我国高职教育应提前为此做好战略谋划、战略实施和战略储备，做好国际化发展的长远规划，另一方面，应采取切实可行的措施推动高职教育走出一条国际化发展的中国道路。走好国际化道路，我国高职不仅会实现规模的扩展，更长远的意义在于实现内涵的深化，包括办学理念的国际化、办学模式的多元化、人才培养体系的现代化、服务面向的世界化、办学效益的集约化。因此，深入推进国际化内涵发展，是我国高职教育实现再次升级的必然选择。

启示三：深化高职教育管理体制改革，保障高职教育的自主发展

印度高职教育尤其是工程技术教育之所以能取得巨大成就，是与其独特

的分权式民主化管理体制分不开的。印度在独立后坚持议会政治原则，其工程技术教育领域甚至整个高等教育领域独特的管理体制都深植于民主化政体之中，是纵向的联邦政府与邦政府间的分权管理与横向层面上各种行政机构、学术机构与社会性中介组织分权管理的结合。这种分权式民主管理体制赋予高职教育机构最大程度的独立自治权，从体制上保障了教育的发展与进步。虽然我国与印度政体不同，但其管理体制的优势仍有可鉴之处。

从印度高职教育外部管理体制的政府与高校关系而言，政府不直接对高职院校进行干预，只通过 AICTE 等中介性组织实现其宏观性调控及监督。这对我国高职教育的发展具有极强借鉴意义。我国高等教育由政府统一管理，学术监管成为政府一大职能。这种管理具体化到高校招生人数、专业设置、师资评聘及学位授予资格认定等。政府与高校间的关系实质为行政性的上下级管理关系，且具有直接性特征，并无相应中介性组织从中进行缓和与调节。这直接导致我国高等教育学术自治权的缺失。在印度高职教育机构的内部管理体制上，也呈现相同的民主与自治特征。印度理工学院五级管理体制中第一级视察员和第二级理事会实际上仅发挥协调作用，并不干预学校内部具体决策。他们虽具有强大政府背景，但与高校间关系绝非我国现行上下级行政关系。三四级的管理委员会和议事会为各校实际权力部门，对学校教学与科研，学术与行政事务进行总体规划与管理。其成员为教授、学者及相关内行人士，这确保了学术独立与学术自治。第五级系主任等为学校各项决策的具体实施者，确保学校正常运行。独特的五级管理体制的核心便是确保高校之学术独立与学术自治权，营造学术独立和教授治校的学术自由氛围。在我国高职院校内部管理体制中，原则上均为党委领导下的校长负责制。以校长为代表的行政体系力量总体过大。学术与行政确是分开的，但基本上行政决定着学术事务运行，学术则无权对行政加以过问。同行及外界人士介入行政管理也是形式大于实质。这也是我国的大学不能得以自治，学术无法独立的原因所在。我国高职教育的内部管理可以借鉴印度高职教育机构的五级管理体制，建立管理委员会及议事会，以此外御社会风险，同时对内矫行政偏差，应以成员背景的多元化及教授学者的参与，确保高职院校学术独立与自治。

印度政府为其高职教育设计了良好的管理体制，从而增强了高职教育的可持续发展能力。与其国情相似的我国，更应深刻认识自身不足，深化高职教育管理体制改革，给予高职教育发展最为重要的制度保证。

（一）转变职能简政放权，建立与社会经济发展相适应的高职教育管理体制

随着我国经济体制由计划经济向社会主义市场经济转型改革的不断深入，政府职能正逐渐由管制型向服务型转变，由经济建设型向公共治理型转变。政府对高职教育的管理也要相应进行改革，具体包括转变工作职能，精简管理机构，下放管理权限，促进高等职业教育的科学发展。按照建设社会主义市场经济体制的要求，政府要从高等职业教育培训的"提供者"逐渐转变为高等职业教育培训的"购买者"；从具体办学中超脱出来，对高职教育的管理职能要实现由决策、组织、控制向指导、协调、咨询、服务转变，重点做好政策制定与统筹协调等工作以及发挥宣传、监督与调节的职能。因此，政府必须进一步下放权力，改变目前行政权力过大，统得过多，管得过多的局面。鉴于高职教育与经济发展的紧密联系，建议把办学规模、招生政策、培养层次、专业设置、培养模式的选择权下放至学校，允许学校依法自主办学、面向社会开放办学。教育行政部门应逐步退出办学的微观领域，专注于制度环境建设、市场秩序维护、公共产品提供、宏观层面调控等问题的解决，主要运用立法、拨款、规划、信息服务、政策指导和必要的行政手段，引导学校培养符合经济社会发展需要的高素质技能型人才。事实上，政府主管部门简政放权，更有利于宏观调控、配置教育资源。高职院校依法自主办学，更有利于形成自身特色。

（二）出台促进学校、企业"双主体"培养高技能人才的政策

随着我国教育行政管理体制改革的深入，职业教育管理权由行业部门向教育部门转移，这加大了行业、企业和市场与职业教育的距离，导致行业、企业举办职业教育的责任在弱化，积极性下降，致使高职院校开展"校企合作、工学结合"人才培养模式步履维艰。因此，政府应出台相关政策，促进学校、企业双主体培养高技能人才。具体可以建立三个层次的校企合作委员

会来实现：首先，建立省级层面的校企合作委员会，政府、各行业协会、学校三方人员按照一定比例构成，委员会为校企合作提供三方交流的平台，负责为校企合作制订相关政策；第二层次，在下属建立行业校企合作委员会，主要由行业、企业代表组成。该委员会负责收集行业招工信息和用工预测，为学校专业设置提供咨询以及对毕业生进行岗前强化培训；第三层次，在学校层面设立校企合作指导委员会，由学校负责人、企业专家和教师组成，负责对学校专业建设、课程开发进行指导。

（三）统筹兼顾简化程序，加强多元互动和有效制衡机制的建设

由于职责不明确，在高职院校的办学实践中出现诸如某些学校同时隶属于多个管理主体、企业对高职院校的教学管理漠不关心等一系列问题。要改变这种状况，必须建立起政府统筹、教育部门协调、各职能部门各司其职的新型高职教育管理体制。首先，要调整高职教育的管理权限。国家教育行政部门负责高职教育方针、政策、办学标准的制定和宏观指导；省级教育行政部门负责高职院校设置的审批、办学水平评估和学生学籍管理；高职院校则根据社会需求自行决定专业设置和课程开发等；其次，建立统一的职业技术教育与培训管理体系。调整教育部门内部的职能，统筹现有高教司、职成教司的管理职能，成立省级职业技术教育管理机构，将现在高教处的高职教育管理职能，职成教处的中职教育管理职能划归该机构，做好中职教育与高职教育的衔接，同时，还要统筹继续教育，以形成一个完整的职业教育与培训宏观管理体系。只有这样，才能提高有关政策、法规的完整性、系统性，提高管理工作的科学性、效率性，促进各个层次职业技术教育的协调和健康发展。第三，要加强教育管理部门和其他行业管理部门之间的协调和合作，促进行政部门之间联合工作机制的形成。尤其要加强教育与人力资源和社会保障等部门对高职教育的协同管理，实现高职教育学历证书与职业资格证书的互认。①

---

① 陈松洲. 改革我国高职教育宏观管理体制的若干思考［J］. 天津职业大学学报，2011，20（01）：7 - 10.

启示四：系统构建高职教育纵横沟通路径，进一步打通高职教育晋升的立交桥

印度通过国家职业教育资格框架（NVEQF）和创设高职教育专科、本科乃至硕博学历层次，不仅实现了中高职衔接和高职教育内部层次的高移，而且建立了职普双向互通路径和机制，彻底改变了高职教育的单一性和封闭性。目前，我国职教纵向晋升的通道还未完全打通，中高职衔接也还存在诸多困境，高职教育主要为专科层次，高职学生几乎没有上升的通道，继续升学的可能性不大，与普通高等教育也缺乏双向互通的桥梁，这正是高职教育缺乏吸引力的重要原因。我国需要借鉴印度等国外的有益经验，构建国家职业教育资格框架，制定国家层面的职普转换、中高职衔接的系统可操作的框架体系，为高职教育构建纵横沟通路径。积极进行高职教育内部多层次发展的探索，发展本科层次高职教育乃至硕士和博士学位高职教育，选择社会需求高、发展前景广、前期基础好的专业，开展技术应用型本科教育，尝试开展技术应用型硕士和技术应用型博士教育，继续拓展高职生学历上升的空间，满足社会对不同层次人才的需求，同时建立职普双向互通机制，让高职教育成为"沉淀池"和"提升站"，通过沉淀、筛选和提升，使更多学生有更好的发展，从而逐步改善他们的处境和社会地位。随着我国人口红利的逐渐消失，高职毕业生的就业问题已从就业难转向就业质量，高职教育质量的改善不仅仅能够增强高职教育的吸引力，还能够有效地改善弱势群体的经济地位和向上的社会流动通道。如何为处于社会低端，主要来自农村、乡镇和县城这些小城镇家庭子女提供更多的上升渠道，使他们有可能去竞争有体面、稳定的工作，获得较高的收入，对于和谐社会的建设有着极为重要的意义。①

启示五：建设合理有序的高职教育生态格局

精英教育与大众教育并举。印度精英教育与大众教育的高职教育分层，旨在满足国家社会经济发展对各层级各类型人才的不同需求，各类高校定位

---

① 陈松洲. 改革我国高职教育宏观管理体制的若干思考［J］. 天津职业大学学报，2011，20（01）：7 – 10.

与发展目标明确，不同层级教育机构从招生考试到人才培养模式，从专业与课程设置到最终学位授予均有极大差别。由此所生发的学位含金量差异问题被高校、学生及其家长、用人单位一致认可。这种多层级的教育机构设置，不但没有降低教育质量，反而成为其高等教育的一大特色与优势，有效实现了精英教育与大众教育的分层实施。这种分层从实际上保护了印度高职教育的精英性。各级院校的毕业生最终分工于社会不同层次的岗位，与印度社会分层理论相吻合，也因此得到社会公众认可。不同层级院校自成体系，彼此独立但整体上又相互补充的印度"双轨制"，必然存在着不足，但办学方向与目标明确的不同培养模式，使精英教育和大众教育得以有效结合，极大程度避免了两种教育交叉所产生的教育目标混乱及教育质量的整体下降。这对我国如何定位高职发展方向，如何保证高职教育质量都有借鉴意义。我国已先于印度实现高等教育大众化发展，但我国的大众化是建立在原有高校扩招基础上。扩招首先使高校教学质量无从保证，且极大冲击长期以来我国高等教育所形成的精英性。其次，伴随着高等教育扩张和高等教育大众化的发展，到 2003 年，我国高职院校数以及高职院校的在校生人数均占据高等教育的半壁江山，这种局面一直延续至今，高职教育成为我国高等教育大众化的主要载体，这在相当大程度上带来了高等教育大众化对精英大学的冲击。这期间，"211""985" 等精英大学的本科层次几乎未扩招，高职生升本或考研的可能性也不大，大多现实地选择了就业。可以说，在某种程度高职教育在高等教育系统中发挥了冷却功能。① 再次，我国高职教育整体上办学层次单一，同质性极强。从国家示范校、国家骨干校到省级示范校再到一般地方性院校，其定位无一例外都是倾向于培养大众化的一线操作人员。培养目标的单一和学历层次的单一，严重影响高职教育的整体质量和对产业需求的适应性。虽然我国高职教育取得了巨大的发展，但不争的事实就是：高职教育依然是"平民教育"，带来的是"不体面"的就业。其中很大一部分原因就是我国高职教

---

① 刘红燕，郭建如．高职教育的"冷却功能"与"社会再制"［J］．河北师范大学学报（教育科学版），2015，17（03）：82 - 86.

育合理而有序的生态格局没有形成。高职教育也应该发展精英教育，精英高职教育应该受到尊崇与追求。这需要有效引导，实现各层级高职院校的合理定位，确保精英教育与大众教育并行不悖双向发展，建立高职教育系统有效的生态平衡。因此，我国高职教育改革必须致力于整体大环境的完善，使众多高职院校办学目标与定位明确合理，各有相应的理念支持，办出有特色有优势的不同层次不同类型的高职院校，实现多元化的发展。

私立教育与公立教育并行。私立高等教育已经成为印度高职教育的重要力量。在印度工程技术教育领域，几乎 76% 的工程技术院校为私立院校，庞大的私立高等教育体系支撑着印度高等教育大众化发展。印度政府对此制定系列相关政策，以确保其良性发展。且印度政府对相当部分私立学院给予经费资助，这也有效地促进了私立高等教育的发展。私立与公立教育的共存对高等教育整体运行质量意义重大，二者和谐发展保证了印度高教系统有效竞争。有学者提出公立高等教育与私立高等教育的共存状态有适度竞争及优势互补两种。前者可使公立和私立教育均感到对方带来的生存与发展压力，进而刺激两者分别提高效率和质量；后者指公立和私立教育以各自优势互补共存。我国私立高等教育发展已有 30 年历史，但私立高等教育似乎一直作为"替补者"角色存在。在国人心目中，唯有入公立高校无门者才会选择私立高校。这固然与我国私立高等教育质量有关，但其背后的深层原因却在于国家从未将私立高等教育的发展置于公立高等教育发展相同的制度环境中。近年来我国高考录取比例约为 50% 左右，尚属于高等教育卖方市场。虽然教育经费总投入呈逐年增加趋势，但在 GDP 中的比例从未达到 4%。即我国公共教育经费仍然紧缺。因而要满足人民对高等教育的需求，满足社会对高素质人才的需求，仅靠公立高职教育是不可行的。且因无私立高职教育的适度竞争，公立教育质量堪忧。所以，为促进教育公平的实现，使更多人接受高等教育，为培养更多社会经济发展所需的高素质人才，同时为了公立高职教育与私立高职教育有效竞争促使高职教育系统整体质量的提升，都应大力发展我国的私立高职教育。这是高职教育系统生态平衡的必然。

启示六：发挥政府在举办高职教育中的主导作用，多渠道筹集高职教育经费

当前，我国高职教育的经费投入主要由地方政府负责，受传统观念的影响，地方政府在财政投入上更多地倾向于本地区的本科院校，对高职院校的经费投入明显不足，严重制约了地方高职院校的持续健康发展。事实上，由于高职教育重操作、重技能训练，教育成本较大，投入应相对较高。因此，在高职教育发展的初期，政府更应该对高职教育进行扶助，逐渐加大对高职教育的财政投入力度，地方财政应创造条件对高职院校足额发放生均经费，并逐年提高高职院校的生均经费标准，力争高职院校学生人均预算内拨款标准达到本地区同等本科院校的学生人均预算内拨款标准。增加高职教育专项基金，特别要增加高职院校实习实训基地建设、师资培训、专业设备投入、技能人才培养的专项投入。在加大财政投入的同时，还应发挥政府在举办高职教育中的主导作用，引导和鼓励企业、社会团体和个人对高职教育的投入。例如，允许公办高职院校进行股份制等多种体制的实践探索，使高职院校可以吸收更多的社会资金，改变政府作为唯一投资主体所带来的经费紧张的局面，引进与产业属性相适应的管理机制，更灵活有效地适应市场的需求，推动办学主体多元化和投资主体多元化的高职教育新格局的形成。发挥高职院校的技术人才优势，鼓励他们积极为社会提供有偿服务，增加办学收入。

启示七：兼顾高职教育的职业性和人文性

印度高职教育的课程设置充分体现了专业实践能力和人文素养教育并重的特性。这对于我国目前高职教育过分强调实践操作能力而忽视人文素养教育和职业精神培育的倾向，具有较大的警示意义和启示。从国际高职教育发展历程来看，美国、德国等发达国家的高职教育在经历注重学生实践能力而轻视职业素养教育带来学生多岗迁移能力和可持续发展能力孱弱之后，反思其职业教育的短视弊端，对其课程体系和培养目标进行了调整修正，将培养学生可持续发展能力和多岗迁移能力的人文社科类通识课程作为课程体系的重要组成部分。正如前文所分析的，科技技术的发展和升

级，生产方式的变革和管理方式的复杂化，岗位的快速变迁，消费者对产品和服务的高质量个性化需求等，都使技能人才的职业素养变得日益重要且不可或缺。我国高职教育处于这样的时代背景下，需要转变观念，兼顾职业性和人文性，通过调整和改革课程设置，将人文素养和职业核心能力培养作为课程设置的重要考量，为学生全面发展和职业可持续发展奠基。充分体现教育作为实现社会公正的重要手段，重视高职学生以职业素养为核心的综合素养教育，并与公民素养培育和公民社会建设有机融合，增强高职教育实现国家教育意志的能力。

启示八：促进国家、市场与高等教育系统三螺旋的共同上升

以国家、市场与高等教育系统的三重螺旋模型描述的印度高职教育发展的动力机制中，首先，国家、市场、高等教育系统三因素的联系太过松散，甚至三者间互相存有一定矛盾，导致三者无法螺旋式正向上升。其次，对不同层级的高职院校而言，三重螺旋的影响力度各不同。在国家主导型的一流工程技术院校中，国家力量可适当弱化，加强市场对其的调节作用。即在工程技术教育的发展中，应找到政府与市场间的平衡点。第三个问题，高等教育系统的力量对印度高职教育影响最弱，处于隐性地位。也即在三螺旋模型中，高等教育系统一轨的力量严重缺失，这严重影响了螺旋的整体上升速度与力度。因而在高职教育发展中，应加强高等教育系统的影响力量，使其能与国家、市场因素处于同一层面。三重螺旋模型强调各子螺旋的动态上升，但更注重三螺旋间的交互作用所带来的螺旋整体上升。对印度高职教育及其所带来的国家整体创新力而言，国家、市场、高教系统三螺旋既没做到各子螺旋的均衡上升，也没能做到三者协调交互共同促进创新螺旋的整体上升。这也可以解释为何印度高职教育发展中存在着发展失衡、师资缺乏、就业率总体不高等问题。

印度高职教育发展中国家、市场、高教系统三螺旋的非常态发展及其引发的问题应引起我们重视，进而避免在我国高职教育发展中出现相同的问题。若同样以国家、市场、高教系统三螺旋模型对我国高职教育发展进行分析可知，我国的状况则是市场因素力量的过分缺失，同样影响到三个子螺旋的动

态上升进而影响到螺旋的整体上升。因而在我国高职教育发展过程中应注重加强市场因素的作用，使国家、市场与高教系统三因素的影响达到较为平衡的状态，促使高职教育的良性发展，培养我国社会经济发展所需的各类型高质量技能人才。三螺旋的共同上升也对我国高等教育的整体发展有所借鉴与启示。

第四部分

比较的落脚点：中印高等职业教育交流与合作及其机制研究

摘　要： 高等职业教育交流与合作是高等教育国际化的重要内涵，包含高职教育信息的交流、课程设置和课程资源开发的交流与合作、合作办学、高职教育相关人员往来、合作研发。然而，当前中印两国高等职业教育交流与合作的规模和水平都非常有限，交流与合作仅为单个参与主体的零散行为，缺乏政府主导的长效机制，这与两国经贸合作的迅速扩展和两国关系重要程度是不相匹配的。中印作为亚洲近邻、最大的发展中国家和正在重新崛起的世界性大国，其高职教育存在相似之处，更有各自的特色和优势，因而建立两国高等职业教育交流与合作及其长效机制，应是促进两国职业教育发展的重要途径和保障。

关键词： 高等职业教育；交流与合作；现状；必要性；可能性；合作机制

经济全球化潮流催生了政治、文化的全球化，教育国际化已成为不以人们意志为转移的客观趋势。高等职业教育作为高等教育体系的有机组成部分，其为经济和社会发展培养高素质高技能人才的功能已获世界各国的广泛认同，高等职业教育国际化也获得越来越多的关注。中印作为亚洲近邻、最大的发展中国家和正在重新崛起的世界性大国，其高职教育存在相似之处，更有各自的特色和优势，在当前国际、国内对高职教育发展的战略需求速增和高度重视的背景下，建立两国高等职业教育交流与合作的长效机制就显得尤为重要和迫切。

一、高等职业教育国际交流与合作的内涵

高等职业教育办学模式要求开放式教学，这不仅要求学校向国内企业、国内社会开放，还应积极推动高职教育向国际社会开放，统筹整合国内国际两种资源，促进高职教育的国际间交流与合作，使高职教育不断国际化，从而更好地面向世界。我们所说的高职教育"双平台"培养人才，即采取"工学结合""国际合作"两种模式培养人才。要了解高职教育国际化的内涵，首先要清楚教育国际化的概念和内涵。

所谓的教育国际化就是在世界经济全球化的推动下，在国际教育贸易市场开放的前提下，教育资源在国际间进行配置，教育要素在国际间加速流动，教育国际交流与合作日益频繁，各国在人才培养目标的确定、教育内容的选择以及教育手段和方法的采用等方面，不仅要满足来自本国、本土化的要求，而且要适应国际间产业分工、贸易互补等经济文化交流与合作的新形势。教育国际化的核心或者本质，说到底就是在经济全球化、贸易自由化的大背景下，各国都想充分利用国内和国际两个教育市场，优化配置本国的教育资源和要素，抢占世界教育的制高点，培养出在国际上有竞争力的高素质人才，为本国的最高利益服务。

教育国际化的讨论多集中在高等教育领域。湖南大学高等教育研究所的欧阳玉先生认为，高等教育国际化是指要面向世界、面向未来，要以具体多样的高等教育国际交流与合作为载体，吸收和借鉴世界各国的高等教育办学理念和办学模式以及它们的文化传统、价值观念和行为方式，以实现提高人才培养质量，推动本国高等教育的现代化进程，促进本国和世界经济发展，实现人类相互理解与尊重的目的的过程。① 高等教育国际化包括跨国际、跨民族、跨文化的高等教育交流、合作和竞争。日本著名教育理论家喜多春和元教授对国际化提出了三条衡量标准：一是"通用性"，即能为他国、他民族所

---

① 张芹. 高等教育国际化的内涵、标准与实施对策［J］. 继续教育研究，2005（1）：86 −89.

承认和接受；二是"交流性"，即与国外进行平等的交流；三是"开放性"，即能够充分地对外开放。① 高等教育国际化的内涵是很丰富的，它体现在教育教学思想、人才培养目标和模式、课程体系和教学内容、教学质量评估及科学研究和管理诸方面。从目前世界高等教育的基本趋势分析，国际化主要表现在以下五个方面，即生源的全球化、师资的全球化、人才培养标准的全球化、培养方式的信息化、全面的国际交流与合作。② 由此可见，教育国际交流与合作是教育国际化的内涵要求与重要实现途径，因此，教育国际交流与合作应遵循教育国际化的内涵要求而发展。

高职教育国际化是指国内高职教育与国际教育机构、国际企业之间的交流与合作，培养具有国际发展意识、国际交往能力和国际竞争力的高素质劳动者和高技能人才的过程。③ 开展高职教育国际交流与合作，要求各种高职教育要素在各国间自由流动以达到资源共享的目的，主要涉及以下要素和环节：

（一）高职教育办学理念和办学模式的相互借鉴。高职教育理念是我国高职教育与发达国家（地区）突出的差距所在。德国的"双元制"（Dual System）、美国的社区学院、澳大利亚的 TAFE（Technical and Further Education）、印度 NIIT 基于榜样学习方法 MCLA（Model Centered Learning Architecture）的软件人才培养模式和印度理工学院的工程技术教育的精英化培养模式等，都值得我国高职教育所借鉴引进。此外，高职教育信息的交流，如双方职业发展前沿信息、高职人才需求信息的交流，也是重要内容。

（二）课程设置和课程资源开发的交流与合作。这涉及课程目标、课程内容、课程管理、课程教学、教材建设等。课程的交流与合作，既是为了引进对方的先进课程资源，更是为了培养通晓对方文化和商业规则的人才，便于本国在该国的商务活动。通过合作办学的形式实施国际化课程是目前的关注

---

① 辛镜敏. 对经济全球化与高等教育国际化的思考［J］. 煤炭高等教育，2001（1），23－26.

② 张社字. 国际高等职业教育发展趋势分析［J］. 河南职业技术师范学院学报（职业教育版），2003（4）：46－49.

③ 刘正良. 高职教育国际化的结构适应性与对策思考［J］. 职业技术教育，2008（28）：32－35.

热点，一是到境外与国外高职教育机构或企业进行课程开发，二是在校内与国外高职教育机构或企业共建课程。具体形式包括：合作开设涉及两国特定情况的政治、经济、文化、历史、地理、语言、双边关系等内容的人文交叉课程；创办联合职业课程，规定部分国外学习课程或国外学习经历，安排在国外实习或教学旅行，聘请外国访问学者授课；从对方引进先进的专业课程，合作开发课程内容，引进职业资格认证标准，采用对方的教材和研究成果，合作开发教材。

（三）合作办学。一是两国高职教育机构或企业集团共同新建一所职业院校或二级学院，合作开展教学和研发工作。二是两国高职教育机构或企业联合培养高职学生，在国内读完两年或大部分课程后，到国外大学就读。三是规定学生最后一年必须到国外进行实习取得国外经历。四是积极发展跨国远程教育。对于高职教育来讲，引进国际化的企业运作经验、项目及其人才需求标准，尤为重要。

（四）高职教育相关人员往来，主要指教师和学生。招聘对方教师和学者为专职教师，邀请对方职业教育专家、学者进行短期访问和讲学，聘请对方的职业教育专家和技术专家或知名跨国公司的技术或管理骨干为名誉教授或客座教授。教师的交流，除了"请进来"外，还有"走出去"。有计划地选派教师到国外进修、考察、访问、讲学，进行合作研究，学习和吸取大量新知识新技术，了解和接触当地最新技术动态和实验设备，从而获取国际经验。学生的交流主要是派出和接受留学生或交换生，实现学生的跨国就业。

（五）合作研发。以应用为导向的科研活动是高职院校服务社会、获得学术声誉的重要方面，一般根据科研活动的基本构成要素和科研国际化的实践来衡量高职院校的科研国际化水平，如科研课题组成员的国际化、研究经费获得的国际化、研究资源的国际化以及科研成果发表与应用的国际化、与跨国公司就某些重大前沿问题开展的联合攻关等。[①] 合作研发包括参加国际会议的科研信息资料和成果的互换交流，合建高等职业教育研究中心；组成国际

---

① 贺继明. 高职教育国际化发展战略的探析［J］. 教育与职业, 2009（14）: 26 - 28.

化的科研课题小组进行联合研究，双方教育机构和企业合作进行技术研发、应用推广，合作申报国际专利。其中，双方教育机构和企业合作进行应用性技术和新的工艺流程研发、应用、推广，以及开展高等职业教育发展研究应该是高职科研国际化合作的主线。

二、高等职业教育国际交流与合作的途径

1. 举办定期的国际研讨会议，就高职教育内涵、人才培养目标、办学理念、办学模式、办学体制、课程资源开发、合作办学形式与活动、教育政策协调、科研动态等加以交流讨论，如建立中印高职教育发展论坛，成立中印高职教育国际交流协会，双方合作创办高职教育的期刊和报纸等。还应运用新媒体开展高职教育的国际交流与合作，如通过网站、电子邮件开展交流合作，还可借鉴"中印对话"借助微信公众号来推动高职教育国际交流与合作。

2. 合作开发项目。中国人力资源和社会保障部职业技能鉴定中心（OS-TA）和英国苏格兰资格监管局（SQA）开展的国际合作项目——国际高等职业教育项目，通过中国优秀高等职业技术学院和国外高等职业技术学院的多项合作，实现"学分互认、课程衔接、师资协作、学生交流"。英国政府近期和印度建立了一项名为"英国—印度教育和研究行动"的合作伙伴计划，旨在未来5年内加强英印之间在教育方面的联系，这些都可为中印高职教育交流与合作所借鉴，开展综合性或专项项目合作交流。

3. 共建教学基地。印度国家信息技术学院（NIIT）在上海成立总部，已与我国许多高等职业院校开展了"合作项目教学基地"的建设，这种合作应该进一步向纵深发展，开展各种形式、各个领域的项目开发与合作，增强中印高等职业教育交流与合作的深度和强度。

4. 人员往来和交流。主要涉及互派留学生、访问学者，教师和学者出国参观考察，互聘对方专家、教师任教，邀请对方教师和企业技术骨干讲学或从事科研工作，推动国际化的交流进修。扩大国际师生的往来和交流，表现为请进来和走出去两方面，一方面向国际招聘教师和管理人员，扩大留学生规模，向海外招生；另一方面力求向国外派出教师进修学习、访问、任教、

研究等，向国外输出留学生。其中，教师的国际化是问题的核心。首先，每个专业每年至少聘请一名外籍教师进行至少一次的专业讲座；其次，建立教授海外进修假制度，规定学院现职教授工作一定年限后，可有半年或一年的进修假，其间至少有一个季度赴国外大学交流进修；同时，让新聘教师进行海外访学，规定对获得硕士以上学位或行业较高级别认证的新聘教师，在其来校工作满三年公派出国进修。中国和印度的高职院校和企业间可以交换生的方式合作办学。由于语言等各种因素，两国学生不易适应对方国家的学习与生活，因此中国和印度的大学之间可以采取现在已经在中国和澳大利亚以及西欧国家之间普遍运用的学生交换方式，两国高职院校和企业签订合作协议，学生先在本国读两年，然后再到对方读两年，在本国的两年当中除了按照本国的要求进行教学外，更多地要为到对方国家学习做好各项准备。这样学生到了对方国家大学就能很快地适应学习和生活。两国间留学生交换的数量相当，学生按本国标准只向本国大学交纳学费，这样就可以避免由于两国收费标准的差异带来的问题。

5. 联合办学。跨国校企合作办学、共建共享实验实训基地、订向培养学生、共同承办专业、合作开发课程资源、引进对方办学模式和课程资源等。高职院校、企业和培训机构进驻对方建立分校和培训点，或与对方院校企业合作办学。

6. 远程网络教育。为方便在对方国家提供教学和科研服务，两国的高职院校和培训机构可以尝试建立各自具有比较优势和特色的远程学习项目，并授权海外教育服务提供者开设学位课程。

三、中印高职教育交流与合作的现状

高等职业教育交流与合作的内涵非常丰富，合作形式也多种多样，而且很多内容难以具体衡量，现状分析无法面面俱到。根据日内瓦 WTO 统计和信息系统局按服务的部门（行业）划分，全世界的服务贸易分为 12 大类，教育服务（Educational services）属于 12 类服务贸易中的第 5 类。根据《服务贸易总协定的规定》，服务贸易有四种提供方式，即跨境交付（Cross – border Supply）、境外消费（Consumption Abroad）、商业存在（Commercial Presence）和自然人流动（Presence of Natural Persons）。本文按此分类标准从教育服务贸易这一侧面分析中印高职教育交流与合作的现状，从而窥探整个交流与合作存在的问题与局限。

1. 中印教育服务贸易境外消费方式规模偏小。境外消费是指在一成员境内向任何其他成员的服务消费者提供服务，在教育方面主要指一方国家公民到另一国去留学进修和接受外国留学生等，这是当今世界教育服务贸易的最主要形式。2004 年度，印度来华留学生人数仅为 765 人，在来华留学生人数超过 500 人的国家中排第 19 位，占当年来华留学生人数 110，844 的 0.69%，远低于中国周边的尼泊尔、蒙古和越南等小国。① 2014 年度，印度来华留学生人数有了较大增长，根据教育部统计，2014 年印度来华留学生人数达到了13578 人，而当年各国来华留学生总数是 377054 人②，印度留学生占中国吸收留学生人数的比例仅为 3.6%，排在韩国、美国、泰国、俄罗斯、日本和印度尼西亚之后，位列第 7。而 2014 - 15 学年印度赴美留学人数为 132，888人，2015 - 16 学年这一人数增至 165，918 人，增幅 24.9%。③ 即留学中国的印度学生人数仅为印度留学美国学生人数 10% 左右，该人数占印度海外留学人数（2014 年为 30 万）的比例低于 4.5%。2017 年来华留学生共有 48.92 万名，印度来华留学生规模排在韩国、泰国、巴基斯坦、美国之后，上升为第五位。近十年来，随着中印关系的升温和经贸往来的增加，印度来华留学生人数逐年增加，但相对而言规模依然偏小。中国赴印度留学的人数则更少，目前每年仅约 100 名左右的中国留学生在印度学习，其中还包括每年 10 - 20名公派生，这个数字与中国 2017 年赴美国留学的 35 万人，以及出国留学总人数的 65 万相比几乎可以忽略不计，凸显出我国赴印留学人数的稀少。中印

---

① 以上数据来源于教育部国家留学网。
② 教育部.2014 年全国来华留学生数据统计，http：//www. moe. gov. cn/jyb_ xwfb/gzdt_ gzdt/s5987/201503/t20150318_ 186395. html，2015 - 03 - 18/2018 - 04 - 04.
③ 美国国际教育协会（IIE）新鲜发布《2016 美国门户开放报告》［EB/OL］. http：// www. sohu. com/a/119173513_ 479695，2016 - 11 - 16/2018 - 4 - 9.

留学生的数量与两国分别拥有的 14 亿和 13 亿人口，3600 多万和 2850 万的普通高等教育在校学生人数，以及两国已经超过 800 亿美元并持续增长的双边贸易额相比都是极不相称的，这也说明两国间相互吸引留学生还有相当大的潜力。在中印微不足道的留学生总数中，高职教育类型的留学生可以想见会更少。

2. 印度教育业在华商业存在规模庞大，而中国在印的商业存在几乎为零。商业存在指一成员的服务者在任何其他成员境内通过商业存在提供服务（允许一国的企业和经济实体到另一国开业，提供服务，包括投资设立合资、合作和独资企业）。就教育来说，主要指一方国家的教育机构到另一国去开设学校和其他教育机构，从事教育培训等活动。在教育服务的商业存在方面，我国虽不允许外国机构单独在华设立学校及其他教育机构，但在市场准入上允许中外合作办学，并允许外方获多数拥有权。印度教育业在中国的商业存在主要是 NIIT 和 APTECH 在华从事软件教育培训工作。

印度著名的国家信息技术学院（NIIT）早在 1998 便开始进入中国开展业务，与国内几十家教育培训机构建立了合作关系，并与重庆、贵州、苏州、常州、无锡、张家港、银川、海口和青岛等省市的政府和软件园具有深厚的合作关系；印度阿博泰克公司（APTECH）与北京大学青鸟集团 1999 年合资组建北大青鸟 APTECH 专业 IT 职业教育公司，开办授权培训中心 200 多家，遍布全国 60 多个重要城市，全国合作院校超过 800 所，同 10000 余家知名企业建立了战略合作伙伴关系，累计培养和输送 80 余万 IT 职业化人才进入 IT 行业，占国内 IT 培训市场份额的 39.8%。① 由于中国没有一个像印度软件业及软件教育业那样的在国际上声誉卓著的教育服务产业，目前中国尚无教育机构在印度从事教育服务，以商业存在这种形式的教育服务表现为印度教育业在中国的单方面存在。那么，可以想见，两国高职教育间以商业存在形式而开展的国际交流与合作是十分渺小的。

3. 中印教育跨境交付还没有起步，自然人流动表现为个别案例。跨境交

---

① 北大青鸟 APTECH 公司网站［EB/OL］. http：//www. bdqn. cn/page/fzlc. shtml.

付指从一成员境内向任何其他成员提供服务（这种服务不构成人员、物质或资金的流动，而是通过电讯、邮电、计算机网络实现的服务，如视听、金融信息等）。就教育来说，主要是提供远程教育课程与教育培训服务。中国和印度对跨境交付方式下的市场准入和国民待遇均未作承诺，加之双方都缺乏相应的基础技术设施提供和接收跨境交付方式的教育服务，同时也缺乏有吸引力的教育产品，故中印间通过跨境交付方式的教育服务贸易还没有开展。自然人流动指一成员的服务提供者在任何其他成员境内通过自然人存在提供的服务，对教育而言，主要指一国公民到另一国从事专业教学培训工作。中国教师到印度从事教育工作或印度教师到中国从事教育工作，虽然没有一个确切的统计数据，但我们知道这类交流也很少。

由此可见当前两国高等职业教育交流与合作的规模和水平都非常有限，主要原因在于两国就高职教育的概念内涵未达成共识，高职教育的地位和作用在两国未得到充分承认，两国高等职业教育的互补优势未得到充分开发，交流与合作处于单个参与主体的零散行为，缺乏政府主导的长效机制。但中印两国人民的友好交往和经贸合作都迫切需要改变这种不利状况，在实现中印高职教育体制沟通的前提下，中印高职教育间实现较大规模的持久的有活力的交流与合作，显得越来越具有必要性和可行性，也需要建立可行的长效运行机制。

四、中印高等职业教育交流与合作的必要性

（一）实现两国高职教育国际化发展和经济持续发展的战略选择

高等职业教育的国际化不仅是经济全球化带来的必然结果，而且也是科技和人文发展的现实选择和未来需要，是就业国际化的需要。经济的全球化不是孤立的经济现象，是 21 世纪不以人们意志为转移的不可抗拒的历史潮流，与社会经济发展紧密相关的职业教育当然责无旁贷。法国教育部长曾经对职业大学提出两个目标：一是要成为终身学习的高等职业教育机构；二是要走向国际化。发达国家高等职业教育从建立之时，就十分重视对外交流与合作，国际化便是其最初的重要发展方向。在国际化大浪潮的推动下，无论

是印度还是中国的高等职业教育都难置身事外，中印两国高等职业教育开展交流与合作应该成为自觉的理性选择。

中国加入 WTO 后，外国的教育通过"教育服务贸易"在中国的教育市场逐渐扩大份额。"教育服务贸易"是双向的，我们应考虑通过各种可行的形式，使中国的高等职业教育走向世界国际教育和科技市场，而中印高等职业教育交流与合作的开展，是实现我国高等职业教育国际化的重要内容。

对发展中国家来说，开放教育市场可以促进本国现代化教育体系的形成，发挥教育在国家发展中的基础作用，进而提升国家的综合实力和国际竞争力。中国和印度是世界上最大的两个发展中国家，高职教育规模居世界前列，拥有较高的教学水平，但同时中印都是世界上最大的留学生输出国，其中印度每年到美国留学的学生人数约 80000 左右，而中国每年赴美留学生人数也有60000 多人，中印两国是世界上最大的两个教育服务贸易逆差国。目前中国和印度都在制定相关政策，积极吸引外国留学生，扩大中印间的教育交流。

充分利用中印高等职业教育互补的比较优势，整合两国教育资源，将为两国的高等职业教育增添国际色彩和内容，促进双方高职教育环境优化、人才培养模式多样化，办学理念国际化、现代化，实现互利共赢，将会有力推动中印高等职业教学水平和国际化水平的提高，提升中印在国际教育服务贸易中的竞争能力。

高等职业教育交流与合作的开展，还有巨大的潜在利益——拥有获得大量具有国际化教育背景的高素质应用型技术人才的渠道，确保企业具备国际化的竞争能力，将极大促进本国的经济发展。鼓励中印高职教育机构和企业在对方国家进行高职教育投资和研发投资，建立和加强两国业界和教育界互动的网络和机制，在提升两国高职教育质量的同时，也可加速高职院校科研成果转化为现实生产力。

（二）适应中印两国人才需求变化的必然选择

坚持探索国际合作办学的新路子，通过国际教育资源的共享来培养国际化人才，这是高等职业教育向创新人才培养转型的十分重要的途径。

一般而言，社会对人才需求的类型可分为四种，即学术型、工程型、技术型和技能型。学术型人才的主要任务是探索和发现新原理，研究客观规律，将客观规律转化为科学原理和学科体系；工程型人才的主要任务是将科学原理及学科体系知识转化为设计方案或设计图纸；技术型人才的主要任务是将设计方案与图纸转化为产品；技能型人才的主要任务是运用熟练的操作技能来具体完成产品的制作。学术型人才主要由一流大学研究生院培养；工程型人才主要由普通本科院校培养；技能型人才主要依靠中等职业学校培养；技术应用型人才，则主要由高职院校来培养。高职教育培养的人才是能够衔接工程师与一般技术人员之间的中层技术骨干力量，属于高级"应用型人才"。社会经济对人才需求结构和规模呈金字塔型，即对技能型人才和基层应用型技术人才的需求远远超过对学术型和工程型人才的需求。

从全球视野和历史角度来看，每一个迅速实现工业化、城市化和现代化的国家都会经过一个对于技能型、技术型人才大量需求和大力发展职业教育的时期。目前，中印都正处于工业化、城市化和现代化进程之中，随着中印两国经济持续强劲发展和产业结构优化升级，经济由第一产业占主导渐次向第二产业和第三产业占主导演进，工业的强势发展、第三产业的迅速繁荣、高新技术的广泛应用以及原有职业岗位技术含量和智能要求的提高等，将对技术应用型人才提出更高要求，需要大量将科技成果转化为现实生产力的技术应用型人才。印度高职教育整体发展的严重滞后，正在并将继续影响制造业的发展和第一产业劳动力向二、三产业转移的速度。两国开展高等职业教育的交流与合作，相互借鉴高等职业教育的办学理念和经验，创新高等职业教育的发展思路，无疑是时代前进和社会发展的必然选择。

另一方面，中印两国经贸往来日益频繁，国际直接投资渐增，两国间国际化运作的跨国公司所实施的本地化经营战略，必然导致两国间人才流向和流量的变化，需要一大批熟悉对方政治、经济、法律、文化、风俗习惯等国情的高级应用型人才，要求高职人才不仅具有国际意识，而且具有国际交流与合作的能力。中印两国通过交流与合作，积极引进对方优质教育资源，培养的熟悉对方国情的高职人才，将会在双边经贸合作中起到巨大作用。这不但有助于中印企业间的业务协调，而且通过他们在对方国家的长期学习和生活，建立广泛的社会联系，将会在中印企业间发现和创造更多的合作机会。

（三）助推中印两国政治、经济关系密切发展的可行选择

中印两国人民有着几千年的友好交往历史，但直到今天，毗邻的中印两国普通民众之间的缺乏了解达到令人吃惊的程度，中国人对印度的了解大多是天气炎热、交通拥挤、宗教冲突、贫困落后等。而印度人对中国的认识也大至停留在几十年前的水平上，所以出现印度的精英人士发出"孟买再不加快发展就要被上海赶上了"的忧虑就再正常不过了。① 两国间缺乏了解，是近几十年间中印发生了一系列的误会和冲突的重要因素，损害了两国间的信任与合作，阻碍了彼此间争议的解决。中印高等职业教育的交流与合作，不仅是高职院校的合作，还连带两国政府、企业行业的交流合作，进而推动两国整体性了解的增进，理解对方的思维和意识，不断促进两国政治文化互信。中印高等职业教育交流与合作，也是两国普通民众之间进行广泛而深入了解的平台与契机。中印高等职业教育合作与交流为两国带来的好处不仅仅是教育本身，它还有一个"滚雪球"效应。高职教育资源的自由流动，意味着高素质高技能劳动力的自由流动，学生将在受教育国生活、学习，甚至就业安家，某种程度上加速着中印两国了解的进程，这将稳固和增强两国的关系，促进两国的交往。高等职业教育的交流与合作将是推促中印双边关系发展的崭新因素，若能建立有效的运行机制，这种促进作用将是深广而久远的。

中印同为 WTO 成员国，开展高等职业教育交流与合作，使两国的高等职业教育走向国际教育和科技市场，这是拓展双边"教育服务贸易"的可行选择。从经典的国际贸易理论和国际分工规律出发，培养自己有比较优势而对方紧缺的高技能型应用人才，是节约高职教育成本的有效举措，也是双方在高职教育领域发生服务贸易的重要条件。

推动"一带一路"的实施也急需中印高职教育开展交流与合作。虽然习近平主席和莫迪总理多次提出要构建两国更加紧密的伙伴关系，但是由于历

---

① 龙兴春．以"优惠教育服务贸易安排"扩大中印教育合作 [J]．南亚研究，2006（1）：41–45.

史的恩怨和现实的竞争，两国之间的政治互信并未完全建立，因此，印度对我国的"一带一路"倡议存有诸多猜疑而并未做出积极的响应。"一带一路"如若没有印度这一重要节点国家的参与，其效果势必会大打折扣，也会使两国错失深化关系的良机。中印两国一方面需要释放足够的诚意，在"一带一路"框架下开展包括高职教育在内的交流与合作，增进两国的了解、理解与互信，另一方面，两国需要开展深层次的全方位的合作，尤其是经贸合作，这需要大量彼此了解的高素质技术技能人才。

五、中印高等职业教育交流与合作的可行性

（一）中印经济具有极强的互补性，为两国高等职业教育交流与合作提供了经济前提

中印两国的经济和科技水平大致属于同一阶段，但产业结构和发展模式各具特色。印度经济结构的一个显著特征就是并非按照传统国家的"农业——工业——服务业"的次序逐渐升级递进的经济结构演进模式推进，而是呈现了错位式或跳跃式的产业结构演进过程，印度经济中比较发达的产业是服务业，而且最为引人注目的服务业是面向全球的软件外包业务，这使印度成为"世界后方办公室"。总体层面而言，中国凭借制造业成为"世界工厂"。世界银行的研究表明，中国和印度的国民经济结构在第二和第三产业的构成方面有很大的区别，其中第二产业方面中国和印度的比是50.9：26.9，中国在制造业和硬件方面非常突出，印度几乎只是中国的一半；而第三产业方面中印之比是33.2：48.2，这表现在印度的软件产业以及为之配套的服务业比中国有明显的优势。[①] 两国在国际市场上的比较优势有着极强的互补性。

中国社会主义市场经济模式的主要特征是制造业驱动，伴随着国内高储蓄、大规模基础设施投资、境外直接投资和外贸扩张，是一种兼顾内需和外向的发展模式。"印度经济发展模式"沿着"重点发展服务业——利用金融市场的发达刺激国际资本进入本国资本市场——刺激消费——拉动制造业——

---

① 傅小强. 中印经济发展谁更具潜力［N］. 中国青年报，2006 – 09 – 28（05）.

推进基础设施建设——实现经济全面发展"路径演绎，更多的是"一种以稳定的内资经济和消费需求拉动为主导的发展模式，而不是依靠投资和 FDI 为主导的发展模式"。因而，与中国所选择的发展出口导向的劳动密集型加工工业、迅速成长为"世界工厂"的经济结构模式相比，印度经济结构模式体现出了一种主要依赖国内市场而非出口，依赖消费而非投资，依赖服务业而非工业，依赖高技术而非低技能制造业的独特的发展路径。[①] 对印度以服务业为龙头，带动经济腾飞的工业化和现代化模式，国外不少专家也提出了一些疑问。如果只靠服务业就跳过工业化发展阶段，直接进入以信息业为主导的后工业化经济，印度恐怕会遇到不少问题。如信息业的领先发展只使少数精英受益，大量廉价劳动力被排除在大规模的制造业之外。实际上，印度国内也开始注意到上述矛盾，开始把振兴制造业摆上了重要议事日程，已制定并启动发展制造业的长期规划。

这种经济结构的差异在催生中印经贸合作增长的同时，也导致了中印职业教育优势的差异：以软件业为龙头的服务业发展思路，培育了印度以软件人才培养和培训为标志的服务型人才职业教育的繁荣，中国以制造业为主导的第二产业的壮大，滋养出以制造型实践操作技术人才培养为主体的职业教育的发展。但中国电子信息等高新技术产业以及现代服务业的发展、印度发展制造业的结构调整必将分别增加对服务型技术技能人才和制造型技术技能操作人才的需求，这为两国高职教育的交流与合作提供了经济前提。

（二）中印高等职业教育资源具有互补性，为两国高等职业教育交流与合作奠定了实质性基础

中印两国都有庞大的高等职业教育规模和较高的办学水平。中国和印度是世界上人口最多的两个发展中国家，鉴于两国经济社会发展对高级应用型人才的需求，两国接受高等职业教育的学生规模应该是最大的。中印高等职业教育的教学水平和科研能力与欧美国家相比有一定差距，但与广大发展中

---

① 杨文武，雷鸣．试论印度经济发展模式的形成基础、架构态体及其启示［J］.《南亚研究季刊》，2008（1）：44－48.

国家相比却有明显的优势，特别是近些年来，中印随着经济发展水平的不断提高，高等职业教育的办学理念、办学模式、课程内容开发等不断改革和完善，国际吸引力不断增强。

印度教育在软件产业、信息技术、工程技术领域的水准已在世界上享有较高声誉，在医药产业、育种、乳业、航空航天方面也具有突出优势，中国高职教育在制造、服务、医学和农业等众多应用技术领域也有较高水准。印度具有英文教学的语言优势，可为我国高职生提升语言能力创设良好语境。印度职业教育在国际化、职业化、市场化、跨文化等方面具有优势，印度理工学院严格的精英化的人才培养理念，NIIT标准化、信息化、项目化的先进职业教育培训模式，可为我国大众化的高职教育精练内涵、强化质量、更新模式提供可资借鉴的宝贵经验。中国高等职业教育已与普通高等教育一并成为"二元制"高等教育体系独立的办学体制，逐步形成了办学主体多元化、办学体制多层次、职业岗位涉及各行业的完善的高职教育体系，从高职教育内涵、地位到人才培养目标、办学体制、办学模式等，我国累积了丰富的理论研究成果和实践经验，这为印度重视继而凸显高职教育，完善高职教育体系，可提供借鉴。另外，双方在师资、教育思想、课程资源、教育手段等方面也具有可以共享的资源。所以中国和印度的高等职业教育完全有能力携手合作，开展多层次、多形式的交流，接收对方的留学生，并提供优质教育服务。印度著名的国家信息技术学院（NIIT）与我国众多教育培训机构建立了合作关系，不断拓展在中国的业务，印度阿博泰克公司（APTECH）与北京大学青鸟集团合资组建北大青鸟APTECH专业IT职业教育公司，获得极大的经济和社会效益，这些合作的成功实施，为中印两国高等职业教育交流与合作的全面深入持久的推进，无疑提供了重要的参考与样板。

（三）中印政治、经济、文化关系的良性发展，为两国高等职业教育交流与合作提供了可靠保障

进入21世纪，中印两国从国家利益出发，重新理性现实地从战略高度审视和规划两国关系，积极推动两国政治、经济、外交及文化领域的交流与合作，致力于两国边界争端等阻碍两国关系发展的历史与现实问题的解决，切

实增进政治互信，消弭历史误解，这些都为两国高职教育的深入交流与合作营造了良好的大背景，提供了全方位的合作平台和渠道，保障两国高等职业教育交流与合作的深入持久有序开展。"一带一路"构想的实施，也为"一带一路"沿线上最为重要的两个节点国家——中印高职教育的国际交流合作提供了千载难逢的机遇和重要平台，因为这一战略的推进必将会促进两国更加紧密的伙伴关系的建立，随之而来的经贸往来的增加定会激发对了解对方国家的高素质技术技能人才的大量需求。

中国和印度经济的快速发展逐步增强了对对方学生的吸引力。中印两国先后实施了经济改革，取得了举世瞩目的成就，现在世界各国在讨论中国的崛起的同时越来越多地讨论印度的崛起，不管其中有多少争议，中国和印度都正在成为世界经济大国毋庸置疑，无论政治影响还是经济实力，中印都将成为世界格局中的重要一极，全世界目光都在转向这两个国家。包括发达国家在内的各国学生越来越多地到中国和印度求学，以期在与中印的经济交往中赢得竞争优势，中国和印度大学生相互留学，无疑将在未来中印之间及中印与世界的合作中赢得先机。

结论

中印同为经济发展速度最快的大国和人力资源需求大户，随着两国战略合作的深化，中印在教育领域的战略合作步伐也正在逐步加大，如果中印能清楚地认识两国高职教育各自的优势和不足，取长补短，中印完全可以在交流和合作中最大限度地释放合作潜能。面对本国现代化的需要，从各自的国家利益出发，中印两国理应利用地缘优势，有意促成两国高职教育合作机制的形成，携手合作优势互补，实现双赢。中印相互借鉴彼此高职人才的培养模式，结合本国的历史和现状，建构完善的高等职业教育体系并实现两国教育体制的沟通衔接，推动学历、学位、学分和职业资格证书互认制度，创设高职教育交流与合作的长效机制，是中印高等职业教育交流与合作的根本内涵要求。

六、中印高等职业教育交流与合作机制

实现国际交流与合作的途径是多样的，而且随着高职教育发展而有所更

新和发展。如何在中印之间建立起"高等职业教育"交流与合作的长效机制，以期推进两国间高等职业教育交流与合作的自主实现、自我调整、自我扩展，使之具有更长远的意义。两国高职教育交流与合作长效机制的建立和运行，需要遵循如下基本原则。

（一）基本原则

1. 平等互利、优势互补。这是开展国际交流与合作及其机制构建的前提。高等教育交流与合作，必须根据两国意愿，在平等互利的基础上进行，不能牺牲对方利益，同时，还必须根据双方高等职业教育实际，结合两国产业发展和人才需求，实现优势互补，切实开展有效的具有可行性的合作，否则，合作和交流将不可持续。

2. 政府为主导、高职院校为主体、企业和其他教育机构全面共同参与。国际间的教育合作，仅靠院校和企业的单个自发的行为，很难形成长期全面的合作关系，而政府支持、引导、鼓励是基础、是关键，政府宏观的规划、法律、外交政策也是开展合作的良好环境和基础。虽然政府不是国际教育交流的实施者，但它能为国际教育交流与合作创造良好的合作环境，提供法律、政策、财政等方面的支持。政府间的国际教育交流主要是通过政府间的谈判确立合作交流计划，并以条约形式确定下来，具有国际法律效力。而其他主体的教育交流只能在政府教育交流协议的框架下开展。高职院校与企业是参与合作的主体，具体的合作方式和合作内容有赖于它们来实施和确定，政府不能越俎代庖，更不能以行政力量强制推进。政府和各级各类参与主体间应进行良好的沟通，形成引导与配合的良性互动关系，政府应为参与主体创造条件，而参与主体也应主动适应政府的宏观规划和政策法规。

3. 遵循高职教育规律。中印间高等职业教育交流与合作必须遵循高等职业教育发展的内在规律，两国在高职教育的办学理念、人才培养目标、办学模式、办学体制、课程资源开发、人员的流动等方面必须进行沟通达成共识，并遵循高职教育的特点和规律：以市场为导向，以服务为宗旨，坚持产学研融合，培养面向生产服务一线的高技能人才。

4. 遵循国际贸易尤其是服务贸易的有关规则，尊重对方的政策法律、宗教信仰、风俗习惯。中印开展高职教育交流与合作的许多内容，如互派留学生、教学资源共享、合作办学等，都涉及国际贸易和外交规则，这需要双关遵守。中印有关高职教育的政策、法律，以及两国的风俗习惯存在巨大差异，两国在开展合作与交流过程中，必须尊重对方的法律政策和风俗习惯，求同存异，只有承认这种差异，才能更好地开展合作交流。

5. 以点带面、逐步拓展合作范围。合作与交流可先在个别成熟的高职院校间进行，如建立各类友好学校、友好城市等以对口方式在小范围内试验，然后在经济发达地区间推广，或在有特色优势的地区推广，如四川、云南、西藏等与印度毗邻的邦之间可开展对口合作，或具有明显互补优势的地区间开展特定职业、特定项目的合作，然后向全国范围内推广。合作的形式可先由浅层次向深层次推进，如先举行国际性研讨会议和互派留学生、交流学生等，然后可就教学资源和办学模式进行探讨，更深层次的是高职院校和企业合作办学，开展人才培养、科学研究和技术研发等全面的合作。

（二）机制的构建

1. 协调机制

为加强中印高职教育的交流与合作，培养具有国际竞争能力的技能人才，双方应建立一个专门的管理协调机构。该机构可以组织全国高职教育管理部门和高职院校以及各种社会力量，以更协调、更具战略性的方式参与国际教育与合作，建立一种长期的、稳定的国际层面的交流机制和战略。该交流战略机制应优先包括四个方面：（1）协调解决或暂时搁置两国关系的棘手难题，推动双边合作伙伴关系的发展，以超越两国高职教育交流与合作的障碍；（2）使双方高职教育参与主体能够获得彼此先进的高职教育资源和科研成果，吸引彼此投资进入本国高职教育领域，鼓励创新型跨国公司在双方进行研发投资；（3）加强中印高职教育国际交流与合作，吸引对方最优秀的教学和研究人员以及具有行业背景的技术人才跨国流动；（4）高职教育主管部门应为开展海外业务的我国本土高职院校以及寻求在我国开展业务的印度高职院校、培训机构提供互惠支持。

在这方面可借鉴欧洲的成功经验。在全球教育竞争加剧形势下，欧洲人意识到"各自为战"根本无法提高欧洲的竞争力。1999 年，欧洲 45 国在意大利达成一致，建立"欧洲大学协调机制"，协调各国高等教育，统一大学录取和授予学位的标准，鼓励学生和教师的流动，并采取措施吸引欧洲以外地区的留学生。至今，"欧洲大学协调机制"在欧洲引发了一场"教育革命"，82% 的欧洲大学抛弃了传统的五年制或者六年制本科教育，采取了国际通用的四年制；还有 75% 的欧洲大学采取了统一的学分制。根据计划，参与"欧洲大学协调机制"的 45 个欧洲国家在 2010 年完全统一高等教育学制，从而在教育领域实现欧洲的统一。

中印可建立"高等职业院校协调机制"，由两国政府及国家教育部门组织两国高等职业院校就办学理念、办学体制、办学模式、课程内容、质量保障体系、考核标准、学位制度、教师与学生流动等方面进行协调沟通，达成一致意见，消除两国高职教育合作与交流的制度性障碍，打通交流沟通的各个环节，协调解决中印高职教育交流与合作中产生的各种问题。双方政府应成立主导高职教育交流与合作的专门机构，下设按行业、职业岗位划分设置的分支机构，具体实施该行业、职业岗位的交流与合作，其下还可按地域为单位设置下属机构，负责该区域内的对口交流与合作。

2. 保障机制

为中印高职教育交流与合作提供政策支持（优惠政策）、法律制度、规范约束制度，保障高职教育交流与合作的顺利实现。

第一，设计合理的制度体系，鼓励高等职业教育机构积极参与国际化进程。制度的一个重要功能就是可以保证当事人对于未来具有明确的预期，合理的制度设计，可以保证高等职业教育机构对于参与国际化进程具有良好的预期，产生一种内在的合作愿望，积极开展各种形式的对外合作交流。首先，完善法律法规，保证高等职业教育国际化进程始终沿着法制化的轨道前进。在现有法律框架基础上，国家需要专门就高等职业教育对外合作问题制定相关法律，并严格加以实施，使各个主体在对外合作过程中有法可依，避免无序竞争。目前我国涉及高职教育对外开放和合作交流的法律规定存在缺失、简洁和偏颇等不足，需要健全高职教育法律体系，完善有关对外开放与合作交流的规定。其次，广泛宣传发动，明确对外合作的利益得失。一些高等职业教育机构对参与国际化的认识比较模糊，对这项工作重视不够，注重短期利益，忽视长期效益，不积极进行对外合作交流。应该通过广泛宣传，强调高等职业教育国际化的重要意义，引导高等职业教育机构放眼长远，重视对外合作交流所产生的长期收益，提高参与国际化进程的积极性。再次，地方政府应该根据地方产业发展的要求和特点，出面进行组织、积极引导高等职业教育机构开展有针对性的对外合作，形成集团力量，保证我国的高等职业教育机构能够与国外机构处于平等地位，开展公平的合作与竞争。最后，高职院校应成立专门的国际化事务办公室，制定完备的规章制度，保证机构科学运转。在二级教学单位，要指定专门的负责人，贯彻落实学校的国际化政策，在条件成熟时，还可以成立国际学院，吸引国外留学生。其他参与主体也应成立相应的职能部门。另外，双方合作与交流在遵循相关法律法规之外，必须签订协议，以明确参与各方的权利义务以及合作内容方式，规范合作行为和过程，保证合作的长效持续发展。

第二，加强两国政治、经济、历史、文化、社会的了解，克服语言等理解障碍。深化两国全方位伙伴关系，推动两国国际关系的良性发展，增强互利共赢的相互依存关系，为双方高职教育交流与合作奠定坚实基础、创造良好环境条件。

第三，由政府编制中印的教育信息资料，如高职教育体制、办学模式、课程和专业设置、入学条件以及高职教育的法律制度，各高职学校概况，出国手续办理等资料，以供两国间交流合作之用。

第四，有研究者提出建立"中印优惠教育服务贸易安排"，即两国政府间通过谈判，相互削减对方学生的收费，最低标准与对本国学生的收费相当，给予外国留学生国民待遇，并在入学申请、签证、旅行生活方面给予便利。这样就可以提高留学生对对方国家教育产品的消费能力，扩大两国间的教育服务贸易规模。

第五，最重要的，双方应推动学历、学位、学分、职业资格证书互认制度，保证出国留学生回国后学历学位和职业资格证书获得本国认可，学分互认可使交换生顺利实现国内国外学分的衔接。

3. 激励机制

宏观而言，两国政府应在经济、政治、教育、外交、法律等方面制定向两国高职教育交流与合作倾向的政策。为对方参与教育与合作的企业提供减免关税、投资优惠、降低产品市场进入非关税贸易壁垒等优惠，为对方高职院校在本国开展教育活动和建立教育培训机构提供税收、法律和政策方面的便利和帮助，对本国企业则可给予出口补贴、优先选用合作培养的学生、享受合作研发成果、提供经营支持等经济和政策优惠，对本国高职院校可给予投资、科研项目、教师出国考察、学生留学等方面的政策倾斜。

微观而言，高职院校可制定相关激励措施，鼓励教师、学生参与合作交流，对教师，职称评定、津贴、出国考察等方面给予优先考虑，对学生，在出国留学奖学金、出国手续办理、实验实训、职业资格认定、优先就业等方面给予帮助和支持。

为双方留学生设立奖学金，或向从事中印贸易的两国企业界募集资金设立奖学金，用于补助学生的国际旅行费用，以及企业向学生们提供实习和勤工助学机会，这不仅有利于资助学生们的学习，更有助于在留学生和中印企业机构间建立起联系。

两国政府签订优惠教育服务贸易安排，降低对来自对方国家的自费留学生的收费。建立优惠教育服务贸易安排，就是中国和印度都分别给予对方留学生国民待遇，即按照对本国学生的收费标准收取学费。在具体做法上比照一般贸易的优惠贸易安排，从现有水平按照一定的比例逐步降调，所以中印教育优惠贸易安排的方式，应该是中印均按照现行对外国学生的收费标准向下削减。如中国对外国留学生文科本科的收费为 14000－26000 元人民币，而印度对外国留学生的收费约为 15000－25000 元人民币，两者大致相当。如果各自削减 50％，中国的就变成了 7000－13000 的元，取中值为 10000 元；印度的标准就变成了 7500－12500 元，取中值也是 10000 元，这个标准仍然比在国内读书要高，但学生国外留学的经历、知识的收获，在工作中特别是在从事中印经贸活动中的收获，比在本国读书有着不可比拟的优势，具有很高的性价比，对两国学生无疑有巨大的吸引力。

4. 评价机制

即检验、评估双方交流合作取得效益和成果的机制。在政府层面，应以双方政府、教育主管部门、高职院校、企业等主体组建评价机构，对各地区、各行业、各高职院校参与交流合作的行为、过程、成效进行综合评估，如举办的有关国际会议的次数、级别、研究成果、达成的协议及其落实情况，双方投资于高职教育交流与合作的数额，引进对方办学模式、课程资源的情况，合作培养高职学生的数量和质量，留学生和交换生的规模，教师参与交流、出国考察、访问学者的人次，双方合作科研的进展和科研项目数量、成果等。将这些评估指标内涵细化和规范化，形成评估指标体系，使之具有可操作性和通用性。各高职院校、企业在其内部也应建立相应的评估指标体系，并将评估结果应用于教师职称评定、职务晋升、奖金津贴发放以及学生学历学位授予、奖学金发放、职业资格认证、就业推荐等。

总之，要改变中印高职教育交流与合作规模小水平低的现状，首要的是在两国全方位伙伴关系基础上，借助"一带一路"倡议，启动交流合作谈判，基本的是要强化两国高职教育特色与优势，提高教育质量，以增强对彼此的吸引力，根本的在于建立中印高职教育交流与合作的长效机制。这种机制的建立和有效运转需要政府主导、多方参与，克服障碍，放眼长远，不断创新。

第五部分

比较的深化：有待后续研究的问题

由于研究主题的宏大、研究资料收集困难和作者水平有限等因素的局限，本书难免存在遗漏、粗浅之处，还有如下问题有待继续深入研究：

（一）继续探明并全面深入分析印度高职教育体系的构成成分

本书对印度综合技术学校教育、工程技术教育、NIIT 两年制教育进行了界定，同时，将专科学院、技术大学、社区学院职业学士学位纳入了印度高职教育体系。由于资料收集的有限和两国教育体系的差异以及教育类型划分标准的差异，本书对印度高职教育构成成分的梳理可能会存在遗漏，对各构成成分的分析介绍也略显粗浅简略，需要将来在更全面研读印度职业技术教育资料基础上，期待印度本国学者、我国权威印度教育研究者以及联合国教科文组织的专家等，对印度高职教育体系做更全面的梳理，对其成分做更细致深入的研究，包括发展历程、最新进展及未来发展趋势、详细的课程体系和内容、人才培养模式、特点、存在的问题等，为国内学界呈现一个丰富而立体的印度高职教育体系。

（二）多视角透视印度高职教育体系的整体性特征

本书虽然梳理并概述性介绍了印度高职教育体系的构成成分，但各构成成分之间的内部互动关系及印度高职教育体系的整体特征，并未涉及。需要从不同的视角透视印度高职教育作为一个整体的不同面貌，以使我们从全局上更好地把握印度高职教育体系。同时，本书在比较分析中，较多地以印度理工学院作为典型，不能全面反映印度高职教育的整体情况，可能会导致比较分析结果的偏差，需要在全面了解其他成分基础上做更综合性的比较。

（三）开展微观层面的中印高职教育比较分析

本书更多地从宏观层面比较分析了中印高职教育，但诸如人才培养模式、职业资格证书、教学模式、质量保障体系、课程内容开发等微观层面的比较较少涉猎。本书在比较分析中，更多地采用了定性研究法，致使比较分析具有较大的主观色彩，需要更多的定量分析加以弥补和矫正，确保比较研究结论的客观科学性。

（四）更深入挖掘印度职教和高职教育可供我国学习借鉴的经验和模式

本书在对印度现代职教体系构建的关键策略进行解析和中印高职教育对比分析的基础上，提出了一些对我国的启示和可资我国学习借鉴的经验，但也有未涉足的领域，如印度现代学徒制、职业学士学位等，且这些经验如何引入我国职教使之本土化，形成我国独特的发展模式，还需要在更大规模和更深层次上进行挖掘。

（五）中印高职教育交流与合作的方式和长效机制需要进一步探索

本书提出的两国高职教育开展国际交流与合作的内容和方式可能不尽全面，其长效机制的建立也需要付诸实践加以验证和修正，这些需长期而繁重的探索过程。

（六）重视研究印度职教文献的收集整理及综述性研究

本书在研究过程中，深感印度职教研究文献的极度匮乏，现有文献也存在较多的问题和遗漏，首先，需要编撰印度职业技术教育研究论文集和出版相关专著，并对已有文献做更深入全面的综述性研究，其次，需要翻译和推广印度国内及国际学者对印度职业技术教育的研究资料和成果，为后来者创造条件和积累成果，再次，聚焦于印度职业技术教育的理论和政策、发展历史、最新趋势、中印比较等薄弱领域，最后，需要拓展印度职业教育和高职教育研究的宽度和深度。

主要参考文献

中文文献：

[1] 国家劳动总局培训局编. 日本、印度、苏联、西德、美国的职业技术教育概况 [M]. 北京：劳动出版社，1981：62-85.

[2] 彭慧敏. 印度职业教育现状及发展动因 [J]. 职业技术教育（理论版），2007，28（4）：89-91.

[3] 冯若霓. 印度的职业技术教育 [J]. 比较教育研究，1980（4）：41-42.

[4] 曲书杰，孙慧佳. 印度职业教育的发展困境及其出路 [J]. 河北大学学报（哲学社会科学版），2011，36（2）：54-58.

[5] 樊惠英. 印度职业技术教育发展的回顾 [A]. 纪念《教育史研究》创刊二十周年论文集（20）——外国教师教育史、职业与成人教育史研究 [C]. 2009. 1848—1852.

[6] 骆小彬. 印度职业教育的特点、问题及发展方向 [J]. 世界职业技术教育，2007，（2）：16-18.

[7] 李建忠. 印度试水职业学士学位 [N]. 中国教育报，2014-07-09（9）.

[8] 付瑛，周谊. 印度的职业教育 [J]. 重庆职业技术学院学报，2004，13（2）：36-37.

[9] 刘筱. 印度工程技术教育发展研究 [D]. 重庆：西南大学，2012.

[10] 孙新泉. 印度职业教育 [J]. 中国职业技术教育，2006（2）：59-61.

[11] 李福秀. 印度的职业教育和师资培训 [J]. 东南亚南亚信息, 1999 (1): 14.

[12] 曲恒昌. 印度职业技术教育的发展及其经验教训 [J]. 外国教育动态, 1989 (4): 8-12.

[13] 李洛, 吴绍根. 基于印度 NIIT 培养模式的两年制高职软件人才培养思路 [J]. 高教探索, 2004 (2): 56-28.

[14] 陈翠荣, 张一诺. 印度推进高等职业教育发展的主要措施及启示——基于"职业教育质量改进计划 (II)"的分析 [J]. 高等工程教育研究, 2016 (6): 169-174.

[15] 赵学瑶. 印度高等职业教育治理的经验与启示研究 [D]. 天津: 天津职业技术师范大学, 2015.

[16] 李建忠. 印度国家职业教育资格框架的特征及实施 [J]. 职教论坛, 2014 (31): 85-90.

[17] 马君. 印度现代职业教育体系的构建——基于资格等值的印度国家职业教育资格框架的文本分析 [J]. 河北师范大学学报 (教育科学版), 2014, 16 (4): 73-78.

[18] 王为民. 印度"国家职业教育资格框架"设计理念探析 [J]. 外国教育研究, 2014, 41 (2): 20-28.

[19] 胡启明. 印度"国家职业教育资格框架"发展实施及启示 [J]. 职业技术教育, 2014, 35 (25): 90-93.

[20] 黄尧, 刘京辉. 国际职业教育发展趋势: 第二届国际技术与职业教育大会综述 [J]. 中国职业技术教育, 1999, (7): 13-16.

[21] 刘欣. 印度职业技术教育和培训政策研究 [D]. 上海: 上海师范大学, 2013.

[22] 刘筱. 印度工程技术教育发展研究 [D]. 重庆: 西南大学, 2012.

[23] 胡启明. 印度职业学士学位设置述评 [J]. 学位与研究生教育, 2014 (12): 64-67.

[24] 陶济. 供给侧结构性改革的辩证法 [N]. 浙江日报, 2016-5-10

（10）.

［25］韩乔．八句话，读懂中国"供给侧结构性改革"［EB/OL］．http：//news. xinhuanet. com/2016 - 03/05/c_ 1118243689. htm，2016 - 03 - 05.

［26］吴晓川．建立和完善中国特色现代职业教育体系需要解决的六个主要问题［J］．中国职业技术教育，2017（15）：5 - 13.

［27］李震英．印度发布国家职教资格框架［N］．中国教育报，2012 - 02 - 21（04）.

［28］王杭．基于毕生发展观的现代职业教育体系终身发展维度［J］．职业技术教育，2017，38（10）：13 - 18.

［29］吴向鹏．加快建设现代职业教育体系［N］．宁波日报，2014 - 06 - 03（A07）.

［30］陕西教育频道．职业教育：供给侧结构性改革［EB/OL］．http：//mt. sohu. com/20160414/n444151404. shtml，2016 - 04 - 14.

［31］郭晋晖．我国劳动力5年减少2000万，2050年或降到7亿左右［EB/OL］．第一财经日报，http：//finance. qq. com/a/20161121/002697. htm，2016 - 11 - 21.

［32］窦争妍．中国制造业转型升级背景下的人力资本积累研究［D］．上海：上海社会科学院，2016：82. mA

［33］张学英．经济增长中技能人才的发展轨迹研究——基于日本和中国的比较［J］．职业技术教育，2013（31）：11 - 16.

［34］Li - KaiChen. 中国需要把握高技能人才需求［J］．企业改革与管理，2013（8）：39 - 39.

［35］岳朝敏．"印度制造"能否拥抱"一带一路"［EB/OL］．中印对话，www. chinaindiadialogue. com，2017 - 05 - 09.

［37］联合国报告：印度人口7年后将超中国［EB/OL］．http：//finance. qq. com/a/20170623/026668. htm? pgv_ ref = aio2015&ptlang = 2052，2017 - 06 - 23.

[38] 邓莉编译. 印度有望到 2030 年成为全球最大人才供应国 [J]. 世界教育信息, 2014 (2): 73 - 74.

[39] 印度最新人口数据或超过 12 亿超过半数是穷人 [EB/OL]. http: //news. 163. com/11/0211/06/6SJGG9QM0001121M. html, 2011 - 02 - 11/2016 - 09 - 15.

[40] 邱晨辉, 王月. 中国劳动力市场技能缺口研究 [N]. 中国青年报, 2016 - 11 - 8 (11).

[41] 李可爱. 劳动技能分布对国家比较优势的影响 [D]. 天津: 南开大学, 2013: 43 - 45.

[42] 徐晔. 供给侧改革视角下构建我国现代职业教育体系的若干思考 [J]. 中国职业技术教育, 2017 (6): 52 - 54.

[43] 朱丽华. 适应新兴产业发展的职业教育体系的构建 [J]. 职业与教育, 2015, (3): 10.

[44] 黄永春等. "跨工业化" 经济增长模式分析——来自印度经济增长模式的启示 [J]. 中国人口·资源与环境, 2012, 22 (11): 137 - 143.

[45] 广发证券. 中外钢铁工业发展比较之三, 印度篇: 资源禀赋优异, 发展潜力大, 但难现中国爆发式增长 [EB/OL]. http: //www. docin. com, 2012 - 09 - 28.

[46] 丘东晓, 刘楚佳. 职业核心能力的内涵分析及培养 [J]. 教育导刊, 2011 (5): 70 - 72.

[47] 王艳辉. 高职学生核心素养框架建构及培养路径 [J]. 职业技术教育, 2017, 38 (19): 35 - 40.

[48] 方健华. 中职学生职业核心素养评价及其标准体系建构研究 [D]. 南京: 南京师范大学, 2014.

[49] 邓莉. 印度报告: 大学毕业生就业技能无法满足市场需求 [J]. 世界教育信息, 2014 (5): 74 - 74.

[50] 吕一枚. "工业 4.0" 将牵引职业教育实现三个转移 [J]. 职教论坛, 2016 (16): 67 - 70.

［51］李伟，石伟平．智能制造视域下技术技能人才的培养标准与路径新探［J］．职业技术教育，2017，38（19）：19－23.

［52］洪贞银．高等职业教育校企深度合作的若干问题及其思考［J］．高等教育研究，2010（03）：58－63.

［53］戴小红．高职院校教育国际化动因、内涵与路径选择［J］．黑龙江高教研究，2012，30（6）：81－84.

［54］汤敏骞．我国高职教育管理体制变革研究［J］．教育与职业，2016（09）：11－14.

［55］闫智勇．现代职业教育体系建设目标研究［D］．天津：天津大学教育学院，2013.

［56］和震．职业教育校企合作中的问题与促进政策分析［J］．中国高教研究，2013（1）：90－93.

［57］戴小红．高职院校教育国际化动因、内涵与路径选择［J］．黑龙江高教研究，2012，30（6）：81－84.

［58］李建民．高等职业教育国际化发展路径的探析［J］．江苏建筑职业技术学院学报，2015（2）：54－56.

［59］祝士明，李红丹，范若晨．生态环境：现代职业教育发展的动力和源泉［J］．职教论坛，2016（33）：5－9.

［60］教育部职业技术教育中心研究所．中国职业教育2030研究报告——发展目标、主要问题、重点任务及推进策略［J］．中国职业技术教育，2016（25）：11－23.

［61］余美杰．我国中等和高等职业教育衔接的历史、现状及趋势［D］．福州：福建师范大学，2012.

［62］任平，代晓容．我国现代职业教育体系研究——基于中高职衔接、普职沟通的视角［J］．职教论坛，2014（03）：10－14.

［63］杨超．高职教育实践课教师专业发展阶段探析——基于发展任务与关注内容的视角［J］．教育理论与实践，2012，（30）：23－25.

［64］郁龙余，蔡枫等著．印度文化论［M］．重庆：重庆出版社，2008.

[65] 王为民. 印度职业教育体系建构的历程与策略 [J]. 中国职业技术教育, 2013 (36): 50 – 53.

[66] 王为民. 印度2012 年"国家职业教育资格框架"述评 [J]. 比较教育研究, 2014 (06): 104 – 110.

[67] 阎凤桥, 施晓光. 全球化和知识经济背景下的印度高等教育及其对经济增长的贡献 [J]. 比较教育研究, 2009 (2): 29 – 34.

[68] 李梦卿, 杨秋月. 技能型人才培养与"工匠精神"培育的关联耦合研究 [J]. 职教论坛, 2016 (16): 21 – 26.

[69] 白玲, 张桂春. 现代学徒制: 从学校到工作过渡的"优择"与"低保"[J]. 职教论坛, 2016 (16): 5 – 10.

[70] 吕一枚. "工业4.0"将牵引职业教育实现三个转移 [J]. 职教论坛, 2016 (16): 67 – 70.

[71] 潘晨光, 马蔡琛, 方虹等. 中国人才发展报告 (2014) [M]. 北京: 社会科学文献出版社, 2014: 62.

[72] 许红菊, 韩冰. 现代学徒制: 以供给侧改革思路提高高职教育吸引力 [J]. 职教论坛, 2016 (16): 16 – 20.

[73] 郭扬. 我国高等职业教育在新国际教育标准分类中的定位 [J]. 职业技术教育, 1997 (8): 17 – 19.

[74] 彭慧敏. 印度高等工程技求教育改革的经验、问题与启示 [J]. 复旦教育论坛, 2008, 6 (2): 80 – 84.

[75] 贺平. 从NIIT 认识印度的软件职业教育 [J]. 计算机教育, 2006 (6): 54 – 64.

[76] 宋鸿雁. 印度NIIT 软件人才培养的成功秘诀及意义解读 [J]. 职业技术教育, 2008, 29 (13): 84 – 86.

[77] 李静. IT 神话的缔造者: 印度理工学院 [J]. 教育与职业, 2008 (10): 101 – 102.

[78] 李桂霞, 钟建珍. 对构建合理的高职教育课程体系的探讨 [J]. 中国高教研究, 2007 (6): 58 – 59.

［79］牛钰．高职教育课程体系的两种构建方式分析［J］．中国职业技术教育，2014（17）：82－85．

［80］傅伟，袁强，王庭俊．高职教育行动导向课程体系的特征与要素分析［J］．中国高教研究，2011（4）：91－93．

［81］刘育锋．我国高职院校国际及地区合作办学项目：现状、特点与方向［J］．中国职业技术教育，2015（6）：5－10．

［82］祝蕾，胡宇等．高职院校援外项目的现实困境和行动策略［J］．中国职业技术教育，2015（6）：11－15．

［83］杨文武．印度吸引外国留学生现状分析［J］．南亚研究季刊，2005，（2）：69－75．

［84］"一带一路"有望助推来华留学［OL/EB］．《中国教育报》，http：//www. moe. gov. cn/jyb _ xwfb/s5147/201612/t20161208 _ 291183. html，2016－12－08．

［85］张曙霄，孙媛媛．中国和印度教育服务贸易比较及启示［J］．外国教育研究，2008，35（01）：75－79．

［86］刘淑华，王旭燕．印度高等教育大众化进程中的经费来源渠道探析［J］．外国教育研究，2016，43（3）：69－81．

［87］赵定勇，何方国．我国不同区域高职院校师资队伍现状分析，职业技术教育，2012，33（13）：55－59．

［88］张璐．我国高职院校师资力量建设的现状及对策［J］．教育与职业，2016（03）：62－63．

［89］孟祥进．中印人才培养与国际竞争力比较之五维分析［J］．黄河科技大学学报，2010，12（05）：113－115．

［90］樊奇．创新驱动战略下高职教育经济贡献的实证研究［J］．职教论坛，2016（16）：63－66．

［91］王义智．职业教育［M］．天津：天津大学出版社，2011．

［91］杨洪．印度弱势群体：教育与政策［M］．北京：人民出版社，2011．

［92］刘红燕，郭建如.高职教育的"冷却功能"与"社会再制"［J］.河北师范大学学报（教育科学版），2015，17（03）：82－86.

［93］陈松洲.改革我国高职教育宏观管理体制的若干思考［J］.天津职业大学学报，2011，20（01）：7－10.

［94］张芹.高等教育国际化的内涵、标准与实施对策［J］.继续教育研究，2005（1）：86－89.

［95］辛镜敏.对经济全球化与高等教育国际化的思考［J］.煤炭高等教育，2001（1），23－26.

［96］张社字.国际高等职业教育发展趋势分析［J］.河南职业技术师范学院学报（职业教育版），2003（4）：46－49.

［97］刘正良.高职教育国际化的结构适应性与对策思考［J］.职业技术教育，2008（28）：32－35.

［98］贺继明.高职教育国际化发展战略的探析［J］.教育与职业，2009（14）：26－28.

［99］龙兴春.以"优惠教育服务贸易安排"扩大中印教育合作［J］.南亚研究，2006（1）：41－45.

［100］傅小强.中印经济发展谁更具潜力［N］.中国青年报，2006－09－28（5）.

［101］杨文武，雷鸣.试论印度经济发展模式的形成基础、架构体态及其启示［J］.《南亚研究季刊》，2008（1）：44－48.

［102］胡启明.印度社区学院计划述评［J］.职业技术教育，2016，37（10）：74－79.

英文文献：

［1］Pradeep Kotamraju，The Indian Vocational Education and Training（VET）System：Status，Challenges and Options［J］.Community College Journal of Research and Practice，2014，Vol.38（8），pp.740－747.

［2］Ministry of Human Resource Development Government of India.Annual

Report 2009 – 10 ［R］. New Delhi: Dolphin Printo Graphics, 2010.

［3］Sanat Kaul, Higher Education in India: Seizing the Opportunity, Working Paper No. 179 ［R］. New Delhi: India Council For Research On International Economic Relations, May 2006: 24.

［4］Planning Commission (Government of India). Twelfth Five Year Plan (2012 – 2017) Faster, More Inclusive and Sustainable Growth Volume I ［R］. 2013: 8.

［5］Ministry of Human Resource Development. Revised Centrally Sponsored Scheme of Vocationalisation of Higher Secondary Education ［R］. 2012.

［6］OECD. Education at a Glance 2011 ［R］. Paris, 2011.

［7］Ministry of Human Resource Development. National Vocational Education Qualifications Framework (NVEQF) ［EB/OL］. http: //mhrd. gov. in/sites/upload_ files/mhrd/files/EXECUTIVE% 20ORDER. pdf, 2012 – 09 – 03/2013 – 05 – 08.

［9］The United Nations Educational, Scientific and Cultural Organization. Policy, Planning and Administration of Technical and Vocational Education in India, ED – 85/WS/18 ［R］. Madras: the Technical Teachers' Training Institute, 1983.

［10］Department Of Higher Education Ministry Of Human Resource Development of Government of India. Inclusive Education: the Way of the Future ［R］. New Delhi: the National University of Education Planning & Administration, 2008: 15 – 16.

［11］The World Bank. The Vocational Education and Training System, Report No. 22. ［R］. New Delhi: South Asia Human Development Sector, January 2008: 12.

［12］Mishar, . Arun K.. The Development of Technical and Vocational Education in India—A Case Study in Quality Improvement, Report No. ISBN – 1 – 86272 – 448 – 2 ［R］. victoria: Product of International Project on Technical and

Vocational Education (UNEVC0), 1994: 15.

[13] Sajal K. Palit. The Development of Engineering and Technical Education in India [J]. Global J. of Engng. Educ, 1998, 2 (3): 323.

[14] Ministry of Human Resource Development. National vocational education qualifications framework [S]. Ministry of Human Resource Development, 2012.

[15] University Grants Commission. UGC guidelines for B. Voc. [EB/OL]. http://www. ugc. ac. in/page/XII – Plan – Guidelines. aspx, 2014 – 07 – 01.

[16] University Grants Commission. UGC Guidelines for Community Colleges [EB/OL]. http://www. ugc. ac. in/pdfnews/5091249_ Community – College – Revised – Guidelines – FINAL. pdf.

[17] Ministry of Human Resource Development. National Vocational Education Qualifications Framework (NVEQF) [S]. 2012. 3.

[18] University Grants Commission. UGC Guidelines for B. Voc [EB/OL]. (2014 – 07 – 01). http://www. ugc. ac. in/page/XII – Plan – Guidelines. aspx.

[19] FICCI Higher Education Summit 2012. Higher Education in India: Twelfth Five Year Plan (2012 – 2017) and beyond [EB/OL]. http://www. ey. com/Publication/vw LUAssets /Higher_ Education_ in_ India / $ File / EY – FICC_ Higher_ Education_ Report_ Nov12. pdf.